The Vatican in International Politics,
1914 to the Present:
Christianity, Cooperation and International Organizations

バチカンと国際政治

松本佐保
MATSUMOTO Saho

宗教と国際機構の交錯

千倉書房

バチカンと国際政治——宗教と国際機構の交錯　目次

第3章

バチカンと国際労働機関

F

FALU (Food Aid Liason Unit)
食糧援助リエゾン・ユニット

FAO　国連食糧農業機関

FERES (Federation des Centres de recherche social e socio-religiuex)
社会宗教研究所

I

IAEA　国際原子力機関

ICDU　国際キリスト教民主同盟

ICM (Intergovernmental Committee for Migration)
移住政府間委員会

IMC (International Missionary Council)
国際宣教協議会

ICO (International Cathoric Organization)
国際カトリック連盟

IIA (International Institute of Agriculture)
国際農業機関

ILO　国際労働機関

International Labor Legislation
国際労働立法協会

IOM (International Organization for Migration)
国際移住機関

IRFED (International Institute for research and training education and development)
調和した発展のための国際研究機関

IRO (International Refugee Organization)
国際難民機関

ITU (International Telecommunication Union)
国際電気通信連合

J

JPIC (Justice, Peace and Integrity of Creation)
正義・平和・創造の整合性

K

KVP　カトリック人民党

L

LDCF　後発開発途上国基金

LWF　ルター派世界連盟

M

MBFR　中欧相互兵力削減条約

主要用語略語一覧

①

A	AAFTU	全アフガニスタン労働組合連合
C	CAFOD (Catholic Agency for Overseas Development)	カトリック開発援助基金
	CCIA (Commission of the Churches on International Affairs)	教会国際問題委員会
	CDU	キリスト教民主同盟
	CEC	欧州プロテスタント教会協議会
	CELAM	ラテン・アメリカ司教公会議
	CELAW	ラテン・アメリカ司教協議会
	CIIR ICL	カトリック国際関係研究所(通称プログレシオ：Progressio)
	COMECE	欧州司教団協議会
	Cor Unum	開発援助促進評議会
	CSCE	欧州安全保障協力会議
	CSD (Commission on Sustainable Development)	持続可能な発展委員会
D	delegazione apostolica	教皇使節
	DESAL (Centro de desarollo Economico y social)	ラテン・アメリカ経済社会開発センター
E	ECSC	欧州石炭鉄鋼共同体
	Ecumenical Churches Commission for Migrants in Europe	欧州の移民・難民救済のエキュメニカルな教会
	EDC	欧州防衛共同体
	EDF (European Development Fund)	欧州開発基金
	EEC	欧州経済共同体
	EPP	欧州人民党
	EPTA	拡大技術援助計画
	EU	欧州連合
	EUCD	欧州キリスト教民主連合
	EUNO	エキュメニカル国連オフィス

U	UPU	万国郵便連合
W	WCC	世界プロテスタント教会協議会
	WFP	世界食糧計画
	WFTU	世界労働組合連合
	WMO	世界気象機関
	WSCF	世界キリスト教学生連盟
	WTO	世界貿易機関
Y	YMCA（Young Men's Christian Associate）	キリスト教青年会

主要用語略語一覧

②

N	NATO	北大西洋条約機構
	NCRLC	全米カトリック農村生活会議
	NCWC (National Catholic Welfare Conference)	全米カトリック福祉協会
	NEI (Nouvelles Equipes Internationales)	新国際エキップ
	NPT	核拡散防止条約
	Nunzio	教皇大使（ヌンチィオ）
O	OAS (Organization of American States)	米州機構
	OSCE	欧州安全保障協力機構
	Osservatore Romano	バチカン公式新聞（オッセルバトーレ・ロマーノ）
P	POV	暴力克服プログラム
S	SALT I	第一次戦略兵器制限交渉
	SALT II	第二次戦略兵器制限交渉
	Subsistence Homesteads Division Project	独立自営農支援機構（サブシスタンス・ホームステッド）
T	TKK	ポーランド暫定調整委員会
	TUC	英国労働組合連合
U	UNCTAD	国連貿易開発会議
	UNEP	国連環境計画
	UNESCO	国連教育科学文化機関
	UNHCR	国連難民高等弁務官事務所
	UNICEF	国連児童基金
	UNIFIL	国連レバノン駐留軍
	UNODC	国連薬物犯罪事務所
	UNRRA	連合国救済復興機関
	UNSP	国連特別計画
	UNTSO (United Nations Truce Supervision Organization)	国連休戦監視機構

✣意味および内容	✣発出者(教皇)
永遠の父	レオ13世
新しき事柄について(労働者の境遇)	レオ13世
共同体の重要性(キリスト教民主主義について)	レオ13世
通常の目標	ピウス10世
使命の最大限の拡大	ベネディクト15世
平和とキリスト教徒の和解のために	ベネディクト15世
40年目に	ピウス11世
我々は必要としない	ピウス11世
無神的共産主義	ピウス11世
聖ペトロの聖座	ヨハネ23世
羊飼い主イエス	ヨハネ23世
母と教師	ヨハネ23世
地上の平和	ヨハネ23世
キリストの教会	パウロ6世
喜びと希望(現代世界における神の法)	パウロ6世
人類の進歩	パウロ6世
働くことについて	ヨハネ・パウロ2世
真の開発とは	ヨハネ・パウロ2世
新しい課題(社会と教会の100年をふりかえって)	ヨハネ・パウロ2世
共に暮らす家を大切に	フランシスコ

本書で言及する歴代教皇の回勅一覧

✣発出年	✣回勅名	
1879年	エテルニ・パトリス	Aeterni Patris
1891年	レールム・ノヴァルム	Rerum Novarum
1901年	グラヴェス・デ・コムーニ・レ	Graves de Communi Re
1905年	イル・フェルモ・プロポジト	Il Fermo Proposito
1919年	マクシマム・イルド	Maximum Illud
1920年	パーチェム・デイ・ムニス	Pacem dei Munus Pulcherrimum
1931年	クアドラジェジモ・アンノ	Quadragesimo Anno
1931年	ノン・アビアモ・ビゾーニョ	Non Abbiamo Bisogno
1937年	ディヴィニ・レデンプトリス	Divino Redemptoris
1959年	アド・ペトリ・カセドラム	Ad Petri Cathedram
1959年	プリンチェプス・パストリューム	Princeps pastorum
1961年	マーテル・エト・マジストラ	Mater et Magistra
1963年	パーチェム・イン・テリス	Pacem in Terris
1964年	エクレシアム・スワム	Ecclesiam Suam
1965年	ガウディウム・エト・スペス	Gaudium et Spes
1967年	ポプロールム・プログレシオ	Populorum Progression
1981年	ラボルム・エクサセンス	Laborem exercens
1987年	ソリチトゥード・レイ・ソチャーリス	Sollicitudo Rei Socialis
1991年	チェンテジムス・アンヌス	Centesimus Annus
2015年	ラウダート・シ	Laudato Si

バチカンと国際政治——宗教と国際機構の交錯

序章　バチカンと国際政治

1　はじめに

本書は、主としてバチカンと国際政治のかかわりをテーマとする。そこに内包される様々な論点を網羅的に採りあげることには多くの困難が伴うが、著者は本書を通じ、優れた先行研究に学びつつ新たな一次史料を駆使することで、本テーマをめぐる議論に、これまでとは異なる視座を提供したいと考えている。

バチカンという、国民国家と異なる特殊なアクターを扱うことは、主権や主権国家とは何かを問い直すことに繋がる。さらには欧州連合（EU）をはじめとする地域統合の問題や、またバチカンが宗教的な主体であることから、政教分離や権力と世俗化の問題についても再考の契機をもたらすだろう。

世界のカトリック教会を束ねるバチカンが、トランスナショナルでグローバルな存在であることは言うまでもない。実際バチカンは、国際連合（国連）をはじめとする国際機関や国際組織と歴史的にかかわってきた。そして今日においても多くの活動について互いに関与し、ほとんどの場合、協力関係にある。しかし、時として摩擦を生じるケースがあることも指摘しなければならない。

また、キリスト教会と言っても、カトリック以外に、プロテスタント、正教会、正教会系ながら独自の発展を遂げてきた東方教会などが存在し、長い歴史の中にはそれぞれの教派が鋭く対立する時期もあった。各教派がどのように互いの違いを認めつつ協力関係を構築するようになってきたか、各教派間の対話を促進する、いわゆるエキュメニカル(教会一致)な関係の構築過程も見ていくことになるだろう。

現在、宗教問題と国際政治を論じるにおいて、ある面、キリスト教以上に国際政治との関係が注目されているのがイスラム教である。キリスト教とイスラム教の対立の歴史は根深いが、一方にそれを克服しようとする試みもある。果たしてその対立は文明の衝突を意味するのであろうか。本書ではそれらについても言及してゆく。

宗教は時として諸刃の剣であり、多くの紛争や摩擦を引き起こしてきた過去を持つ。それは今日の国際紛争を見る上でも欠かすことの出来ない視点である。こうした宗教紛争には仏教やヒンドゥー教が関与しているケースもある。近年深刻化しているミャンマーのロヒンギャ問題や[1]、またインドにおけるヒンドゥー・ナショナリズムの問題なども宗教と国際政治を論じる上で無視できない。

国際機関や国際組織を議論する際には、国際主義(インターナショナリズム)とは何かという問いが付き従う[2]。グローバル化の急速な進展に対する反発や、移民・難民の増大に伴ってポピュリズムが台頭し、リベラルな国際主義が後退している現在、国際主義について改めて考察する意義は深い。移民や難民を扱った国際政治研究はトランスナショナルな観点からの考察を活発にし、グローバル・ヒストリーという分野を切り開く。グローバル・ヒストリー自体は別に目新しいものではないが、従来、研究の中心であった経済史分野に限らず、政治史や社会史の分野においても研究が盛んになっていることは注目に値する[3]。一次史料の使用にあたっては歴史研究の方法論を用いながら、国際機関・組織を扱うことで国際関係論や国際政治学の手法も取り入れ、歴史学研究と国際政治研究の統合を試みる。

神学そのものについて踏み込んだ議論は避ける。しかし神学的論争を一切捨象してしまってはバチカンの国際関係の本質を見誤ることにもなりかねない。そこで言及は最低限にとどめ、カトリック教会内の論争が世俗政治や経済関係にどのようなインパクトを与えたかを論じることとする。個別の論争については極力簡略に紹介し、教皇の回勅などについてもできる限り一般的な政治・経済の言葉を使って記述することを心掛ける。本書の主要な論点は国際政治、国際関係、国際法であり、宗教研究ではないことはお断りしておく。

ただし「解放の神学」については二〇~二一世紀の最重要神学であることから、関連する部分でそのつど取り上げる。実践的神学の運動であり、キリスト教社会主義の一種として知られる解放の神学は、ラテン・アメリカに起源を持つもののこの地域固有の運動ではなく、冷戦時代、そしてポスト冷戦期にも欧州やアジアなど地域を問わず現れるからである。

国際政治学の対象としては、グローバル・ガバナンス、環境、平和構築、人権・人道、人間の安全保障などが関わることでリベラリズムやネオリベラリズムといった論点、そして宗教を扱うことでコンストラクティビズムの論点、そして国際連盟(連盟)や国連に関わる集団的安全保障をはじめとするリアリズムの論点が浮かびあがるだろう。

バチカン市国の誕生以前から存在したヌンチィオ(Nunzio:教皇大使)という外交代表が、近代以降も他の国民国家の大使よりプロトコールの上位に置かれている事実をはじめ、国民国家ではない国際社会のアクターであるバチカン、トランスナショナルなカトリック教会やカトリック・ネットワーク、これらの国際法的な意味とは何なのか。そうした問いかけからは、国際法の問題も視野に入ってくることになる。

ウェストファリア体制という、主権国家に基づく国際政治の枠組に抗い続けたバチカンが、二〇世紀後半から二一世紀にかけて、地域統合による主権国家の役割低下とグローバル・ガバナンス論隆盛のなか、それらを代替する主体となりえるのだろうか。

一八七〇年に勃発した普仏戦争を契機に領域国家としての地位と主権を剥奪されたバチカンは、一九二九年のラテラノ条約で主権を奪回するものの、領域国家としての地位を回復することを断念し、しかしながらカトリック教会を通じて領域管理(権)を継続する方法を模索し続けた。そして連盟に始まり、国連やこれに関連する国際機関、その他の国際組織が数や役割を増大させていく過程で、そこに既存のカトリック・ネットワークを重ね合わせたバチカンは、再びその存在と影響力を拡大させていったのである。バチカンの国連総会における地位(スティタス)が、「バチカン」ではなく、「聖座(Holy See)」と規定されていることからも、国連がバチカンに求めるものが、モナコ公国のような小国としての役割ではなく、トランスナショナルなカトリック・ネットワークであることが理解できるだろう。

著者は前著においてバチカンの近代を、中世には絶大な権力を誇りながらウェストファリア体制の確立以降はその力を低下させ、一八七〇年に世俗的な意味での領域権をほぼ完全に喪失するも、その後、巻き返しを図ってきた歴史であると論じた[4]。それはソヴィエト連邦(ソ連)の成立以降、コミンテルンの形成により生まれた共産主義のトランスナショナルなネットワークに対抗する、闘うカトリック教会ネットワークの姿でもあった。そして冷戦の終結後は、人道主義や人権、救貧、紛争仲裁、和平仲介、戦争回避など、カトリック教会が旧来から行ってきた活動を現代社会にフィットさせるかたちでバージョン・アップし、その対象国も欧米先進国だけでなく途上国を含む、よりグローバルな世界へと拡大させていった。

もう一つの論点はヒエラルキー制度である。二一世紀の国際機関や国際組織の運営において「ヒエラルキー」は非民主的・否定的なイメージで語られがちである。しかし、その存在がなくなったわけではない。いかなる組織も水平な関係性にのみ基づいて運営することは困難であり、垂直的な関係性に基づく指揮系統が不可欠である。かねてバチカンやカトリック教会が有するヒエラルキー制度は、これら国際機関内の垂直な組織より、旧来型の身分制度に近いものであるが、ある面でそれが有効な場合もある。例えば軍隊には旧来的なヒエラルキー制度に近いものが存在し、それは国連平和維持活動（PKO）に従事する軍隊組織においても同様である。

アフリカのリベリアなど、内戦が激しかった諸国では、多くの子供が少年兵として徴発され、内戦終結後もトラウマを抱えた子供たちの社会復帰は困難であった。心理学やカウンセリングによる様々な精神医療が導入されたが、どれも効果的な結果を得ることが出来なかった。ところが、あるときカトリック系のNGOが介入し、子供兵として軍隊の厳格な上下関係に晒されていた子供たちに、ヒエラルキーを重んじるカトリック教会の組織内で、リハビリテーション、社会復帰プログラムを試みたところ、それが効果を発揮した。子供のような脆弱な存在にとって、ヒエラルキー制度はアイデンティティの形成過程において重要な意味を持っており、それをいきなり除去することは逆効果であることが明らかになった[5]。

こうした事例はけして軍隊的なヒエラルキーを肯定するものではないが、カトリック教会に存在する垂直的な制度がもつ、水平的な構造とは別の、組織がより効果的に運営されるための手法としての可能性を示唆している。

2　国際政治のアクターとして

バチカンと国際政治や国際機関との関係について考察する場合、その出発点をいつに設定すべきであろう。遡れば、初代ローマ教皇とされる聖ペテロ、あるいはミラノ勅令でキリスト教会が公認された古代ローマ時代の紀元四世紀、コンスタンティヌス帝の時代から語ることも出来るだろう。アウグスティヌスにより「神の国」という概念が現れるのもこの時期だからである。しかし本書は、基本的に「現代」以降のバチカンと国際政治、つまりウェストファリア体制成立以後の国民国家同士の外交関係および国民国家を主体とした国際機関との関わりを扱う。

すると次に「現代」をどのように定義するかが問題になるだろう。今日のバチカン外交と国際政治を理解するためには、ナポレオン戦争後のヨーロッパ社会の秩序構想が話し合われた一八一四〜一五年のウィーン会議を外すことは出来ない。バチカンのみならず、連盟および国連、そして赤十字やEUといった他の国際機関や組織なども、このウィーン会議に起源を持つと考えられるからである。ウィーン会議の時点でバチカンはまだ領土を完全に失っておらず、領域国家としての側面を持っていた。ウィーン会議から、イタリア統一を目指す運動が活発に試みられたいわゆるリソルジメント期にかけての時代、ウィーン体制が崩壊する一八四八年革命(諸国民の春)の前後には、ローマ教皇を立憲君主とする試みもあったが、これらは一八四八年の数ヵ月間だけ機能したものの、一八四八年立憲革命、憲法問題、憲法における外交権の問題などをめぐって国際法と教会法の矛盾を生じ、破綻してしまうのである[6]。

結局、バチカンはイタリア王国が成立する過程で、教会国家として国民国家と対立することとなり(ローマ問題)、教皇領として所有していた領土を喪失し、さらに一九二九年、ムッソリーニ政権下のイタリア王国と結んだラテラノ条約によりバチカン市国となるまでは主権さえも剥奪されることになる。領域権で主権を決定するのは近代的国民国家の概念だが、バチカンはそれに相当しないことになる。しかし先に触れたように、一八七〇年に教皇領のほとんど全てを失った後もバチカンは外交権を維持し続けており、教皇大使や教皇使節(delegazione apostolica)を派遣あるいは受け入れていた。つまりバチカンは領域権、つまり近代国家的な意味での主権がない状態でも、外交権を保持していたことになる。

グローバル化が進行する二一世紀、国際政治においてトランスナショナルな「非領域国家」アクターの重要性は増大しており、そうした文脈では、「非領域国家」であるバチカンと、同様な位置づけにあると考えられる国際機関の関係がどのようなものかについて問い直す意義があると言えよう。

一八九一年に教皇レオ一三世(在位：一八七八〜一九〇三)によって発出された「レールム・ノヴァルム(Rerum Novarum：新しき事柄について——労働者の境遇、以下「レールム」と略記)」は、現代のバチカンを理解する上で最も重要な回勅であると述べて過言ではない。その後、「レールム」の三〇周年、四〇周年といった節目ごとに、同回勅を踏まえた回勅が発出されるなど、ほぼ一〇年刻みで、思い返されるように歴史に登場する。この最も重要な回勅の内容は、簡潔に言ってしまえば、一八四八年にマルクスとエンゲルスが出した「共産党宣言」への挑戦状である。しかし同時に自由放任主義的な資本主義への糾弾でもある。つまり修正資本主義や社会民主主義の基礎的な理念提示となっているのである。「レールム」は、カトリック教徒が労働運動や労働組合に参加することを正式に認める内容であった。ただし、マルクス主義的な共産主義革命や階級闘争は徹底的に否定している。すなわちマルクス主義と異なる選択肢を労働者に認めることを意味し、実際、同回勅を発端にカトリック信者による政治・社会運動への関与が本格化することになる。「レールム」以前は、ローマ問題の状況も手伝って、バチカンは政治や社会問題にほとんど関与することなく宗教活動に徹しており、信者たちにも実質的に「イタリア」政治への関与を禁じていた[7]。しかし迫りくる社会の変化に対し、信者たちはカトリック教会を通じて政治や社会に関与することを求められた。のちに社会問題に関する指針となる回勅は「社会回勅」と呼ばれることになるが、「レールム」はその先鞭となった。いわゆるカトリック系のキリスト教民主主義もこの回勅が起源となるのである。

これは、バチカンが宗教活動に徹しているだけでは、近代においてその影響力の低下を止めることが出来ないことから、その挽回を図るという戦略でもあった。もちろん、一九世紀の末のヨーロッパ、特にイタリアではアナキズムなどの影響を受けて過激化する労働運動に対するオルタナティブを提唱することで、共産主義革命を阻止するという時代的背景を映してもいた。

「レールム」には三つの趣意があり、まず労働組合などの労働者の団結権を認めること、次に労働者の尊厳、つまり人間らしい生活をするのに見合った賃金を認めること、そして以上二点を実現するための国家の役割の重要性である。これは労使共存型で私的所有権が前提となっている[8]。

さらに「レールム」は国際法上の意義、もっと言えば、近代以降、国際機関が設立されるための法的な正当性、つまりこれら国際機関が神学的な見地からも重要であるということも認めていた。少しだけ神学的・哲学的な背景について触れておくと、この回勅には、中世以来発展してきたキリスト教神学、とくにトマス・アクィナス神学による自然法のリバイバルという側面があった。新トマス主義、スコラ哲学の復活などとも呼ばれる一連の動きである。「レールム」の一〇年以上前、レオ一三世が就任一年弱となる一八七九年八月に発出した回勅「エテルニ・パトリス（Aeterni Patris：永遠の父）」は、自然法に基づいたトマス神学の重要性を強調する内容であった。リソルジメント（イタリア統一運動）によるバチカンとイタリア王国との対立、ローマ問題の発生などによって前任者ピウス九世（在位：一八四六～七八）の在任中に低下した、西欧諸国家との政教関係における教皇庁の影響力を危惧したレオ一三世は、近代社会に対するカトリック教会の影響力の保持、あるいは拡大を目指し、トマス神学の復活とその思想を近代的な哲学として普及させるために尽力した。

トマス神学は一三世紀にイタリアの著名な神学者トマス・アクィナスが著した『神学大全』などによって、プラトンからアリストテレスへと移行する哲学と神学の関わりを明らかにし、神中心主義と人文主義的な人間中心主義の双方の融合を図った思想である。その取り組みは二〇世紀になると具体的な実を結ぶ。カトリック神学の域を超えた新トマス哲学研究が開花し、多くの研究所や学術誌が勃興し、フランスのジャック・マリタン、ドイツのマルティン・グラープマン、ベルギーのファン・ステーンベルフェンやスイスのボヘンスキーなど著名な哲学者が輩出された。特にベルギーのルーヴェン・カトリック大学に置かれた高等哲学研究所は、レオ一三世の指令でトマス哲学講座を開設し、メルシュ枢機卿をその指導者としてトマス研究の拠点として隆盛した[9]。トマス神学はその後もトマス主義、自然法として立憲君主制や国際法に多大なる影響を与え続け、そして一九世紀後半には新トマス主義として復活し、二つの回勅の基礎となった[10]。

この「エテルニ・パトリス」と、続く「レールム」は、当時トマス神学者として名を知られた聖トマス・アクィナス大学の神学教授だったトマソ・マリア・ジリアラ(Zigliara)のアドバイスに基づき、教皇レオ一三世のために作成された回勅だった。

新トマス主義とはカトリック信仰に基づいての法の順守による民主主義の実現を意味し、自然法に基づく後の多くの国際法や政治学、経済学のオットー・シリンクやシュライバーなどである[11]。国際法の父はグロティウスとされるが、山内進によるとグロティウスよりもアルベルコ・ジェンティーリのようなトマス主義者のほうが、私戦を否定する点において、より近代的な戦争論、正戦論と見られるという[12]。トマス主義の国際法学者には、フランシスコ・デ・ヴィトリア(カトリック神学・国際法)やサラマンカ学派が存在し、トリエント公会議を支えた、対抗宗教改革によるカトリック教会の立て直しを図る意義があった。対抗宗教改革の旗手となったイエズス会のフランシスコ・スアレスもトマス神学の系譜であり、彼らに対する評価は、むしろ自然法学者のクリスティアン・ヴァルフに対するそれより高い[13]。

今一度「レールム」に戻ると、労働者の権利を認めたことでカトリックは、社会運動、特に労働に関してはその国際機構である国際労働機関(ILO)と強い結びつきを持つことになる。また労働者という論点をめぐっては、その尊厳、つまり人間としての尊厳を強調している。すでに触れた新トマス主義哲学者ジャック・マリタンは、教皇パウロ六世(在位：一九六三〜七八)の「師」でもあり、一九四五年にはバチカンの在フランス大使を務め、キリスト教民主主義政党の設立や「世界人権宣言」の下書きに関与するなど、国連やI

LOといった戦後の国際機関の発展に寄与した。

そして組合の容認という点での結社の自由である。つまり共産主義の唱える階級闘争の代わりに階級協調を打ち出したことでコーポラティズムなどの考え方に繋がっていくのである。自然権に関して言えば、共産主義と大きく異なる点として私有権を認めるが、私有権には社会的、法的な責任と義務が伴うということも示されている。「レールム」四〇周年の一九三一年にピウス一一世(在位：一九二二～三九)が、七〇周年の一九六一年にはヨハネ二三世(在位：一九五八～六三)が、それぞれ社会問題に関する回勅を発出し、そして一〇〇周年を記念して一九九一年にはヨハネ・パウロ二世(在位：一九七八～二〇〇五)が、冷戦終結後のマルクス主義の後退を背景に、弱肉強食的な新自由主義を糾弾して発展途上国の貧困問題や労働問題に焦点を当て、資本主義とも共産主義とも異なる中道、第三の道を提示したのである。

3 「カトリック」は前近代的なのか

日本の伝統的な社会科学研究では、カトリック陣営とプロテスタント陣営の衝突に端を発した三十年戦争(一六一八～四八)において、プロテスタント側が勝利したことが経済活動の活性化と経済発展をもたらし、「近代的な所有の概念」の確立に繋がったと理解される傾向がある。無論そうした側面も否めないため、敗者となったカトリックによる対抗宗教改革の評価も一面的なものにとどまり、カトリック教会がより保守化し、まるで近代に逆行したかのように捉えられがちである。

三十年戦争での敗北とウェストファリア条約の締結でバチカンやカトリック教会の権威は低下したとされるが、同陣営が三十年戦争の真っ只中である一六二二年に「プロパガンダ(Propaganda Fide：福音宣教省)」を成立させ、世紀の巻き返しが行われたことを忘れてはならないだろう。具体的には西欧以外の地域でのプロパガンダ、すなわちラテン・アメリカやアジア・アフリカ地域への宣教・布教活動である[14]。これがなければ日本にキリスト教がもたらされることもなかった。

そして一五四五〜六三年にかけて断続的に招集され、カトリック教会の刷新運動と対抗宗教改革を打ち出したトリエント公会議である。ここでは「反省」ではなかったものの、「見直し」が行われ、これがトマス神学の再評価をもたらすが、同じ公会議では個人の私有権の承認も行われている。これこそ、二〇〇年後の一八四八年、マルクスが「共産党宣言」によって理論化したマルクス主義に対抗するための挑戦状となり、トマス神学を近代に復活させることになった「レールム」による応戦の原型となったのである。

政治神学者であるカール・シュミットについては、ナチス・ドイツが政権樹立にあたりその法理論を利用したとする否定的評価がある。今般ではネオコンと呼ばれる新保守主義が影響を受けたとして議論され、教皇ピウス一二世(在位：一九三九〜五八)によるナチスとの政教条約(ライヒスコンコルダート)もあることから、近代的な民主主義との関わりでは評価されにくいが、カール・シュミットは、プロテスタントのマックス・ウェーバーに対抗して、カトリック教会のヒエラルキー制度に行政組織としての近代性の萌芽があったと主張している[15]。

カトリック教会は国民国家ではないし、領土を持つ領域国家でもない。教皇も、カトリック教会も、聖座も国家ではない。それにもかかわらず教皇は国際法学上の地位としては、その主体的な担い手、つまりアクターであり、それはカトリック教会の長という属性による。そして教皇＝聖座は諸国家といわゆるコンコルダートを締結する[16]。

山内進の論文や著書は、自然権と所有権の関係をトマス神学によって明らかにしており、その現代的な政治学への影響を論じている点で重要である。すでに見たように、山内の「正戦論」は私戦を否定してより近代的な正戦論に近いと主張していることから、カトリックによるトマス神学に基づいた理論の方が、オランダ、プロテスタントのグロティウスの国際法より、「近代的」な要素を持っていたと述べている。

ただしイエズス会の研究者によって書かれたバチカン外交研究はあまりにも教会を「正しい」存在として論じ過ぎる傾向にあり、批判的な考察はあまり行われていない。神学と国際法の関係については、よりバランスの取れた考察が望まれる[17]。

トマス神学は、フランチェスコ会に代表される中世的な封土や土地の共有制度に異論を唱えて私有権を主張した。それはエゴイスティックな私有権を意味せず、私有権には法と責任が伴うとの含意がある。それはロックの経済論、経済活動に繋がるが、ただし人間の身体は個人所有権に属することを認め、無論これらには神の存在、つまり神の承認が前提となる。これは重要な論点である。極端な例を引くと、ポル・ポト支配下のカンボジアでは極端な共産主義が主張され、個人の土地の所有権はおろか、身体への個人所有権すら認められなかった。例えば自分の子供が病気で亡くなる、あるいは女性の胎内の子供が死産や流産で亡くなる、その場合、親が涙を流すことは許されなかった。泣いているのが見つかれば容赦なく殺された。子供や自らの身体は国家に属しているからである。

キリスト教では、カトリックでもプロテスタントでも個人所有権が認められているからこそ、個人の身体や家族の存在は共有財産とはならない、つまり国家の支配を受けないのである。キリスト教には元々共有する概念があり、中世のカトリック教会についてはそういう側面があったが、宗教改革と三十年戦争とウェストファリア条約によると言うより、これらに対する対抗宗教改革が「近代的」な所有の概念や国際法に基づいた国際機関の設立に繋がっていったのである。

4　連盟・国連との関わりとその出発点

もう一つ「レールム」で主張された重要な点は、「個人」が全てでも、政府なり国家が全てでもない、その中道をゆくという内容である。この立場は、教皇ピウス一一世による回勅「クアドラジェジモ・アンノ（Quadragesimo Anno：四〇年目に、以下「クアドラジェジモ」と略記）」によって顕著に表現された。この回勅の名称が、「レールム」発布から四〇年の節目にあたる一九三一年に発出されたことに由来するのは言うまでもないだろう。

この回勅を発端に「補完性原理」が発展し、ＥＵなどをはじめとする地域統合論やコミュニティ論などで援用され[18]、デカルト批判、形而上学批判、実定法（自然法に対立する）批判によってトマス神学の復活に繋がっていく。カトリック教会では例えば、ヨハネ・パウロ二世の在位中である一九八五年に、米国の司教団が「万人のための経済的正義」で具体化した。またこの「補完性原理」は、公共財や米国の生態学者サイモン・レヴィンの主張する生物多様性などとも相まって、「持続可能」な発展といった、今日誰もが用いる概念と関わっている。二〇〇七年のリスボン条約（二〇〇九年発効）にも、この「補完性原理」が反映されたとされる[19]。

二一世紀の国際政治における宗教の役割とは、文明の衝突や宗教紛争やテロの問題など、どちらかと言えばネガティブな側面に注目が集まりがちである。特に日本の学会で宗教の国際政治における役割の重要性が論じられる機会はそれほど多くない印象である。欧米では宗教テロや紛争の解決に関するコンフリクト・レゾリューション研究はかなり発展しており、そうした文脈で宗教間対話についての研究も盛んである[20]。日本における欧米研究の困難には、近代的国家のあり方やデモクラシーには政教分離が前提であるという言説が長らく支配的であったことも影響していよう。確かに欧米の民主主義国家の憲法や、国連やEUの憲章をひっくり返しても「神」は登場しない。だからといって「神」は本当に不在と言えようか。二一世紀の現在、宗教要因による紛争は後を絶たず、民主主義国で起こるポピュリズム運動などにも宗教が関わっているケースが散見される。確かに宗教が否定的な要因として作用していることが少なくないとしても、混沌とした国際秩序を理解するためにも宗教ナショナリズムという要因を理解し、問題解決のため宗教に目を向けることは不可欠であると考える。

仮に直接的に宗教という言葉が使われなくとも、文化摩擦や文化的アイデンティティの衝突において、広義の意味での宗教が、価値観を規定する規範として内在している場合は多々ある。こうした規範研究は、国際関係論ではコンストラクティビズム研究であり、グローバル・ガバナンス論やグローバルデモクラシー論とも関わる。本書の第四章で論じる世界プロテスタント教会協議会(WCC)の一次史料を読んでいると、「グローバル・ガバナンス」という用語が一九八〇年代からすでに登場していることが解る[21]。

宗教の取扱いの難しさもこうした研究に躊躇する理由であろう。筆者は、冒頭でも述べたように、宗教は諸刃の剣であると捉えている。宗教は紛争の原因とも平和構築の道具ともなり得るからである。また政治的には保守にもリベラルにもなる。例えば本書で扱うバチカン(カトリック)は、教皇の交代によって変動はあるものの、おおむね保守的な傾向にある。しかしWCC(プロテスタント)などはかなりはっきりしたリベラルで、左派と言って差し支えない。一方、米国の宗教保守や宗教右派は明確な保守である場合が多く、共和党やその政権と親和性がある。

そして、現在、国連や国際機関で頻繁に用いられる人権規範や人道主義的な活動はキリスト教的価値観に起源を持つが、これらが、いつから、どのように普遍的な価値観に転換したのかという問いがある。こうした問題は従来の研究ではあまり明らかにされてこなかった。

多くのキリスト教の民主主義国では世俗化を肯定的に、ほとんど前提であるかのように捉えられてきたが、イスラム教においては世俗化という概念はない。世俗化を強調しすぎることはその価値観の押し付けにもなり得るので、イスラム教徒は世俗化原理主義を嫌う。EUの憲章においても長らく「神」や「宗教」という言葉は使われてこなかったが、リスボン条約でようやく宗教に関わる条項が挿入された。それはイスラム系の市民への配慮からであると言われている[22]。

以上、著者が本書を通じて明らかにしたい論点を挙げてきたが、先行研究について少し触れておこう。バチカンと国連など国際機関との関わりに関する研究はさほど多くない。例えばRoman A. Melnyk, *Vatican diplomacy at the United Nations*, 2009、Bernard J O'Connor, *Papal Diplomacy, John Paul II and the Culture of Peace*, 2005やAndre Dupuy, Pope, *John Paul II and the challenges of Papal diplomacy, Anthology*, 1978-2003[23]などが存在するが、Melnykは参考になる点も多いがバチカンと国連の関係を網羅的に論じたものではなく、国連教育科学文化機関(UNESCO)や国連食糧農業機関(FAO)、国際労働機関(ILO)とバチカンの関わりについて項目ごとの説明にとどまっている。また教皇の回勅は使用しているが、文書館などの一次史料はほとんど参照されていない。オコーナー(J O'Connor)の著書は、ヨハネ・パウロ二世のバチカン外交に関する研究であり、一部国連でのスピーチや回勅も使用されているが、歴史研究という体裁を取っていない。デュピュイ(Jean-Pierr Dupuy)の著作はヨハネ・パウロ二世のスピーチと回勅の事典のようなものであり、情報源としては有効だが研究書とは言いがたい。バチカンの公式出版物である*The promotion of Human Righta and John Paul II*, Libreria Editrice Vaticano, 2011は国連のバチカン大使や外交官及びポーランドの国連代表だった関係者によるコメント集である[24]。バチカンと国際法の関係については、Ivan Santus, *Il Contributo della Santa Sede al diritto Internzaionale*, CEDAM, 2012がある[25]。また、聖職者の手による研究も存在するが、バチカンや教皇や教会について肯定的評価が先に立ち、客観性を欠くものも少なくない。これについては本文中で具体的に触れることにする。

一連の先行研究を有効な情報源として参照しつつ、それを踏まえて歴史・政治研究を行い、宗教と国際政治の関わりという大きなテーマに挑戦しようとするのが、本書の目論見である。

第一章では、バチカンと連盟、国際赤十字、その他の国際機関との関わりを中心に、第一次世界大戦前から大戦、戦間期までを扱う。続く第二章では、第二次世界大戦から戦後国際秩序形成期にかけてのバチカンと国連および国連関係諸機関の関わりを分析する。そして第三章では、国連の専門機関であるＩＬＯとバチカンの関係を取り上げ、バチカンがＩＬＯと関わることで、どのような組織面での改編が行われたなど、組織・機構的なアプローチを行う。

とりわけ第三章以降では、現代のバチカンと国際機関の関係を規定する最重要事項として第二バチカン公会議の重要性が強調されることになるだろう。第四章では、一九六二〜六五年に開催された第二バチカン公会議を舞台に、バチカンとＷＣＣとのエキュメニカルな連携について明らかにする。そこでは主として理念面でバチカンにもたらされた変革や、逆に国際機関にバチカンがもたらした影響について論じる。

極端な表現を使えば、第二バチカン公会議なくしてバチカンと国連をはじめとする国際機関との、現代的な意味での関与は起こりえなかったと言って過言ではない。同公会議での神学論争が聖職者、信者に多大な影響を与えたことは言うまでもないが、この世俗的な意義について国際政治的な観点から説明をしておく必要があろう。

一九六二年一〇月から一九六五年一二年までの約四年間、四会期にわたって行われた議論の内容は膨大かつ多岐にわたるが、本書と直接関わる事項としては一九六四年一一月に行われた第五公会議の「エキュメニズムに関する教令」と、一九六五年一二月に行われた第九公会議の「信仰の自由に関する宣言」と「現代世界憲章」が挙げられよう。エキュメニズムについての詳細は第四章に譲るとして、ここでは「現代世界憲章」について簡単に触れておく[26]。

憲章は膨大なものであるが、その第五章である「平和の促進と諸民族の共同体の促進」の項目が国際機関・組織との関係を規定する箇所となる。同章では、平和の定義の後、戦争の回避、全面戦争では科学兵器の禁止、軍拡競争の現状を報告し、対応としての戦争絶対禁止と戦争回避のための国際行動が述べられている。それを実現するためには「国際共同体の建設」が必要であり、以下、国際的な不一致の原因とその対策、諸民族共同体と国際機関、経済の領域における国際協力、これを実現するための基準、人口増加をめぐる国際協力、援助供給に関するキリスト信者の任務、国際共同体における教会の有効性、国際機関におけるキリスト教信者の役割、と項目は続く。最終的に、これらを実現するためにすべきこととして、日々の生活において信者が教会を通じて出来る、国、人種、文化を超えた全世界の人々との対話などを挙げ、世界共同体の建設とその目的に向かって前進することなどが唱導されている。

この「現代世界憲章」は本会議の会期後半で作成された。第一会期の典礼改革において社会問題がほとんど取り上げられなかったことに、中南米の司教協議会から批判があがり、リオ・デジャネイロの補佐司教ヘルデル＝ペソア・カマラらの意見が取り入れられることとなった。以降、教皇ヨハネ二三世は平和、社会政治、国際関係などについて現代人にも分り易い回勅を作成し、それは一九六三年四月に発出される回勅「パーチェム・イン・テリス（Pacem in Terris：地上の平和）」として集約された。そして、この回勅を憲章化したものが「現代世界憲章」であった。これが成立する準備段階として、一九六四年二月にチューリッヒで中小の委員会が開かれている。委員会では「世界構築への教会の積極的な参加」などの文書が議論されたが、これはWCCに送られ、WCC側の意見も一部取り入れられるなど、エキュメニカルな側面もあった[27]。同憲章の第二部第三章では、後述する一九六一年の回勅「マーテル・エト・マジストラ（Mater et Magistra：教師と母）」で語られる労働の優位性（これはすでに述べたレオ一三世の回勅「レールム」の継承であるが）、戦争と平和の問題と相まって、経済領域における国際協力へと繋がることになる。

こうした第二バチカン公会議のエッセンスが直接的に関わるのは、本書の第三章と第四章ということになるが、それ以降の章、冷戦終結後の国際政治においても本質的な理念としては大きな変更はなく、現教皇フランシスコ（在位：二〇一三〜）も「現代世界憲章」の継承者と言える。

第五章では、冷戦時代のバチカンと、その国際政治への関与を通じて、冷戦終結にバチカンが果たした貢献について探ってゆく。具体的には国際政治におけるバチカン外交と欧州安全保障協力会議（CSCE）との関わりなどが主題となる。冷戦期バチカンのリアリズム外交を、そのキーパーソンであったアゴスティーノ・カサロリ[28]の東方外交を中心に、CSCEとの関わりで見ていく。この時代はまた解放の神学が盛んになった時期でもあり、そうした論点も欠かせない。第六章では、冷戦後に頻発する宗教・民族紛争への人道的介入などにバチカンが果たす役割について、東西冷戦の終焉に貢献したヨハネ・パウロ二世の外交活動と、CSCEから欧州安全保障協力機構（OSCE）への移行過程とをパラレルに追いつつ、国連レバノン駐留軍や国際原子力機関（IAEA）など、他の国連機関との関わりについても論じる。そして終章では、現在の教皇フランシスコが進める宗教間対話や地球温暖化問題についての国連との協力などにも触れたい。それは主に二〇一五年の最重要回勅「ラウダート・シ（Laudato Si：共に暮らす家を大切に）」について、国連環境計画との関わりで見ていくことになるだろう。

5　特異なバチカン外交

本論に入る前に、ある意味で非常に特異なバチカン外交のシステムや法的位置づけについても概説しておく必要があろう。バチカン市国は一九二九年に主権を回復したが、国民国家ではない。教皇そのものの国籍すらバチカンではなく、前教皇はドイツ人であり、その前任者はポーランド人、そして現教皇はアルゼンチン人である。

バチカン国籍なるものも一応存在はするが、多くの場合バチカン職にある間の期間限定となっており、ヌンチィオと呼ばれるバチカンの教皇大使や、大使以下のランクであるバチカン使節、また国際機関への代表を見ればそれは明らかである。例えば、米国の日本駐在大使は米国籍であり、日本の米国駐在大使は日本国籍である。日本の国連大使も日本人である。当たり前と思われるかも知れないが、バチカンにおいてはそうではない。二〇一八年時点で見ると、国連人権理事会へのバチカン代表はポーランド人の枢機卿、ニューヨークの国連本部代表はフィリピン人の枢機卿である。他の国際機関へのバチカン代表、さらにスイス国へのバチカン大使もそれぞれ別個に存在しており、よほどの小国でない限り、兼任という概念はない。バチカンのお膝元とも言えるローマには、イタリア国首都としてイタリア共和国駐在のバチカン大使とローマに本部を置くFAOのバチカン代表がいる。

一九六五年以降、バチカンは国連に参加しているが、投票権を持たないパーマネント・オブザーバントであった。二〇〇四年以降は独立国家が保有するすべての権利を認められたが、投票についてはその権利を行使しない姿勢でいる。このことをもって国連におけるバチカンの存在感が薄いかのように思われる向きもあるが、投票を行わないのは中立性を維持するためであり、自ら望んでの立場である。無論、発言権はあり、その発言は一定以上の影響力を持つ。このことについても本論で詳述したい。

使用した一次史料は、バチカン秘密文書館（ローマ）、国際連盟文書館（ジュネーブ）、国連文書館（ニューヨーク）、ＩＬＯ文書館（ジュネーブ）、ＷＣＣ文書館（ジュネーブ）、国際赤十字文書館（ジュネーブ）、英国国立文書館（ロンドン）、大英図書館内文書館（ロンドン）、米国国立文書館（ワシントン）、米国議会図書館内部文書館（ワシントン）、ボドリアン図書館内文書館（オックスフォード）の協力を得て閲覧した。また、バチカン国連代表部（ニューヨーク）、国連難民高等弁務官事務所（ＵＮＨＣＲ）職員（ニューヨーク）、カトリック系ＮＧＯ職員（ジュネーブ）、そしてカトリック聖職者（元バチカン外交顧問と元米国国務省宗教間対話委員、ワシントン）、欧州司教団協議会（ＣＯＭＥＣＥ、ブリュッセル）と欧州プロテスタント教会協議会（ＣＥＣ、ブリュッセル）などにはインタビューでたいへんお世話になった。謝意を表したい。

第1章 第一次世界大戦前夜から戦間期まで
──国際的中立宣言と大戦への関与

1 国際連盟設立以前の国際関与

一九一四年八月、ヨーロッパのカトリック世界を二分した総力戦、第一次世界大戦が勃発した同じ月に教皇選挙(コンクラーベ)が行われた。大戦争という時代を背景に、外交や国際問題に鋭敏な、意識の高い教皇の選出が期待された。そして、ジャコモ・ジョバンニ・バティスタ・デラ・キエーザ、ジェノバ貴族出身のボローニャ大司教キエーザが教皇に選出されベネディクト一五世(在位:一九一四～二二)が誕生した。

ヨーロッパ全域、そして世界中を巻き込んで戦火を交えた人類史上初の総力戦に対し、教皇は選出されるや否や不偏中立を宣言し、和平交渉とその実現のための様々な努力を行うことになった。今日的な文脈で見ると、これはバチカンという宗教機関にとってごく自然な動きに思われるかも知れない。しかし、当時のバチカンやイタリア半島が置かれていた状況を考えると、決して当然のことではなかった。一九一四年、ベネディクト一五世は教皇の右腕と呼ばれる国務長官にピエトロ・ガスパリ枢機卿を指名した。ガスパリは、イタリアもこの大戦に参戦するべきであるという「参戦論者」であった。国務長官という地位は、教皇庁の外務大臣というだけでなく、バチカン内の官僚組織のトップにして実質上の首相にあたる、教皇に次ぐナンバーツーであった。わけても外交分野については、時には教皇以上の影響力を行使することすらあったのである。

第一次世界大戦勃発と共に誕生し、この様な困難な状況を背負った教皇ベネディクト一五世の国際機関との関わりをめぐる重要な論点は大きくわけて二つある。一つ目は戦争や、戦争の発端となり得る紛争の仲介であり、二つめは戦闘による多くの死者や怪我人、行方不明者への対応である。後者については、本章の第五節以降、国際赤十字との協力関係の構築と、共に行った活動について考察することとして、まず一つめの論点について検討する。

連盟や国連などの国際機関は、国家間の対立が多国間での紛争や戦争へエスカレートする前に、二国間の摩擦や紛争に介入することを旨としているが、こうした役割をバチカンは一九世紀の終わりからすでに担っていた。

一九二〇年の国際連盟成立後、常設国際司法裁判所が設置されるが、その前身であった常設仲裁裁判所は、一八九九年のハーグ平和条約に基づき一九〇一年に誕生している[1]。この常設仲裁裁判所の起源については諸説あり、一般的には一八世紀の英米間の通商条約や一九世紀の英米間の対立の仲裁にあったとされるが[2]、バチカンが裁判所という司法機関としての制度が成立する以前から、多くの紛争や対立に仲裁役(Arbitration)としてかかわることで、大きな争いや全面戦争を回避していた。

2 ハーグ平和条約から常設仲裁裁判所設立へ

長い歴史の中で見れば、紛争や戦争の仲裁どころか、むしろバチカンが国家間の争いの原因となったケースもあった。とりわけ近世においては、イタリア半島内に乱立する都市国家の抗争に介入した上、情勢が不利になるとフランスに援軍を頼むなどして半島を戦禍に陥れた。そうした状態は恐らくウィーン会議以降も継続しており、ピウス九世はローマで革命勢力が強くなるとオーストリア軍やフランス軍の介入を求めたことから半島は内戦状態となった。統一イタリア王国成立後、教皇領が廃止されると、孤立状態に置かれたバチカンでは、状況を打開するためピウス九世が対立する王国の転覆を企図していたとされる。

後任のレオ一三世の時代になってもローマ問題をめぐってバチカンとイタリア王国との対立関係は解消されなかった。こうしたバチカンの姿勢はイタリア王国との国交断絶を招いたばかりでなく、周囲からは欧州の大国フランスとドイツの対立を助長するものとさえ見られ、国際社会で決して歓迎される存在ではなかったのである。そのレオ一三世にとって大きな転機になったのは、皮肉にも外交問題ではなくイタリアの内政問題であった。

マルクスによる共産党宣言(一八四八年)以来、王国成立以降のイタリアでは多くの社会問題が表面化していた。一九世紀後半を迎え産業化が進行すると国内の格差問題は深刻さを増し、階級対立と闘争が生じた。アナキズムなどの過激な労働運動が多発するようになり、政府はそれを武力で鎮圧した。こうした状況にあって階級闘争の仲介者たろうとしたバチカンは一八九一年に回勅「レールム」を出し、これが後々バチカンの社会問題への関与や介入における基本的理念となった。カトリック教徒が議会選挙に投票することを禁じたピウス九世の教令「ノン・エクスペディト」以来、政治や社会活動に関与することが禁じられていた信者たちに、社会運動への参加を実質上認めたものと解釈された[3]。

またバチカンは、主権を回復していない存在の曖昧さを利用する戦略に出る。それが、主権国家でないからこそ可能となる、国家間の紛争や対立に介入する仲裁者としての役割であった。バチカンは一九〇七年、イタリア王国との和解交渉に臨むが、反バチカン主義のイタリア首相クリスピに阻まれ[4]、イタリア王国が参加する国際会議から排除された。しかしイタリアの頭越しに国際的な紛争や対立回避のための「仲裁」に乗り出す。

画期となったのはスペインとドイツの間に起こったパラオとカロリン諸島の主権争いであった。これにレオ一三世が介入し、東経一六四度を境にカロリン諸島でのスペインの主権を認め、代わりにドイツにはマーシャル諸島の主権、そしてカロリン諸島への航海権を認めることで決着を見た。それは、カトリック大国であるスペインの利権だけでなく、ドイツにも譲歩した点、また東経一六四度という科学的な根拠を示した点で、従来のバチカン外交との決別を意味していた。これまでフランス依存型であったバチカン外交が、独仏のバランスを取る外交へとシフトしたことも意味した。

リソルジメント以来、バチカンはフランスに依存し、フランス寄りの政策を取ってきた。その結果、フランスと結託してイタリア王国の転覆を目論んでいるとの疑いをかけられてきたバチカンが、ドイツに友好的な仲介外交を行ったのである。一方のイタリア・クリスピ首相は富国強兵の手本としてドイツにべったりの外交政策を取っていたことから(それは反バチカンのためでもあったと言われる)、ドイツにも配慮したバチカン外交の公平性に驚きを隠せなかった[5]。

一八八五年一〇月二二日に行われたバチカンの提案は、カロリン諸島における「歴史的な権利とスペインの主権の承認」を行う一方、「主権の行使の必要性」を指摘した。つまり「スペイン不在であったことでドイツが入り込む余地があったこと」を確認して、「それゆえドイツには主権は認めないものの、商業権と航海権を認める」ことを提案したのである。最終的にバチカン案は双方に受け入れられた。マドリッド、ベルリン、ローマで会談が持たれ、バチカンに駐在するスペインとドイツの使節によって一一月一七日に署名されるに至ったのである[6]。

この成功は、対立や紛争を回避し、国際的に重要な役割を果たしたとして、孤立傾向にあったバチカンへの国際的な信頼を回復する意義をもった。他にもバチカンがヨーロッパ列強の植民地をめぐる対立に介入して紛争を阻止した事例が幾つかある。一八九〇年の西アフリカの英国とポルトガル、またコンゴをめぐるベルギーとポルトガル、九四年のペルーとエクアドル間の国境紛争に教皇大使が介入、南米のギアナ地方をめぐって英国とフランスとオランダの国境争いを仲介、また九五年のハイチとドミニカ共和国の国境線画定などがそれである[7]。

イタリアが行った最も屈辱的な植民地戦争と言われた、一八九六年のエピオピア・アドワの戦いの大惨敗で多くのイタリア兵が捕虜となった際、捕虜釈放をめぐってエチオピア皇帝と直接交渉したのは教皇であった。

ドイツの外務大臣であったベルンハルト・フォン・ビューローが教皇の介入を求めた、米国とスペイン間のフィリピン領有をめぐる争いでは、スペインが教皇の提案を受け入れたにもかかわらず米国が拒否したため、一八九八年、米西戦争が勃発しているが、世紀転換期にはアルゼンチンとチリの間に起きた国境争いに介入、これを平和裏に解決したこと記念して「アンデスのキリスト教像」が建立されている[8]。

教皇による紛争回避のための仲介には他にも、一八八九年にマドリッドで行われたカトリック・コングレスや一八九六年イタリアでの同様の催し、一八九七年に行われた第七回「普遍的平和コングレス」などがある。しかしこうした実績も、ローマ問題が未解決のままのイタリアや、かつてのバチカンの強権主義的傾向を嫌う非カトリック諸国などの不信感を拭い去ることはできず、正式な機関の設立を伴うバチカンの公的関与には繋がらなかった。

しかしバチカンによる国際仲介の役割の重要性は、アングロ・サクソン諸国である英米のカトリック大司教の関与によってしだいに認知されることになる。米国ボルチモアのギボンズ枢機卿、英国ウェストミンスターの大司教、北アイルランド・アーマーの大司教であるローグ枢機卿、そしてカナダのヴォーンの司教などが集まり、ベネズエラ問題をめぐる英米対立に、バチカンとカトリック聖職者の介入を求めた際、「国際仲介」機関の常設化が主張された。

カトリック教会とプロテスタント、あるいは英国国教会の間の溝が本格的に埋まるにはまだ少なからぬ時間が必要であった。それでも教皇レオ一三世の宗派対立を超えた協力に向けた取り組みとイニシャチブは正教会を含めてすでに開始されており、一八九九年と一九〇七年、二度のハーグ平和会議に基づく常設仲裁裁判所の設立へと結実していく。バチカンの国務省内にある秘密文書館には、当時まだ正式な国交がなかった米国や英国関係のファイルがまとめて保管されており、それらをひもとくと公的な外交関係が不在であるにも関わらず、英米がバチカンの国際的な役割を増大させることに貢献した様子が浮かびあがる。当時まだ米国内での存在感が薄かったカトリック教会には、トランスナショナルなネットワークを使ってその重要性をアピールする思惑もあったようである[9]。

先に触れたように、レオ一三世に主導されたバチカンと正教会との協力は、結果的に常設仲裁裁判所成立と、バチカンの関与に繋がっていった。一八九三年、ロシアの外交官ロバノフ(Lobanov)は、教皇に謁見した折、欧州の軍拡競争問題に触れた。これをきっかけにレオ一三世は、軍拡の抑止と戦争回避のために列強が軍縮会議を開く必要性と、これに違反する国を裁くための司法機能を持った国際的な裁判所の設立を訴えるに至る。これが九八年のロシア皇帝ニコライ二世による最初のハーグ平和会議の呼びかけと、常設裁判所の設立のイニシャチブに繋がっている。

教皇と一九〇七年七月に謁見したロシアの外務大臣ムラヴィヨフ公爵は、在バチカンのロシア公使に、前国務長官のランポラ枢機卿を通じて教皇のイニシャチブに感謝の意を表すとともに、ハーグ平和会議召集イニシャチブへの協力と、会議への参加を要請するよう指示している。バチカンは要請に応える旨、即答しており、その後しばらくロシア外務省とバチカン国務省の間では常設裁判所の設立を目指すハーグ平和会議の実現のための交渉が行われた。

ハーグでの本会議には、ロシアの外交官であるフリードリヒ・マルテンスが皇帝によって派遣され、国際仲裁裁判所の設立に向けた国際法の制定に関わった。武力行使を回避させる仲裁裁判所の設立こそが和平を実現する手段であるとする内容である。マーテンズが編纂に関わった国際仲裁条約はマーテンズ条項と命名され、常設仲裁裁判所が設立されるとまずメキシコと米国の仲裁に、続いてニューファンドランドをめぐる英仏の争いの仲裁に使用されることになる[10]。

こうした背景があったにもかかわらず、一八九九年に開催された第一回ハーグ平和会議にバチカンは参加することが出来なかった。ロシア、フランス、英国がバチカンの参加を促したのに対して、イタリアが、バチカンが参加するなら自分たちは会議に参加しないと脅しをかけたのである。ドイツ、イタリア、オーストリアという三国同盟側の反対によってバチカンは会議への参加を見合わせざるを得なかった。参加の代わりに教皇はオランダの女王陛下宛ての同会議開催の祝辞を送ったが、イタリアがボイコットを匂わせたために、これがようやく読み上げられたのは閉会日であった。そして同年の五月にバチカン公式新聞である「オッセルバトーレ・ロマーノ(Osservatore Romano)」はハーグ会議へのその功績をニュースとして掲載した。

バチカンは、イタリア王国との対立の主因となっている「ローマ問題」を常設仲裁裁判所に持ち込むことも出来たが、王国側は、これを国内問題として処理する方針で、それに英国の同意を取り付けるなどして、バチカンが提訴する余地を与えなかった。ハーグ平和会議へのバチカンの参加に対するイタリアの妨害は第二回も継続され、主権を持たないことを理由に常設仲裁裁判所のメンバー国になることも許可されることはなかった。それらが実現するには、第二次世界大戦後の一九五一年、ハーグ国際私法会議の第七通常会期を待たなければならなかった。

カトリック聖職者の研究者の中には、こうしたバチカンの排除を、第一次世界大戦の勃発を回避できなかった理由の一つに挙げる者もいる。もしバチカンが仲裁裁判所の成員であったなら大戦争の回避も可能であったというのである[11]。しかし、これはいささか牽強付会に過ぎよう。すでに正教会との融和を目指すやり取りは始まっていた。とは言え一九一四年の時点で、バルカン半島のスラブ系民族とゲルマン系民族の対立をバチカンが十分に仲介できたとは考えにくい。ただし、すでに触れたようにスペインとドイツの間に起こったパラオとカロリン諸島の主権問題をめぐる争いに中立を貫いたバチカンの仲介があったことを思えば、ドイツとベルギーの対立においても何らかの妥結点を見出した可能性はあったのかも知れない。結果的に大戦を阻止できなかったとしても、いずれにせよ教会を通じたトランスナショナルな国際的な仲介の可能性は注目に値するものであったと言えよう。

常設仲裁裁判所の設立にあたってバチカンの直接参加は実現しなかったが、慣習法であった教会法やカノン法などが法典化される「教会法典」制定にむけて、法の分野で影響を行使する試みはあったのであろう。

第一次世界大戦研究の権威であるロンドン大学のデヴィット・スティーブンソン教授によると、軍事的に見て英独や独仏の対立より、露独の陸軍軍拡競争のほうが第一次大戦の直接的な起源であったという。一八九四年、皇太子時代の日本訪問などで知られているロシア皇帝ニコライ二世が即位するが、ロシアは一八九一年にフランスとの間に軍事同盟を、九四年には露仏協商を締結しており、その文脈のなかで第一次大戦の起源も理解する必要がある。スティーブンソンの研究が現れる以前は、いわゆる英独間の建艦競争が大戦の起源の一つと言われてきた。しかし、これは英国の優勢が早期にある程度明らかになっていたことから、大戦起源の説明としては不十分であるとスティーブンソンは主張する[12]。だとすれば、皇太子時代のニコライは、ドイツの軍拡への脅威を感じ、これを阻止するために教皇に仲介を提案したことになる。

一九〇三年のレオ一三世死去によって教皇となったピウス一〇世（在位：一九〇三〜一四）は、前任者に比べ「非政治的な教皇」として知られるが、ラテン・アメリカ諸国の国境紛争、たとえばペルーとコロンビア、コロンビアとエクアドル、ブラジルとペルーとボリビアの三国の国境問題、特にアクレ金鉱山をめぐる両国の利権争い、また彼の死去少し前にはメキシコと米国の間の国境問題などにも関与し、かなりの成功をおさめた。メキシコはカトリック国であったが革命の勃発によって教会の政治力は完全に剥奪され、バチカンとの国交は断絶していた。しかしラテン・アメリカ全体では一九世紀末から二〇世紀初頭にかけて独立する国が増え、また多くがカトリック国であったことから、小国であっても首都には教皇大使が駐在していた。そうした経緯から、各国に駐在する教皇大使同士による交渉は容易であった[13]。当時の交通事情では、ラテン・アメリカはヨーロッパから隔絶した地域であったが、当事国内あるいは近隣にいる人物、つまり教皇の命令の下に動く教皇大使たちは、諸国間の対立などに迅速に介入することが可能であり、問題解決への近道となった。

こうしたバチカンのラテン・アメリカへの外交力に注目したのは、米西戦争を戦ったばかりの米国であった。宗主国スペインの撤退後もフィリピンや南米に影響力を維持するカトリック教会、バチカンと良好な関係を維持しようとすることは、米国の国益に適っており、自然な外交姿勢であった。一方のバチカンにとっても国際的に指導力をつけつつある米国との良好な関係は有益であり、すでに述べたように正式な外交関係はないものの非公式なチャンネルを確立していた。

第一次大戦勃発前夜とも言える一九一一年、カーネギー財団が主催した平和会議に教皇ピウス一〇世は書簡を送り、多民族多宗教のオーストリア帝国側に立ってセルビアのナショナリズムを糾弾した。これには、ウィーン会議以降、軍事力を持たないバチカンが安全保障面でカトリック大国であるオーストリア・ハプスブルク帝国に依存していたという経緯もあった[14]。しかしこの時のバチカンの態度は、オーストリアとドイツ寄りであって中立的ではないと見なされることになり、大戦後はそれが裏目に出ることになる。

第一次世界大戦の起源をめぐるカトリック聖職者などによる研究書の多くは、ナショナリズムを紛争や対立、そして戦争の原因であるとしている。それは大きな誤りではないものの、とりわけ教会国家対国民国家という文脈で教会国家の存在を正当化する傾向があることには注意が必要であろう[15]。いわゆる民族自決がバルカン紛争の要因であったとしても、近代的国民国家の存在そのものを否定的に捉えてしまっては、教皇ベネディクト一五世による一九一七年の七つの平和提案の理念が、その後、ウッドロウ・ウィルソン米国大統領の平和原則一四ヵ条に反映されたと論じる根拠もゆらぐことになるからである。

第一次大戦の開戦直後に教皇となったベネディクト一五世は、恐らくレオ一三世以上に現代的な現実、すなわち大量殺戮と文明の破壊を伴う大戦争という現実を突き付けられた。レオが提示していた仲裁裁判所の設立以上に、紛争解決や戦争回避の問題に組織をあげて取り組むことが求められた。すでに設立された常設仲裁裁判所では不十分であり、「集団的安全保障」政策すら行使し得る国家の集合体である国際的組織の設立が急務となっていく[16]。

3 「平和の方程式」の提示

大戦争勃発前にバチカンは、ベルギーとドイツの仲介を試みたり、またイタリアの参戦阻止を図るなどした。しかしこれらの行動は戦後、オーストリアとドイツ寄りとみなされ、連合国、特にフランス首相のクレマンソーに「ドイツの犬」呼ばわりされたようにバチカンが嫌われる要因となった。結果、連盟の設立にあたって理念的な側面で大きな貢献を果たしたにもかかわらず、バチカンは長らくそのメンバーになることを阻まれたのである。すでに述べたように、バチカンとイタリア王国との対立「ローマ問題」も、引き続きバチカンが国際会議や連盟への直接関与を忌避される大きな要因であった。この問題の解決はベネディクト一五世の悲願であり、パリ講和会議に参加したイタリア代表のヴィットーリオ・エマヌエーレ・オルランド首相との交渉で概ね合意に達していた。実際、一九一九〜二〇年の時点で一九二九年に結ばれるラテラノ条約の雛形となるたたき台はすでに出来上がったのである。しかしオルランド政権がこの後まもなく倒れ、大戦直後は不安的な政治状況が続いたことから、結局、ムッソリーニが登場し安定的なファシズム政権が誕生するまで問題は解決しなかった[17]。

ただし、非公式なレベルでは、バチカンの連盟への関与は確実に存在し継続していた。具体的にはそれはスイス・チャンネルと米国チャンネルを通じたものだった。

レオ一三世が着想した「国際的仲裁役」であったが、ベネディクト一五世はただちにその立場を買って出るつもりはなかった。それはウィルソン大統領の役割だと認識していたからであった。しかし米国もまた「勝利なき和平はない」と考えており、その役割を積極的に果たそうという意思を欠いた。戦争の当事者たる連合国側も三国同盟側も「勝利なき和平はない」との考えから、バチカンの提案を無視して戦争を継続、結果的に多くの人命が失われることになった。

結局「失敗」に終わったが、第一次大戦関係国に対してバチカンが仲介を行う機会は二回あった。一回目は一九一五年の九月、フランス政府からバチカンに派遣された聖職者が「ドイツ寄り政策は即刻辞めるべき」と申し出たことに、バチカンはガスパリ国務長官を介して「フランスは固有の領土を守ること」「ベルギーは独立を維持」「オーストリアは大国の地位を維持、但しイタリアとの領土問題では妥協する」「ポーランドは主権と独立を維持」「バルカン半島問題については、コンスタンチノープルとボスポラスからロシアは撤退すること」などの提案を打ち出した。これらの提案には後の英国の外交政策との類似を見ることができる。実際、一九一七年になると「オーストリアは大国の地位を維持」以外の項目は、公式に英国の外交方針となっていく。

一連の提案の実現性を高めるために、一九一六年四月、ベネディクト一五世は国際機関設立の必要性を提示している。教会法・国際法学者によって条項が起草され、「平和の方程式」と題するパンフレットが作成された。ところが、それはカトリック世界においてさえ注目を集めることはなく、フランスのカトリック誌に掲載されたものの、「教皇はオーストリアやドイツの味方で反フランスである」との批判を受けるにとどまった[18]。

一九一七年四月に米国が参戦に踏み切ると、教皇の提案が受け入れられる可能性が高まったと考えたバチカンは再度の仲介を試みた。バイエルン地方（地域）の教皇大使であったパチェッリ枢機卿（後の教皇ピウス一二世）をベルリンに派遣したのはその一手である。さらにベルンの教皇大使は、ストックホルムで開催予定の国際社会主義大会が、敗戦国に対する賠償や領土の割譲を要請しない方針なのを知ると、教皇の仲介を要請した。

一九一七年八月一日に教皇は「平和の方程式」を提示する。その内容な以下の通りである。

① 国際調停（仲介）裁判所を基軸に軍縮の奨励、違反の場合は経済的な制裁を行う

② 航海権の自由

③　戦争による破壊やダメージは一方的な賠償ではなく、相互賠償とする
④　フランスやベルギー領からドイツ軍は撤退し、その代わりドイツの植民地は保証する
⑤　イタリア、オーストリア、ドイツとフランス、アルメニア、バルカン半島、ポーランドの領土問題は互いの妥協策によって決定する[19]

しかし提案は英国、フランス、米国などの連合国からは全く相手にされなかった。ベルギーやドイツ、オーストリアからは一部歓迎の声もあったが、最終的に現実味が薄いとして受け入れられなかった。

それでも教皇とガスパリ国務長官は英国首相ロイド・ジョージに書簡を送り、一七年九月二八日「相互の軍縮のためにも、仲裁のためにも、国際的な機構か組織が必要」と訴えた[20]。この手紙の前にも一七年の八〜九月にかけて教皇はロイド・ジョージに「和平の提案」の手紙を送り続けたが[21]、英国がまともに取り合った形跡はない。

一七年一〇月七日にはガスパリを通じて、「経済制裁が有効性を発揮せず、軍拡を継続した場合、『小規模な各国からの志願兵』の使用を条件付きで提案」したが、これも「勝敗に決着がつく前の平和」などありえないとする連合国側からも三国同盟側からも取りあげられなかった。

教皇の提案には一貫した筋道があった。仲裁裁判所の設立による国際仲裁による紛争や戦闘行為の回避、仲裁に違反した場合の経済制裁、そして経済制裁が効果を持たない場合に「各国からの小規模な志願兵」を使用するという流れは、今日の集団的自衛権や国連平和維持活動（ＰＫＯ）の起源と解釈できる。教皇の提案には、現在の国連の役割を先取りした内容が含まれていた。あるいは、危機を抱えつつも平時の世界であれば、こうした提案にも聞き入れられる余地はあったのかもしれない。しかし大戦の真っ只中において、それは困難であった。

当時、バチカンが列強から無視されたのには、「ローマ問題」のためその国際法的な位置付けが曖昧であったこと以外にもう一つ理由があった。そもそも同盟側に立っていたイタリアを、連合国側につけて参戦させるため一九一五年四月二六日に締結されたロンドン秘密協定のなかに、「現在の戦争に関して、バチカンには和平などのいかなる仲介権も与えない」という条項(一五条)があったのである。これはイタリア王国が要求し、英国が認めた項目である。イタリア政府は、ローマ問題が未解決である限り「保障法」は有効であり、バチカンに如何なる国際法上の権限を認めないと英国に約束させたのである。王国に関わる教皇の政治的介入を認めないことを定めた「保障法」は、リソルジメント期にイタリアを統一に導いたサルデーニャ王国で政教分離を保障するために成立したシッカルディ法を起源に持ち、イタリア王国成立後は王国憲法にも条項がある[22]。ロンドン秘密協定の内容は締結直前にバチカンの知るところとなったが、もはや打つ手はなかった。こうした状況からも、列強が教皇の提案を受け入れる余地はなかったのである。

バチカンの仲裁に懐疑的だったのはイタリアだけではない。英国もまた連合国側を弱体化させる危険性があるとして取り合わなかった。政府や外務省は勿論のこと、英国のリベラル系カトリック雑誌『タブレット(Tablet)』すら「軍事的な事柄を理解していない教皇が介入すべきではない」と批判していた[23]。ドイツでは一部賛同する声もあったが黙殺された。皮肉なことに教皇の介入と提案に賛同したのは社会主義者たちの団体であった。レオ一三世が回勅によって糾弾し、宣戦布告した相手である社会主義者、特にキリスト教社会主義、カトリック社会主義者は好意的であった。ドイツ、イタリア、フランスで一時的に戦争反対運動、平和運動を展開したが、列強には戦争妨害的としか受け取られなかった人々である。

理想主義的過ぎるとして受け入れられなかった、この教皇ベネディクト一五世の七ヵ条の提案は、わずか五ヵ月後にウィルソン大統領の一四ヵ条として日の目を見ることになる。実際、ウィルソンは一九一六年の終わりから一七年一月二二日にかけて、すなわち軍事介入前に教皇と同様、終戦工作を行ってきたが、ランシング国務長官から「非現実的」と一蹴されていた。米国の軍事介入を経た一九一八年一月にウィルソンの一四ヵ条が出ることではじめて、列強はこうした提案を受け入れられるようになったと言える[24]。

確かに一四ヵ条に掲げられた仲裁裁判所の設置や軍縮、海洋の自由、ベルギー主権回復、フランスの領土回復、連盟の設立、ポーランドの独立、イタリア国境問題といった項目の多くはベネディクトの提案を踏襲しており、これから示唆と影響を受けたことは間違いない。しかし一四ヵ条のうち特に名高い「民族自決権」について言えば、バチカンはこれと正面から対立する立場であった。「民族自決権」の定義をめぐっては近年も激しい議論が闘わせられている。「民族自決権」の対象とされるのはバルカン半島内の白人のみで、有色人種は視野に入っていなかったなどの議論がそれである。他にも、国際連盟の少数民族委員会が独伊によって歪曲されたとするマーク・マゾワーの議論や[25]、結局連盟は少数民族を弾圧する手段となったことから集団的な人権概念から個人の人権概念が誕生することになる、とするマネラの論争などが存在する[26]。

またヨーロッパ内の白人であったにもかかわらず、第一次世界大戦後も全く民族自決権を認められなかったのがアイルランド人である[27]。マゾワー的に言うならば、大英帝国の論理によってナショナリズムより帝国の支配と一体感が優先された典型的なケースである。アイルランドの民族自決権はカトリシズムとも結びついており、バチカンが一時的に支援する場面もあった。しかしトランスナショナルなユニバーサリズムを重視するバチカンは、概ねナショナリズムには反対の立場であった。民族自決を認めることは、最終的にあらゆる民族に国家の創建を認めることとなり、それは「パンドラの箱」を開けることになりかねないとバチカンは危惧していた。

コモンウェルスの概念については、帝国支配や植民地支配が民主的な形態によって姿を変えた統治方法に過ぎないとの批判はあるものの、キリスト教的な理念に則った共同体といえることから[28]バチカンは否定的ではなかった。またオーストリア・ハプスブルク帝国やオスマン帝国の解体にもバチカンは懐疑的であった。イスラム国家であるオスマン帝国において、アルメニア人などキリスト教徒の信仰の自由は認められるべきだが、たとえ差別を受けたとしても、命の安全が保証される限り、バチカンは帝国の統治に反対しない立場であった。逆にオーストリア・ハプスブルク帝国内にイスラム教徒は存在したが、その安全は保証されていた[29]。

その一方、国際連盟の委任統治については、教皇は基本的に反対する立場であり、例えばパレスティナなどの委任統治などには否定的な立場を表明した。この詳細については後述する。

4 戦況の複雑化と終戦

第一次世界大戦の構造を複雑化させたのがイタリアの動向であった。戦争勃発時にはドイツ、オーストリアと三国同盟関係にあったイタリアが、ロンドン秘密条約によって同盟を放棄して連合国側に寝返り参戦したことは先にも触れたとおりである。大戦への参戦が、ファシズムの台頭をはじめイタリア社会を大きく転換させる要因になったことは疑い得ない。参戦論者であったバチカンの国務長官ガスパリ枢機卿とイタリア王国との三五年にわたる断絶により、本格的な平和外交に取り組もうとした教皇は様々な障害に阻まれた。一九一五年四月にロンドンで行われた英国とイタリア政府との秘密会議を経てイタリアは連合国側での参戦となるが、バチカンはオーストリアと協力してそれを阻止しようとした。

ベネディクト一五世は、大戦末期の一九一七年には、カトリック国でありながらイタリアの対戦国であったオーストリア・ハンガリーに休戦の仲介を申し出る。ドイツやオーストリアと、連合国側の交渉チャンネルを築き、実際戦争早期終結の交渉も行われたが、双方が戦後処理の条件で同意できず、平和は実現されなかった[30]。戦後も民族自決を理念とするウィルソン米大統領のイニシャチブによって設立された国際連盟に関与し、第一次大戦のような総力戦が二度と起こらないために積極的に連盟の活動に参加したが、その成果を見ることなく、そして悲願であったローマ問題を解決することなく、ベネディクト一五世は一九二二年一月に死去した。

イタリア王国とは和解の試みがあり、両者の利害が部分的に一致する場面もあったが、完全なる問題の解決には至らなかった。また大戦の起源となったバルカン半島情勢を憂い、ギリシアやロシア正教会との対話も試みた。レオ一三世はギリシア正教とはわずかに交流を開始したが、ロシア正教は視野に入っていなかった。正式にバチカンが、ギリシア正教会と和解するには一九六〇年代の第二バチカン公会議を待たなければならないし、ロシア正教との和解にいたっては二〇一六年二月まで実現しなかった。成果をあげなかったとしても、こうした試みが始まったことの歴史的重要性を指摘しておくことが必要であろう。

未解決のローマ問題に立ち塞がれ、主権を回復していないバチカンではあったが、ベネディクトは積極的に教皇大使や国務長官を活用して教皇庁外交を展開し、開戦したばかりの戦争の停戦交渉に乗り出すために、在フランス兼在ベルギー教皇大使ドメニコ・フェラータ枢機卿を国務長官に指名した。しかし、急死したため、ピエトロ・ガスパリ枢機卿を後任とした。すでに述べた様にガスパリ枢機卿は、イタリアについては参戦論者であり教皇と意見を異にしていたにもかかわらず、ベネディクト一五世だけでなく、次期教皇のピウス一一世の時代も「やり手国務長官」として活躍する人物となる。

教皇は在任期間中に一二の回勅を出すが、その最初となる一九一四年一一月の回勅では戦争の愚かさを訴え、中立を維持している国々に対して決して参戦しないよう求めた。またドイツのベルギー侵略と占領を国際法違反と指摘し批難した。これを受けてドイツとオーストリアは、バチカンはカトリック教国であるオーストリアを弁護すべきだと反論した。教皇の立場は、あくまで中立であり、その中立の立場から和平への仲介を目指したが、戦争が激化する中、三国同盟側も三国協商側も教皇を中立と見なさなかったのである。三国同盟側は、バチカンを同盟側の味方であると捉え、協商側はイタリアと米国が参戦するのを邪魔しているとして信頼しなかった[31]。

なかでも敬虔なカトリック信者を多く抱えるアイルランドや、アイルランド系が少なからず散らばっている白人自治領(ドミニオン)を参戦させ、兵力を動員する必要があった英国は、この年の一二月に在バチカン英国公使サー・ヘンリー・ハワードを派遣し、バチカン内の親ドイツ・オーストリアの空気を変えようと努力した。英国の外交官が公使待遇でバチカンに派遣されるのは一七世紀以来であり、協商側のリーダーであった英国がバチカンとの外交交渉に力を入れていたことがうかがえる[32]。

そんな中、戦況は激化の一途をたどり、戦死者、負傷兵や戦争捕虜の数は増大した。バチカンはさまざまなカトリック団体を利用して負傷者の治療を行う医療施設を開設し、バチカン自ら戦争捕虜保護局を設置し、捕虜の釈放や交換などの活動を行った。また戦死者の埋葬、兵士の家族の会を支援して安否確認施設もつくり、第二の赤十字とも言うべき活動を展開した。赤十字も戦争においてこのような活動をすでに行っていたので、両者は協力して人道的支援をおこなった。

これらは三国同盟側か協商側にかかわらず、まさしく中立の立場でわれた。この戦争被害者に対する援助は、ヨーロッパ内にとどまらずアルメニアやシリアにまで及び、教皇庁の財政が底を尽きかけるほどであった。しかし、これらの活動はあまり評価されることはなく、戦後にノーベル平和賞を受けたのは国際赤十字のみであった[33]。

こうした活動にもかかわらず、バチカンはドイツ寄りであるという非難は続いた。一五年六月フランスの新聞「リベルタ」は、「教皇は英国を批難し、ドイツの侵略の罪を容認している」と書き、また「バチカンはスパイを送りこんで、フランスとドイツを仲直りさせようとしている」という陰謀説を書きたてた。米国も教皇の平和努力を評価せず、在米教皇使節をドイツ寄りと決め付けた。フランスの首相クレマンソーは、独仏の仲介をしようとした教皇を、ドイツに加担しているとして疑わなかった。

しかし教皇による和平のための外交努力は続けられた。リソルジメント期以来、懸案になっている領土問題である未回収地である南チロルをイタリアに返還させるために、オーストリアを説得しようと試みたのである。しかしイタリア王国はこれを余計は介入だと見なして激怒し、バチカン内の教皇顧問バイエルンのルドルフ・ゲアラッハ(Gerlach)はドイツのスパイであり、イタリアの海軍を破壊しイタリアの国家転覆を狙っていると非難した。この「ゲアラッハ事件」は、イタリアがロンドン秘密会議を経て、協商側に立って参戦することを早めたと言われるほどである[34]。イタリアは参戦するや否や、敵国となったドイツとオーストリアの外交代表をバチカン内に移動させ、さらにスイスに移そうとしたが、イタリアを抑制したいバチカンはこれら外交官のスイスへの出国を拒否した。また一五年九月に教皇は米国大統領に休戦調停をするように促したが、ウィルソンは、同盟側と協商側がそれを望まない限り介入できないと回答した。

一九一六年一二月一二日教皇は再び、ドイツ、オーストリア・ハンガリー、トルコ、ブルガリア対、英国、フランス、ロシア、イタリアとの交戦への和平交渉を試みたが、協商側は乗り気でなかった。この様にして戦火は拡大していった。一七年四月になると、後にピウス一二世となるパチェッリ枢機卿がバイエルンに大使として派遣され、ドイツの宰相に四項目の休戦条件、①軍縮、②国際裁判所の設置、③ベルギーの独立、④アルザス・ロレーヌ問題については独仏の協議、を提示した。しかし、六月になって結局ドイツ皇帝が、これを拒否した。ロシアがロシア革命によって戦線を離脱すると、協商側は米国の仲介ではなく参戦を望んだ。それを知った教皇は七項目の条件を今度は協商側に提示した。①相互の軍縮、②国際的仲介と国際裁判所の設置、③人の行き来の自由の保障、④戦争賠償の放棄、⑤軍事的占領地の解放、⑥公平で正当性のある国境線(伊、独、墺、仏)、⑦アルメニア、バルカン半島の諸国、ポーランドの独立である[35]。

米国の新聞は、当初この教皇のイニシャチブを評価したが、英国やイタリア、フランスは反発した。そして四月六日にドイツに対して宣戦布告していた米国のウィルソン大統領も「戦争前の状態に戻そうとしているだけで、現実味がない」として批判的であった[36]。

このときすでに、バチカンは聖地エルサレムの国際的扱いも懸念材料だと考えていた。戦争下のユダヤ人救済に熱心であったバチカンは、英国のバルフォア宣言、これと矛盾するサイクスピコ協定など、英国のいわゆる三枚舌外交について、先々問題を引き起こすのではなかと警告した。後々の争いを回避するためにも、エルサレムは国際管理にすべきだと当時から考えていたのである。

一九一八年一月五日、米大統領ウィルソンが平和に関する一四ヵ条を発表した。すでに述べたように、六ヵ月前にベネディクト一五世が出した和平条件を発展させたものと見てよい内容である。教皇はこれを歓迎し、また国際連盟の結成についても賛同した。特に米国と共有したのは小国もメンバーに加えるべきとする考え方で、植民地は従属国とみなして一票を投じることができないのは問題であると指摘した[37]。一年後の一九一九年一月に教皇は初めてウィルソン大統領と会見し、米国の大統領と会った最初の教皇となり、その時にもこうした内容が議論された。これ以外に敗戦国への罰則的な取り決めは平和や安定をもたらさないとして反対、また秘密外交の禁止や帝国主義的な領土割譲や戦勝側の領土拡大への反対、また捕虜問題など共通する関心事項について話し合われた。

一九一八年夏には、ドイツの敗色が濃くなり、ブリガリア、トルコなどが脱落し、一一月に入るとヴィルヘルム二世が退位する。同月一一日にドイツは休戦条約に調印し、戦後処理のためベルサイユで会議が持たれることになる。バチカンは、ボナベンツーラ・チェレッティを代表として派遣したが、ドイツの領土割譲に反対したため、ドイツ帝国の領土を守るための弁護人と英国は受け取り、発言の機会をほとんど与えなかった。ベルサイユ講和条約にひきつづいて一九一九年に教皇ベネディクト一五世が出した回勅「マクシマム・イルド（Maximum Illud：使命の最大限の拡大）」[38]では、国際法の尊重や、国同士の紛争において国家の主権を制限してでも、国際社会なり国際機関が仲介・調停する新しい国際秩序の形成、また集団的安全保障など、今日の国連に繋がる平和のメッセージを発した。使命とは元々は使徒による宣教であるが、聖職者や俗人による宣教の範囲の拡大を呼びかけ、それは信仰の分野だけでなく、国際社会への貢献を地理的に、そして政治などの分野へも拡大することを意味した。またそうした文脈から、宣教活動において、宣教先の地域や国の文化や風俗・習慣を尊重することなどを主張した[39]。

一九一九年の夏にはベネディクト一五世はウィルソン大統領に、連合国がドイツ皇帝を戦犯裁判にかけないように圧力をかけることを要請し、成功する。ワシントン軍縮会議にも間接的に影響を行使した。

一九二〇年五月二三日の回勅「パーチェム・デイ・ムニス（Pacem dei Munus Pulcherrimum：平和とキリスト教徒の和解のために）」は、国際連盟の設立には賛同し賞賛するが、それ以外に締結された様々な条約に対して、戦後処理にあたって重要な恩赦の法（Law of forgiveness）が欠如していることを警告している。その概要は「平和とは和解と神の愛による」「教皇は平和の維持に努める」「キリストの平和」「敵を愛せ」「戦闘の悲劇的な場面を忘れないように」「良きソマリア人であるように」「聖職者も俗人も力を合わせて協定を再確立する」「戦争した者同士の間に友情を回復する」「憎しみより愛を」「国際連盟の重要性」といったものであった。敵に対する赦しという観点からすると、とりわけドイツへの巨額の賠償金やドイツ住民が存在する多くの地域の領土権の剥奪は恩赦の法に反し、後に恨みを残すことになると警告を発した。後に英国でさえそうした念にかられたように、ドイツに対する戦後賠償のあり方はあまりにも懲罰的で、フェアでないとバチカンは考えていた。懲罰的で過度な賠償が、敗戦国側に恨意を残しただけでなく、戦勝国側にも罪の意識をもたらし、これが結局、ミュンヘン会談などのいわゆる英国による対ナチス・ドイツの宥和政策に繋がり、最終的には国際連盟の機能停止の結果を招いた可能性がある。

国同士の真の和解というものは、慈悲を必要とした上で再び国際秩序が再確立されるのです。お互いに抱いている疑念を取り除くために諸国がリーグ(連盟)として結束すべきであり、これは互いの主権を尊重し、人間社会の秩序を守るためなのです。特に悲惨な戦争を防ぐために、国家の連合体が必要であり、一国が負担しきれない賠償金などの莫大な負担を廃止するか、あるいは軽減するためにあらゆる努力をする必要があるのです。そうすることが次に起こりうる危険を取り除くことに繋がります。その国境や領土を保障することが、その国(敗戦国)の自立性や尊厳を取り戻すことになるのです[40]。

敗戦国ドイツにあまりにも厳しい制裁を課することは、「次なる危険」をもたらす、と未来を予見するかの如き内容である。しかし当時の国際情勢の下、ベネディクトの警告は当然黙殺された。また、バチカンは米国が連盟に不参加であったことに不満を表明しつつも、連盟を、米国を国際主義の枠内に繋ぎとめる一つの手段にしようと、米国カトリック教会のチャンネルを通じて努力を継続した。

一九二二年一月二二日、ベネディクト一五世は六六歳で亡くなった。大戦の開始から戦後の平和再構築の時代まで在位し、平和交渉に奔走したその努力は必ずしも実を結ばなかったが、連盟や国連につながる理念を唱えるなど、歴史的な意義は大きかったといえる。バチカンの国際政治への積極的な参加には、参戦論者ではあったたが、国務長官ガスパリ枢機卿の活躍もあった。一九〇三〜三〇年まで長きにわたりその職にあったことで、後にラテラノ条約でもその立役者となった。

5 国際赤十字との協力関係

次に、先にも触れた第一次世界大戦中のバチカンと国際赤十字との関係を具体的に見ていく。

教皇ベネディクト一五世の要請で大戦中に戦争捕虜の交換が行われるようになる。特に負傷した捕虜や市民の交換が敵国間で行われるために、バチカンは仲介的な役割を担ったのである。これらの活動をスムーズに行うため、バチカン内に赤十字のオフィスを設置する必要が生じたことから、両者が連携して活動するための環境が整備されていく。また捕虜収容所の司祭や従軍司祭などを派遣し、イタリアの敵国であったドイツ側との交渉にも臨んだ。戦闘による兵士や民間人の死傷者や孤児となった子供たちの救済活動など、西ヨーロッパだけでなく東ヨーロッパ地域も含む広範囲での救済活動に多額の予算を使い、財政は底をつく寸前であった。その支出総額は八二〇〇万ゴールド・イタリア・リラにのぼると言われる。

国際赤十字は、元々イタリア王国形成過程にあたるリソルジメント期に、サルデーニャ王国とオーストリア間で行われた一八五九年のソフェリーノの戦いに設立の起源がある。この戦闘を目の当たりにしたスイス人のアンリ・デュナンは、負傷者の救済を目的に、ジュネーブにおいて軍人アンリ・デュフールと弁護士や医者ら五人と、国際負傷軍人救護委員会[41]、いわゆる五人委員会を立ち上げる。一八六三年一〇月に、ヨーロッパの一四ヵ国を集めて国際会議を開き、ここに国際赤十字が発足する。

一八六四年に締結された第一次ジュネーブ合意は、戦時国際法として戦地軍隊における負傷者の状態を改善する条約であり、赤十字条約とも呼ばれる。その後、一八九九年と一九〇七年のハーグ平和条約を間に挟みながら、一九〇六年の第二次ジュネーブ合意、一九二九年の第三次ジュネーブ合意、一九四九年の第四次ジュネーブ合意となり、時代と共に加盟国と条項内容が増大した。「捕虜の待遇に関する条約」が正式に条項になったのは第三次ジュネーブ条約からで、さらに第四次ジュネーブ条約では戦時における文民の保護などを含む、広い意味での戦中における犠牲者の保護全般に関するジュネーブ諸条約となり、現代に至る[42]。その内容は①一八六四年の陸の条約「戦地軍隊負傷者の保護に関するジュネーブ条約」②一八九九年の海の条約「ジュネーブ条約の原則を海戦に応用するハーグ条約」③一九二九年の捕虜の条約「捕虜の待遇に関するジュネーブ条約」④一九四九年の文民の条約「戦時文民の保護に関するジュネーブ条約」というように、時代と共に進化してきた歴史的経緯がある[43]。

赤十字の設立者デュナンはプロテスタントのカルヴァン派であり、宗教的な意味では当時バチカンと対立しており、協力関係はなかった。一八六三年、五人委員会が各国に民間救護団体を設立すべくジュネーブで国際会議を開催した時、プロテスタントとカトリックを問わず主要なヨーロッパ諸国が参加し、戦時中の中立性や救援活動といった赤十字規約を作成した。そして各国に救護団体が設立され、翌年現存する最古の赤十字社であるベルギーを皮切りに、各国の赤十字社が本格的に活動を開始した。同年八月にはスイスを筆頭に一六カ国が参加した外交会議が行われ、陸戦に適用されるべき最初のジュネーブ条約である「負病者の状態改善に関する第一回赤十字条約」が審議され、西ヨーロッパの一二ヵ国が調印して発効した。この条約は他の西ヨーロッパ諸国が続いて批准したのに加えて、一八六五年にオスマン帝国が批准し、その翌年、同帝国内で救護団体が設立されると、キリスト教以外の宗教を信仰する地域にも広がりを見せた。キリスト教諸国では赤い十字架マークが採用されたが、イスラム教国の参入でこれらの諸国では赤新月のマークが使用されるようになる。非キリスト教国への波及は日本にも及んだ。日本は一八八六年にジュネーブ条約加盟国となり、翌年、正式に日本赤十字社が誕生した[44]。

日本赤十字社は西南戦争期の一八七七年に起源を持つ。博愛社として敵味方なく救護活動をする団体であったが、一八八六年のジュネーブ条約への調印によって、その翌年正式に国際赤十字から承認され日本赤十字となった。日清戦争や日露戦争、そして第一次世界大戦などの戦争期における活動だけでなく、関東大震災をはじめとする災害時の救援活動にも力を入れてきた[45]。日本赤十字社の設立期に、とりわけ資金調達などの面で尽力したのが渋沢栄一であった。渋沢は、福島県の磐梯山が一八八八年に大規模な火山爆発を起こし、日本赤十字が世界で初めて自然災害での救護を行った際に、義援金の確保などでその活動に関与したことから日本赤十字の理事を務めることになり、日清戦争期には日本が初めて医療救護班を戦地に送ることに貢献した。また関東大震災にあたって大震災善後会副会長となった渋沢が、英国をはじめとする諸外国からの寄付金集めを行ったことは国際的にも良く知られるエピソードである。戦争だけでなく平時の災害への救護は、キリスト教的な価値観に限定されない普遍的なものとして、赤十字だけでなく今や世界中の諸団体や国家単位での活動となっている。

すでに述べた一八九九年のハーグ平和条約締結によって赤十字の活動はさらにグローバル化し、一九〇一年に設立者アンリ・デュナンの第一回ノーベル平和賞受賞などを経て、一九〇七年には「負病者の状態改善に関する第二回赤十字条約」が締結されて改正された。

国際赤十字は設立当初から国別に団体が作られ、発展してきた経緯があり、第一次大戦が勃発すると負傷した兵士や民間人の救済活動にもある程度対応することができた。しかし敵国同士の捕虜交換のための交渉、また行方不明者の捜索、そして戦死者の埋葬について、完全に中立な立場を貫くためにはバチカンの仲介や、世界中に存在するカトリック教会のトランスナショナルなネットワークを必要とした。

バチカン文書内に「ドイツ人戦争捕虜、一九一五〜一九一八年」という膨大なファイルが存在する。スイス・ジュネーブの国際赤十字本部と連携するために、すでに述べた様にバチカン内にオフィスが設立されたが、その他、カトリックの拠点であったスイスのフリブールがローザンヌ経由でジュネーブと連携していた。ドイツとオーストリア領内の捕虜収容所におけるイタリアやフランス兵、そして英国や米国などの連合国側の捕虜兵士のリスト作成にも、また連合国領内のドイツやオーストリア兵のリスト作成にも、現地のカトリック教会の力を借りて協力していた。しかもこれら兵士の負った怪我や健康状態についても入手可能な範囲で情報を収集している。リストは戦死者、負傷者、捕虜と三つの項目に分けられていた。そのうえで国際赤十字と協力して、捕虜の交換などの交渉にも関わっていた。特に一九一五年一一月から翌年九月までに捕獲されたイタリア兵の捕虜については詳細情報を入手することに成功した[46]。

ジュネーブにある国際赤十字の本部が史料公開を始めたことで、近年、国際赤十字に関する研究が刊行されるようになった。捕虜に関しては、第二次世界大戦中の情報が多いものの、第一次世界大戦中の活動についても実態が明らかにされつつある[47]。バチカンと国際赤十字との関係については、国際赤十字の公文書館にもいくらか史料が存在するが[48]、それ以外はベルンのスイス連邦公文書館やバチカン秘密文書館に史料が散見される程度である。

国際赤十字が第一次世界大戦中に行った主な活動は、負傷者を優先した捕虜の交換、捕虜の衛生面や待遇改善、医療活動、家族への兵士や捕虜の情報提供、兵士あるいは捕虜が死亡した場合の埋葬、などであるが、特に埋葬に関してはカトリックの場合は教会、バチカンとの協力が不可欠であった。従軍司祭、いわゆるチャプレンの派遣に関わっていたためである。従軍司祭や、赤十字などの医療部隊は、戦争中も「中立」的な非戦闘員として位置づけられ、バチカンやスイスが「中立」という立場からの互いに協力することで、負傷した兵士を優先しての捕虜の交換などの困難な活動を可能にした。

ジュネーブに国際赤十字が設置した「捕虜情報局」では交戦国三八ヵ国の捕虜収容所に拘留された捕虜二〇〇万人の居場、身元、家族との連絡を行ったが[49]、バチカンでもベネディクト一五世の強い意向でカトリック・ネットワークを駆使した、身元確認などの活動が行われた。

特にドイツとフランスの間のこうした捕虜の交換は、国際赤十字のあるスイスという国の中立的な立場や独仏両言語圏を内包するなどの点で重要で、こうした過程にバチカンも関与することで、カルヴァン派やルター派などのプロテスタント教会との活動の連携で教派を超えた関係を構築することになった。実に六万七七二六人の捕虜の交換に関わった。教会や従軍司祭だけでなく後述する「カリタス・インターナショナル」などのカトリックの諸団体も国際赤十字と協力して、上記の様な活動に関与した。

一九一〇年に世界で初めて、女性が中心のカトリック系NGO「カトリック女性国際連盟」が設立された。平時には「合理的な余暇」である読書や体育の奨励や、家庭内でアルコール中毒による暴力(DV)を受ける女性たちが主体となってアルコール依存から立ち直らせるためのプログラムの運営といった活動を行っていたが、大戦中は国際赤十字の行う医療活動の補助などに参加した。

スイス内のカトリック教会は、ジュネーブ、ローザンヌ、そしてフライブルクにおいて赤十字の活動に参加し、特にフライブルクのユージン・デヴォー(Eugene Devaud)司教が、ドイツにあるフランス人捕虜キャンプを訪問するなどの活動を行った。その状況については、一九一五年の三月二五日に、フランスの赤十字がジュネーブの本部に報告を行っている[50]。

戦争中は、中立であったバチカンとスイスを通じて戦闘国同士の多くの外交交渉が行われた。そうした活動は、戦後の「仲裁裁判所」などの発展に寄与し、連盟の理念に受け継がれていくことになる。

一九一七年三月二四日にバチカンの国務長官からコンスタンチノープル司教のマリア・ドルチ(Maria Dolci)に送られた書簡によると、オスマン帝国軍に拘束されたイタリア人の捕虜兵士の釈放、もしくは捕虜兵士の交換の交渉にバチカンが関与していることがわかる。それは結果的に赤新月社を通じたトルコ人捕虜との交換という形で実現している[51]。

つまり捕虜の釈放や交換は、国際赤十字、赤新月、そしてバチカンの協力体制によって実現していることがわかる。同年の七月一一日にもバチカンはコンスタンチノープルの司教を通じてオスマン帝国に捕らえられた連合国兵士の捕虜の情報を受け取り、捕虜、負傷兵、戦死者に分けているが、「ドイツ人の血を引くがフランス国籍」など、国籍については細かい記述がある。バチカンの活動は、連合国側か同盟国側かを問わないだけでなく、キリスト教とイスラム教の垣根を超えて行われた。また赤十字も赤新月を通じて宗教を超越し、陣営や宗教に限定されない活動を行うことができた。

デュナンの赤十字社設立にインスピレーションを与えたナイチンゲールが看護活動を行ったクリミア戦争には、イスラム教国であるオスマントルコが関与していたが、赤十字設立後の一八七六年、露土戦争期になると、赤十字の標章がイスラム教徒兵士に不快感を与えるとの理由で、トルコでは赤新月を掲げることになったという経緯がある[52]。

また第一次大戦末期の一九一八年一〇月二四日に、エジプトで英仏連合国軍によって捕らえられたトルコ人捕虜についても、コンスタンチノープルの司教を通じてバチカンに連絡が届くなど、オスマン帝国政府と連合国側との仲介をバチカンがつとめていたことがわかる。それに先立つ同年五月一二日にも、連合国側に捕らえられたドイツとオーストリア人捕虜の釈放について、バイエルン地方の教皇使節であるデビッド・エメリヒ(David Emmerich)を通じドイツ政府や三国同盟側と連合国側との交渉が行われている[53]。

大戦中、宗教的な問題で複雑化したのが、オスマン帝国領内のキリスト教徒の存在である。イスラム教国であるオスマン帝国支配下では基本的にキリスト教徒は、異教徒に課される税を徴収されたものの、一定の「共存」が認められていた。バチカンも大戦中は赤新月と協力関係にあった。大戦前からこの時期には、オスマン帝国によるアルメニア正教徒への虐殺行為が行われていたとされる。彼らを守ろうとするバチカンの動きがなかったわけではないが[54]、第一次世界大戦中は、兵士の消息把握や戦死した兵士の埋葬にバチカンと国際赤十字の主な活動は集中しており、虐殺が大きくとりあげられることはなかった。

オスマン帝国は、歴史的にロシアとは常に対立関係にあった。またバルカン半島の汎スラブ主義に脅かされたことから、第一次大戦にはロシアの敵国であったドイツとオーストリア側として参戦することになる。西部戦線で膠着状態が継続する中、これを打破すべく、ロシア帝国はコーカサス方面からオスマン帝国を攻略しようとするが、猛反撃にさらされ、英国に援軍を要請する。これに応えたチャーチル海軍大臣が英国軍とオーストラリア・ニュージーランド部隊、いわゆるアンザック軍を動員してガリポリ半島からコンスタンチノープルに進撃することを目論んだ。有名なガリポリの戦いである。オスマン帝国の軍事力の増強によって戦線は膠着状態に陥り、英国とアンザック軍を中心とする連合国側は撤退を余儀なくされる。この四月二五日は、大英帝国史では「ガリポリの悲劇」として語り継がれ、チャーチルの重大な軍事作戦ミスとして、多くのアンザック部隊の兵士が無駄死にし、戦後にはオーストラリアとニュージーランドが英国から「独立」する、アンザック・デーという建国記念日ともなるのである。

しかし戦死者数を国籍別に見てみると、アンザック部隊は合計で約一万人、フランス人兵士一万人、英国人兵士二万人であったが、オスマン帝国軍は実に八万六六〇〇人にのぼり、インド軍やカナダ軍を合わせた連合国軍の総戦死者数も到底及ばない。一九一七年八月三〇日と一〇月二日付けの史料によると、大量の戦死者に直面したバチカンは、コンスタンチノープルの司教に、戦死者の埋葬を指示し、ガリポリでの墓地の設立に関わることになる。この墓地は、カトリックを中心としたキリスト教徒の戦死者のためのものであり、「亡骸の選別」が必要だった。アンザック部隊の数をはるかに上回る、オスマン帝国兵士の亡骸については、バチカンの使節が赤新月側に、赤十字を通じて引き渡す場合もあったと記録されている[55]。

こうした捕虜兵士の帰還や、行方不明者の捜索、埋葬は、一九一八年に大戦が終結しても終了するわけではなかった。ベネディクト一五世は一九二二年に死去するが、戦後処理でもある捕虜や行方不明者の捜索、帰還兵の精神的なサポート[56]などは、一九二〇年前後まで続き、バチカンはカトリック教会や赤十字と協力して関わった。

既に触れたように、エルサレムの帰属を国際的な管理に委ねるべきだという提案を行っていた教皇であったが、それはキリスト教やユダヤ教、そしてイスラム教との争い以前に、宗派の異なるキリスト教同士の対立を回避するためでもあった。キリストが埋葬されているエルサレムの聖墳墓教会は、カトリック教会、ギリシア正教系教会、アルメニア正教会のエルサレム総主教座、コプト正教会、シリア正教会の共同の教会である。これら教派の異なるキリスト教徒が争いを起こさないように、同教会の鍵をイスラム教徒に委ねることを承認したのはバチカンであった。敗戦後、オスマン帝国の首都コンスタンチノープルにあるアヤソフィア寺院について、ギリシア正教が帰属の回復を求めてくることを警戒していたバチカンは、イスラムの帰属のままか、エルサレムの聖墳墓教会同様にイスラムに鍵を預けるのが良策であると提案している。一九一九年四月二五日と五月八日に、教皇ベネディクトはアヤソフィア寺院をイスラムの帰属から奪うことは、数億人のイスラム教徒を敵にまわし、聖戦が起こりうるとの警戒を発した。

同じ頃、トルコの外交官ダーナート・フェリト・パシャ（Damat Ferid Pasha）は、フランスの圧力でセーブル条約に調印したにもかかわらず、イスラムとの対話に反対する英国保守派の枢機卿フランシス・ボーンに対し、アヤソフィア寺院をキリスト教の帰属にすることの危険性を述べて説得した[57]。

結果的に、中東や北アフリカのトルコ領土だけでなく、アナトリア半島を虫食い状にギリシアに割譲するセーブル条約は見直され、コンスタンチノープルとアナトリア半島をトルコ領とするローザンヌ条約がまとまる。これは、直接的にはケマル・アタチュルクが大戦終了後、軍事的にコンスタンチノープルを奪還し、ギリシア軍からイズミルを奪回した功績によるものであろう。これによってイスラム教徒と、ギリシア正教徒などのキリスト教徒居住区が混在している状態は、住民交換などを通じて解消されていくことになる。住民交換は強制移住を強いることになったため多くの批判もあったが、長期的に見れば、近代トルコ成立以後、無用の宗教紛争の回避に繋がったと考えられる[58]。

ベネディクト一五世はバチカンというカトリック教会のリーダーであるにもかかわらず、キリスト教の領土や領有権を必要以上に主張することはしなかった。まだイタリア半島内の教皇領問題(ローマ問題)も解決していない時点で、当時としてはその様な態度は珍しく、反発する枢機卿もいたほどである。勿論カトリック教会ではなく、正教会のキリスト教徒のことであり、その意味では「他人事」であったかも知れない。しかしバチカンが第一次世界大戦後から二一世紀にかけて一貫して行ってきた政策は、キリスト教国の領土的な領有権より、キリスト教徒の命の安全保障である。戦後に関して言えば、エルサレムの領有権やイスラエル・パレスティナ問題などの中東政策における「イスラム教徒の尊重」などがそれにあたる。キリスト教徒が少数派である中東において、彼らがイスラム教徒の攻撃の対象にならない様に配慮するためである。バチカンによるイスラエル国家の承認が一九七〇年代と遅かったのも、こうした事情によるのであった。

この様に、ベネディクト一五世は仲介者として常設国際裁判所に先立つ活動を行い、戦争捕虜問題では赤十字と協力し、イスラムとの宗教間対話にも抵抗を示さず、戦後処理については「宗教領土主義」を主張しなかった。そして場合によっては、国際連盟が孕んでいた厳密過ぎるウィルソン主義適用の危険性、つまり民族自決に固執し過ぎて国境の壁を高く設定することや、ドイツへの巨額の戦後賠償が決して真の和平に繋がらない点を指摘するなど、時代を超えたビジョンを持っていたと言えるであろう。

6　委任統治制度との対峙

第一次世界大戦の戦後処理における領土的問題点については、その多くの条約が後に批判されることになる。連盟が直接関わり、現在に至るまで多くの問題を引き起こした最も悪名高い取り決めと言えば、中東における連盟のお墨付きによる委任統治である。大英帝国の三枚舌外交や、サイクスピコ協定一〇〇年の呪縛[59]と言われる、英国とフランス、ロシアなど大国の思惑による、中東地域におけるオスマン帝国の領土分割である。しかもそれが直接的な植民地支配ではなく、国際機関である連盟の承認を得ていたという点が大きな問題であった。今日においては、連盟を、その主要なアクターであった英国やフランスが、堂々と植民地支配の道具にしていたとの議論もなされている[60]。こうした連盟の委任統治制度をめぐって、バチカンがキリスト教文明やその拡大を擁護する立場であったとする議論も少なからず見受けられる。しかしバチカンにとっては、いかに文明の衝突、宗教の衝突を回避するかこそが、現代に至るまで一貫した関心と優先事項である。

カトリックやキリスト教徒の命を守ることが主要な関心であったからこそ、イスラム教徒がキリスト教徒を攻撃しないように誘導することに優先順位があり、バチカンが、その点でセーブル条約を危険視していたことは既に述べたとおりである。中東の委任統治に至るまでにはセーブル条約、サン・レモ会議、カイロ会議、そしてローザンヌ条約に至る流れがある。その過程を通じて、バチカンと連盟の委任統治制度との対峙を見ていく。

バチカンは連盟の設立以来、その活動にある程度コミットしてきたが、幾つかの理由と事情から正式なメンバーにはならなかった。しかし連盟との関与は、スイスに駐在する教皇大使を通じて着実に行われていた。一九二二年七月四日付けで国務長官ガスパリはスイスのバチカン大使に、英国によるエルサレムを含むパレスティナの委任統治に強く反対する内容の書簡を送っている。在フランスの教皇大使に対しても同様の書簡を送り、フランス代表もパレスティナの委任統治団として派遣するべきであると主張している。つまりパレスティナの中でも宗教的に重要な場所であるエルサレムとモースルについては、英国の委任統治ではなく、イスラム教国も含めた国際的な管理下や共同統治にするべきであり、さもなければ将来的に宗教的な争いが起きる危険性があるとの警告であった。

在スペイン教皇大使であるキノネス・デ・レオン(Quinones de Leon)からは国務長官の考えに同意が寄せられるが、バチカンからの返信は「連盟内では我々のような見方は少数派であり、英国は日本や中国からこの問題に関する賛同を得るであろう」という悲観的なものであった[61]。この返信には、ガスパリが五月一五日に行った「セーブル条約九五条に違反する、連盟規約二二条や委任統治規約一一条によるとユダヤ人の権利を守るべきである」というスピーチの内容が同封されており、ユダヤ人の権利は守られるべきであるが、エルサレムをユダヤ人の聖地にすることに加担することは、イスラム教徒の反発を招くので、国際連盟としてはやるべきではないという趣旨であった。

ガスパリ国務長官は同年一二月一三日にも、英国のバルフォア宣言は大変危険であり、機能する筈がないので止めるべきで、パレスティナにユダヤ人国家を創るようなシオニズムやキリスト教シオニズムには反対であると表明した。そしてチャーチル首相による英国の植民地主義が[62]、シオニズムを利用しているに過ぎないという意見を唱えた。

いわゆるキリスト教シオニズムは、二〇世紀の終わりから二一世紀の初めにかけて米国の保守的な福音派、あるいは同国のキリスト教右派によって熱狂的に信じられているが[63]、元々は大英帝国の中東支配に好都合な論理として一九世紀の終わり頃から英国国教会内で唱えられる様になり、その指導者がチャーチル首相の大叔父にあたる人物であった[64]。バチカンはユダヤ人の人権は守られるべきであるが、イスラム教徒が多数派の地域でのシオニズム、すなわちユダヤ国家の建設に反対の立場であった。それは、ユダヤ人を介してイスラムのキリスト教徒に対する敵対心が高まるのではないかという懸念に基づいていた。特にエルサレムの宗教的な帰属については、宗教紛争の原因になる危険性が高かったからである。

こうした聖地の帰属をめぐっては、一九二二年三月六日、すでにガスパリ国務長官が在バチカン英国公使を通じて英国外務大臣だったカーゾン卿に、この問題について連盟の外交的な介入が必要であると主張し、フランス政府に対してもジョンナール(Jonnart)大司教を通じて圧力をかけている[65]。この議論はサン・レモ会議でも問題視され、同年四月三〇日には、教皇の近しい友人であったモンティ男爵(Barone Monti)が、教皇の懸念事項であると述べている。

7 セーブル条約からローザンヌ条約へ

バチカンは、英仏とロシアを中心とする中東の割譲・委任統治に反対していただけでなく、セーブル条約にも反対の立場であった。中東だけでなくアナトリア半島まで英国、フランス、イタリアの勢力圏内に分割すれば、トルコの尊厳を傷付けるばかりだからである。さらに英国はクルド人、フランスはアルメニア人、イタリアはギリシア人をバック・アップして、アナトリア半島での利権を伸長しようとしていたことは明らかで、それはウィルソン米大統領の「民族自決のレトリック」の悪用であった。勿論コンスタンチノープルを、正教会も含めたカトリック教会の帰属に戻したいという議論も為されており、一九一九年八月二日の時点では、トルコをローマ法や教会法の下に置くべきだという主張も見られる。しかし翌年の六月一日には、セーブル条約を修正する議論がバチカンの要請によって実現することになる[66]。

また民族自決に基づいて、オスマン領土であったウクライナ、ジョージア、アルメニアなどを独立させることはトルコの国力を弱め、トルコと歴史的、また同時代的にも最大のライバル国であったロシアが優位になる可能性があった。従来のロシア帝国ならまだしも、共産主義革命後のロシアが強くなりすぎることは、バチカンとしては容認しがたかった。しかしこれについて英国はそれほど懸念を示さず反対を唱えなかった。

バチカンは連盟の正式なメンバーではなかったが、オスマン帝国解体によって生じる可能性がある宗教問題について、米国をはじめとする諸国から相談を受けていた。また一九二一年一月三一日付の史料によると、トルコ内で生じるトルコ、ロシア、アルメニア、ポーランド難民問題があり、これについても難民問題を扱う米国のカトリック団体と協力している。バチカン内のプロパガンダ機関の関係史料によると、一九一八年一一月一五日にプロパガンダ担当のニコラ・マルティーニ枢機卿は、東方教会局長のヴァン・ロッサム（Van Rossum）枢機卿から事情を聞き、エジプト、メソポタミア、イラン、シリアがオスマン帝国から独立した場合に、これら地域の法的な処遇や、宗教的な状況がどうなるかの情報を送る様に要請している[67]。

宗教的な帰属や領有権の問題では、エルサレムやオスマン帝国の解体に伴うコンスタンチノープル（イスタンブール）のほか、モースルについてバチカンは懸念を表していた。近年では、一時期「イスラム国（ISIS）」に占拠され、殆どの遺跡が破壊されたことで知られ、その後イラク軍によって奪還されたモースルは、第一次大戦末期には英国に占領され、サイクスピコ協定とセーブル条約の下、英国の勢力圏にあった。トルコ共和国はこの街の統治権を主張し奪還を試みたが、国際連盟は一九二六年、民族自決権を根拠にイラクに返還することを決定する。戦後暫くは国際連盟の委任統治下に置かれたが、一九三二年に英国からイラク王国の領土として独立した。

このモースルはチグリス・ユーフラテス川流域の肥沃な古代メソポタミア文明の拠点で、一九世紀から英国はその遺跡の重要なモニュメントを発掘して大英博物館に持ち帰るなど、文化的な価値も高く、運河の拠点であることから交通や軍事の要衝であった[68]。メソポタミア文明は三大宗教が確立する以前の古代文明である。しかし旧約聖書に登場することからキリスト教徒にとっても、旧約聖書がヘブライ語経典であることからユダヤ教徒にとっても、またモーセ五書詩篇がイスラム教徒の啓典とされていることからも、エルサレム同様に三宗教間の「聖地」となる可能性があり、バチカンは連盟による管理を望んでいた[69]。しかし実際には、連盟を通じた英国の委任統治下に置かれることとなったのである。

第2章 戦間期から国連設立まで
——バチカンの主権回復と国際関係

1 キリスト教民主主義政党の誕生

ベネディクト一五世の前任者で、第一次世界大戦の勃発直前まで教皇の座にあったピウス一〇世は、これまで「非政治的な教皇」とされてきたが、実際にはキリスト教系の政党誕生にとって重要な役割を果たした人物である。キリスト教民主主義が戦後から現在にかけての欧州統合過程に不可欠な役割を担ったことからみても、EUもまたバチカンが深く関与してきた国際機関であると言えよう。

既に見たように、レオ一三世の画期的な回勅「レールム」によって、カトリック教徒の（政治活動への参加は制限されていたものの）社会活動への参加は容認されていた。労働者は「共産主義や社会主義に代わる救済組織としてのカトリック教会の役割」を意識しており、一九〇五年、ピウス一〇世の回勅「イル・フェルモ・プロポジト（Il Fermo Proposito：通常の目標）」によって、ようやく信者たちの政治参加が正式にバチカンによって認められた。その背景には、前年の一九〇四年九月に起こったイタリア史上最大のゼネストがある。社会主義運動が盛り上がる中、こうした動きを抑止するにはカトリックによる政治運動が必要だと強く意識されるに至ったのである。

一九一九年には教皇の支持を受けて、カトリックの聖職者であるルイジ・ストゥルツォのイニシャチブで、キリスト教民主党の前身となる「イタリア人民党」が設立された。イタリア社会党の台頭に対抗し、第一次大戦終結後の混乱したヨーロッパ全体の秩序を立て直すためにも必要な措置であった[1]。「イタリア人民党」の活動は、「カトリック活動団」や「イタリア勤労同盟」と不可分に結びついていた。ただし、その関係は協力的な場面もある一方、類似した支持層の獲得をめぐって対立する傾向も否めなかった。人民党はバチカンから離れて非宗教性を目指す側面も持っていたが、後の二者はカトリック性が強かった[2]。

一九一三年のイタリア総選挙では、首相であるジョバンニ・ジョリッティがバチカンの協力を得てカトリック票を集め勝利した。その支持基盤が「イタリア人民党」の設立に繋がったのである。以下では、「イタリア人民党」と重なる支持基盤を持ち、競合関係となるファシスト党(一九一九年結成)の活動とその後の躍進、ファシスト党によるクーデターである一九二二年のローマ進軍に、バチカンや「イタリア人民党」、「カトリック活動団」などがどう対処し、どう関わったかを述べる。

ファシスト党は、元々ジョリッティ政権のライバルであった社会党の地盤に入り込み、それを揺るがし、票を横取りすることで躍進していったことから、「イタリア人民党」の脅威とはならなかった[3]。しかしバチカンの支持を背景に宗教的平和などの理念を持つ人民党と、暴力を手段とするファシスト党とは根本的に相いれないはずであった。にもかかわらず人民党は、ローマ進軍後、ファシスト党支持へと転換していく。これはローマ進軍が無血で行われ、内乱などの大きな混乱を招かなかったこと、そして、ファシスト党首ムッソリーニが、当初はファシスト独裁ではなく、「大連合」を目指す戦略をとっていたからである。社会党など左翼勢力を排除し、リベラルと右派が協力関係を構築するなかで、「人民党」もファシスト党に取り込まれることになったのである。階級闘争を避けるためのコーポラティズム（階級協調）、つまりの既存の階級制度を否定しない態度は、バチカンの譲れない聖職位階制度であるヒエラルキー制度の維持とも一致した。勿論、人民党はバチカンから独立した組織であり、「人民党」左派の中にはバチカンと距離を置くもの、バチカンから完全に独立した組織としての運営を目指す者も少なくなかったが、「人民党」右派にはバチカンと近い関係を持ち、繋がっている者も多かった。特に「カトリック活動団」が、ローマ進軍以降、再編され、「イタリア勤労同盟」とのパイプ役を担ったことで、コーポラティズムの理念おいて、人民党の下部組織とも言うべきこれら二団体とファシズムの接近が図られていった[4]。

しかしファシスト党は政権を掌握するにつれて、より暴力的手段を行使するに至る。教会に対しても反教権的態度を見せ、教皇ピウス一一世はこれを嫌悪した。しかし、それにもかかわらず、ムッソリーニとバチカンは、一九二九年にラテラノ条約（コンコルダート）を結ぶことになる。

ムッソリーニは、地方ではカトリック教会やその組織に対するファシストの反教権主義的暴力を放任、あるいは激化させながら、中央では公的な建物内で十字架をかけることを奨励、初等教育の場での宗教教育の義務化など、教育分野でのカトリック教会の影響力の回復と増大を行った。これはリソルジメント期にピエモンテ主導のイタリア王国で、公的な場所から追放されたバチカンやカトリック教会の権威の回復を意味した。それは人民党が目標としてきた政策でもあり、その実施は、人民党の存在理由を低下させることも意味した。人民党内の右派と左派の対立を激化させ、分裂させる試みであった。ファシスト党が教皇と直接交渉するようになることで、カトリック政党である「人民党」の特権的立場を奪い、右派の票をファシズム支持へ動員することを目指したのである。実際に一九二四年の総選挙では、ファシスト党は支持基盤がなかった南部でも、「人民党」の票を横取りする形で躍進した[5]。

さらに重要なのはバチカンの銀行であるローマ銀行の存在である。ムッソリーニは、リビア戦争などの植民地戦争、第一次世界大戦、そして戦間期の不況の中で経営難に陥っていたローマ銀行の救済に乗り出した。ローマ銀行頭取で人民党の上院議員であったサントゥッチ伯爵が、バチカン国務長官ガスパリ枢機卿をムッソリーニに引き合わせたことがきっかけであった。さらにパチェッリ枢機卿(後の教皇ピウス一二世)の弟がローマ銀行の頭取を務めた経緯もあり、ローマ銀行を通じてムッソリーニはバチカンとの関係構築に本格的に関与するようになった[6]。

第二次世界大戦後、キリスト教民主党を率いて戦後イタリア初の首相となるデ・ガスペリは、このとき、迫りくるファシズムの脅威に立ち向かう「人民党」のリーダーとして頭角を現していた。ファシズム党のかかげる「大連合」、すなわち右派政党の連合に社会主義さえも取り込んで政権の安定をはかろうとする戦略の欺瞞を指摘し、人民党とファシト党の対立点を明らかにした。それは一九二四年六月、ファシストと対立する統一社会党のジャコモ・マッテオッティ暗殺事件の危機後に表面化するが、バチカンは一貫してファシスト党を支持し、協力関係を維持した。しかし「人民党」とファシストの対立が激化、前者の創立者ストゥルツォ神父に身の危険が迫ったとして、国務長官ガスパリ枢機卿は、彼をロンドンに亡命させた。そして一九二六年に「人民党」は正式にファシストによって解体させられ、デ・ガスペリはバチカン市国内に匿われるという形で両者の対立は決着を見ることになる[7]。

一九二五年は聖年にあたり、バチカンは世界各国からローマに集まる巡礼者を迎えなくてはならなかった。そのため前年に起こったマッテオッティ暗殺事件でも、バチカンは事を荒立てることを避けたのである。ちょうどその頃、ローマ問題にも解決の兆しが現れ、ロッコ法相が「教会関係法改正委員会」を設置し、この委員会には教会法の専門家である高位聖職者を招聘するなど、ファシスト政権からバチカンへの積極的な働きかけがあった。一八七一年の保障法によって公的な場で制限されたバチカンやカトリック教会の権限の大々的な見直しなど、この時期すでにラテラノ条約締結にむかって水面下の交渉は開始されていた。ただ、このときはファシスト政権が提示した条件を、ピウス一一世が一旦拒否したため実現しなかったが、三年後、国務長官ガスパリ枢機卿とパチェッリ枢機卿の調整によって、ローマ問題は解決を見るのである[8]。

こうして見てくると、本来、世俗的な世界や政治とは関わらない、宗教的な活動に専念することを目指していたバチカンが、社会党の台頭、ファシスト党の躍進など、そのイタリア社会・政治の大変動の中で、不可避的に政治化していったことがわかる。これをバチカンの世俗化や政治化過程と呼ぶのは早計かも知れない。しかし、バチカンがこうした時代の流れに翻弄されつつも、その時勢に適用して行動し、生き残りをかけて外交を展開したことは確かである。

後にピウス一一世となり、ムッソリーニやヒットラーとのコンコルダート締結の立役者となるアキッレ・ラッティは、第一次大戦中の一九一七〜一八年に従軍司祭兼衛生兵としてポーランドとロシアに派遣されて大戦を直接体験し、一九一九年にはワルシャワ駐在の教皇大使に任命される。ロシアとポーランドの戦争では、危険をおかして教皇大使館にとどまり続けた。彼の貢献により一九二五年二月にポーランドと締結されたコンコルダートは重要で、第一次大戦後ようやく独立を獲得したポーランドで、カトリックが国教となるのに決定的に重要な意味を持った。小学校から高校までの学校教育は完全にカトリック教会によって担われ、司教の任命権はバチカンに属し、神学校の設立なども行われた。

2　ラテラノ条約締結

一九〇六年、カトリック票の獲得を目指したイタリア首相ジョリッティとピウス一〇世との間で結ばれたジェンティローニ協定など、バチカンとイタリア王国の対立は融和に向かう兆しはあった。両者がローマ問題をめぐって正式に和解することになったのは、一九二九年二月一一日、教皇ピウス一一世とファシスト政権の首相ムッソリーニの間に取り交わされたラテラノ条約である。

条約の調印によりこの日、バチカン市国が成立した。サン・ピエトロ寺院では「教皇万歳、国王万歳、ムッソリーニ万歳」、国王の宮殿クイリナーレ宮前では「国王万歳」と群衆が叫んだ。ムッソリーニに対する評価は、国内は勿論、対外的にも高まり、「ムッソリーニはコンスタンティヌス帝」と賛美する新聞まであったほどである。

バチカン市国の国土は四四ヘクタール、一六世紀に建設された城壁と、システィーナ礼拝堂などを含む部分、そしてサン・ピエトロ大聖堂の柱廊で囲まれ部分などとなった。ピウス一一世はバチカン美術館を設立して公開、ローマ教皇庁立科学アカデミー、バチカン・ラジオ局などを設立するなど文化活動も積極的におこなった。この四四ヘクタールの土地以外の教皇領を正式にイタリア王国に割譲する代償として、七億五〇〇〇万リラを受け取り、その後の財源とした。イタリア政府は教皇庁に対して、対外的に永世中立、イタリア国内では特定の政党に加担しないことを求め、その一方でカトリックがイタリアにおける特別な宗教、国教であることを保証した。これによって小中学校での宗教教育が義務化され、離婚が禁止、修道会は財産を保有する法人格を与えられた。一八五九年に、教皇領が現在のラッツォ州、エミリア・ロマーニャ州やウンブリ州の一部を含む一万八〇〇〇ヘクタールに及んでいたことを考えれば面積的には大幅な縮小であったが、主権の回復という五九年間の切望は達成されたのである。

そしてバチカンは、世界各国と正式に外交関係を結び、世界一小さいながら主権国家として外交を展開することになった。主権回復の前からヌンチィオという教皇の大使が、カトリック国には広く派遣され外交を行っていたが、主権独立国となることで、非カトリック国とも対等の外交関係を持つことが出来るようになった。それまで非カトリック国に派遣されたのは領事や特別使節にとどまっており、以降はより高い外交的な認知の獲得が可能になった。

バチカンは、中世以来のカトリック教会の総本山であり、世界中の信者の宗教的・精神的な支柱、つまり「権威」を持つ宗教的国際組織であるが、狭いながら一定の領土を有したことにより、そこに支配権を行使する「権力」を備えた世俗国家となった。国際法的に規定しようとすると、通常の主権国家の枠では説明できず、また単なる宗教的・精神的な「権威」を持つ国際組織という枠にもおさまらない存在である[9]。

ピウス一一世は条約の締結を記念して一二月の叙階記念日には、バチカン市国の城壁外にあるサン・ジョバンニ・イン・ラテラノ大聖堂で自らミサを行った。バチカンの外での活動が可能になった教皇は、もはや「バチカンの囚人」ではなくなったのである。

ただしラテラノ条約締結後のバチカンとファシスト政権の関係は必ずしも良好ではなかった。特に「カトリック活動団」をめぐって両者は対立し、ムッソリーニはその活動を弾圧した。これに反発したピウス一一世は、一九三一年の回勅「ノン・アビアモ・ビゾーニョ（Non Abbiamo Bisogno：我々は必要としない）」で公式にファシスト党を非難した。しかしながら基本的に両者とも決定的な反目は避けたかったことから、「カトリック活動団」の活動についても、バリッラと呼ばれるファシスト党の青少年組織団と妥協するなど、対立を回避する提案がバチカン側からなされた。そして一九三二年二月のラテラノ条約締結三周年記念日には、ムッソリーニが教皇の足元に跪き、条約の有効性をアピールするパフォーマンスを行うなど、ファシスト党はカトリック教会の影響力を利用し続けた[10]。

前述したようにラテラノ条約の締結には、辣腕国務長官ガスパリ枢機卿の活躍があった。しかし彼も一九三二年の終わりには引退し、国務長官の座はパチェッリ枢機卿に引き継がれた。ガスパリは、ポーランドやエストニアなど東ヨーロッパにおける教会法の成立にも尽力したことから、ソ連の共産主義による脅威を知っており、その下でパチェッリはドイツ・バイエルンの教皇大使として活躍していた。こうしたキャリアから、ガスパリもパチェッリも、ナチス・ドイツが共産主義体制とソ連に対抗しうる勢力だと強く認識しており、ファシスト政権との協力を継続した。

3　連盟の機能不全とバチカンの終戦工作

第二次大戦勃発前夜、米国のルーズベルト大統領は欧州の情勢を探るため、マイロン・テイラーを個人特使としてバチカンに派遣しようとしていた。米国はプロテスタント国であり、歴史的経緯から反カトリック意識が強かった。米国の世論は国民の税金で特別な外交官をバチカンに派遣することに強く反発することが予想された。そのためルーズベルトは、テイラーの派遣に最大の注意を払った。

テイラーはカトリック教徒ではなかった。そしてテイラーは鉄鋼業で巨万の富を築いたフィランソロピストであり、彼のバチカンでの活動は表向きにはイタリアの赤十字を支援するなどチャリティー活動の一環であるとされた。その経費は、米国民の税金ではなく、テイラーの私財によるもので、米国とバチカンの間に正式な外交関係がないことから、派遣はあくまでも非公式である点なども重要であった。

こうした非公式関係による外交によって歴史的な交渉が行われた点は注目に値する[11]。近年民間外交については、すぐれた研究が多く出されているが[12]、米国にはカーネギー財団やロックフェラー財団などによる民間外交の歴史と伝統があることもあり、私財による非公式な外交についても、それほど抵抗はなかった。しかしテイラーは非公式とは言え、大統領の個人特使である点は特筆すべきであろう。

外交官になる前のテイラーは、全米最大の鉄鋼業会社、ＵＳスチール（US Steel）の役員であり、賃金アップなど労働条件の改善を行いながら収益を拡大する、当時としては画期的な経営手法で注目を集めた人物である。また米国が世界恐慌からいち早く脱することに貢献したとされる。第一次世界大戦前から注目を集めていた「テイラー方式」[13]をいち早く取り入れ、当時所有していた繊維工場で「混合タイヤ繊維（タイヤ用の混紡合成繊維）」の生産に成功すると、大戦中は発展途上の自動車産業と協力して、軍需で富を築いた[14]。そして彼の経営戦略を活用したい金融界の大物J・P・モルガン・ジュニアとジョージ・F・ベーカーに請われて、一九二五年、USスチールに役員として入社し、大成功をおさめ、一九三二〜三八年には最高経営責任者となった。こうしたテイラーの経済・財界での大成功は、ルーズベルト大統領がかかげる「ニューディール政策の申し子」の名に相応しく、三八年にUSスチールの最高経営責任者を退いてフィランソロピストとしての活動を開始すると、大統領から同年七月のエビアン会談に米国「民間」代表として赴くことを命じられる。

エビアン会談とは、ナチス・ドイツによるユダヤ人迫害による大量のユダヤ人難民発生に伴い（オーストリア併合で約二万人）、世界三二ヵ国と二四のボランティア団体が参加し、連盟の委任統治下である英領のパレスティナを含む各国でのユダヤ人難民受け入れ先について話し合われた国際会議である。米国はドイツとオーストリアのユダヤ人を年間三万人（実際には四万人）、英国は米国とほぼ同数、オーストラリアは一万五〇〇〇人、ドミニカ共和国やコスタリカは一〇万人を受け入れた。これを実行するにあたってテイラーは、国家間政府委員会（Inter-governmental Committee）を設置し、英国は連盟と関連付ける形で難民高等弁務オフィスを組織した。しかし受け入れを拒否した国も多数あり、目標とした数のユダヤ人を助けることは出来なかったことから、今日ではエビアン会談は失敗であったと評価される[15]。しかしこの会談には国連成立後に設立される国連難民高等弁務官事務所の先駆けを見ることが出来る。米国は連盟のメンバーではなかったが、テイラーの民間外交により、その一端に寄与した。

これにより、テイラーを外交官として高く評価したルーズベルトは、第二次大戦前夜、個人特使として、赤十字活動を行うことを名目にバチカンへ派遣するのである。テイラーはバチカンに常駐するのではなく、イタリア戦線開始前は、フィレンツェ郊外のトスカーナ地方の個人邸宅を拠点に自家用機でバチカン入りしたり、また他の欧州諸国を訪問するスタイルを取った[16]。例えば一九四二年一〇月、ファシズム・スペインがドイツとイタリアと同盟を結んで参戦することを阻止するために、英国のバチカン公使とも協力して、マドリッドでフランコ将軍に会見し、「ナチスは負けるのでドイツとの同盟は止めたほうがいい」と説得している。フランコは「ソ連が負けそうではないか、ナチスはソ連に勝ちそうなので説得力がない」と反論するが、それでもテイラーは「ヒットラーイズムは長くもたない」と主張、結局フランコは戦況を見守る決断をし、一九四三年九月のイタリア降伏を迎える。テイラーは同様の説得をポルトガルのサラザール政権に対しても行っている。大西洋を睨み、地中海に突き出たイベリア半島の地政学的重要性に鑑みても、どちらか一方でも枢軸国に加担したならば、連合国にとって不利に働くことは必至で、テイラーの外交任務の重要さがわかる。またカトリック国のスペインとポルトガルを説得するにあたり、バチカンやローマ教皇の影響力は重要で、テイラーはルーズベルト宛の書簡で、まずピウス一二世に「ナチスの非道さと敗北する可能性」を説き、その後、彼の影響力が及ぶフランコとサラザールの説得に成功したと述べている[17]。

テイラーがバチカンへ派遣されたのは一九三九年一二月であった。この時期までに、イタリアによるエチオピア侵攻と併合、ナチス・ドイツによるチェコスロバキアとオーストリアの併合やポーランド侵攻などによって、連盟は機能停止に陥っていた。そうした事情もあり、テイラーのバチカン内での活動は、連合国の外交官との協力活動にとどまらなかった。連合国の特使でありながら枢軸国の外交官とも接触し、非公式な外交工作や終戦工作を試みるなど、重要な役割を果たした。

フランコ政権に中立を維持するよう外交工作を行ったことは既に見た通りである。また中立を表明していたポルトガルについても英国との良好な関係を利用し、中立の維持だけでなく、中立であるにも関わらず、連合国側の空軍基地使用を認めさせた。また日本とも、駐バチカン公使と駐ビシー政権下のフランス公使を兼任する原田健と終戦工作を行った。これは成功しなかったが、他の幾つかの終戦工作にも関わった[18]。連盟の機能停止に伴って、中立という立場から終戦工作の場をバチカンが提供し、米国の大統領個人特使が中心となって枢軸国側と接触するというスタイルが取られたのである。

一九四一年八月三〇日付けのルーズベルト宛の書簡からは、テイラーが米国のカトリック聖職者の重要人物と連絡を取っていること、教皇ピウス一二世が前任者ピウス一一世による一九三七年の回勅「ディヴィニ・レデンプトリス(Divino Redemptoris：無神的共産主義)」の中の「無神論的な共産主義(Atheistic Communism)」との表現を引用したことなどがわかる[19]。教皇が前任者の考え方を受け継いでおり、バチカンがいかに反共産主義であるかを伝えるテイラーに、ルーズベルトは、戦後秩序の構築にあたっては教皇が主張する反共産主義が重要となること、キリスト教徒を弾圧しているソ連が現時点ではナチスの防波堤になっているので、あからさまにソ連を非難出来ないことなどを返信している。

また連盟の問題点として委任統治制度の改革が必要で、戦後再び連盟の様な国際機関を創るなら「委任統治制度は、植民地・旧宗主国の利害に基づいたものとなってはならない」「世界に存在する大人の国は子供の国の面倒を見、実の親のように愛情をもって接するべきで、自国の利己的な目的のための制度の乱用をすべきでない」とも伝えている[20]。

一九四三年七月に連合軍がイタリアに上陸して戦闘が始まる。教皇はイタリアの一般市民に対する米軍による攻撃を最小限に留めるように交渉し、一九四四年一〇月になると前年に設立された連合国救済復興機関(UNRRA)がイタリアでも始動する。「米国のイタリア救援(American Relief for Italy)」が実験的に始まり、教皇はこれについてテイラーに感謝を述べた[21]。そして一九四四年の末から一九四五年頭にかけて送られた、

「機密文書」と銘打ったテイラーから大統領への親書では、バチカン内のドイツ大使エルンスト・フォン・ヴァイツゼッカー（Weizsaecker）男爵が終戦工作の話を持ち出したことを報告している。

イタリア半島は一九四三年九月以降、ナチスと同盟関係にある北部のファシズム政権と、連合国への降伏交渉を行った南部の国王とバドリオ政権に分裂する。一九四四年六月九日に連合国がローマをナチス・ファシズム勢力から奪還、バドリオ政権は首都に帰還を果たすが、国王と共に南部に逃亡したことから国民の信頼を失い、同年六月一八日にボノーミが新たに首相となる。ボノーミは外務大臣や内務大臣を兼任し、数ヵ月で首相の座を退くつもりでいたが、英首相チャーチルに引き留められ、終戦までその座にありイタリアの戦争末期から戦後への重要な交渉を担った。

ルーズベルトはボノーミを評価しなかったわけではないが、UNRRAの活動を米国の赤十字に託し、テイラーに監督させる方策を取った。テイラーはすでにフィランソロピストであったが、エビアン会談で培われた「人道的な活動」への意識はバチカン派遣後も大いに発揮されることになる。

UNRRAは、米国を中心に枢軸国を除く五二ヵ国が加盟し、人命を維持するための食料、医療品、衣料及び、家畜や農業に必要な物資を供給した機関である。一九四一年に英米を中心に設立され、一九四三年一一月にワシントンで調印された。三七億ドルの活動資金のうち七割を米国が供出したため、事務局長は米国代表であった。イタリアは、元々枢軸国だったことから当初メンバーから除外されていたが、テイラー特使を介したバチカンとボノーミ首相の尽力で対象国となった[22]。また物資の供給だけでなく、エビアン会談で見たような、ナチス支配下で発生したユダヤ人を含む様々な難民を、終戦後本国に帰還させる事業などにも関与した。米国は終戦に伴い、一九四六年八月にはUNRRAを解散し、残った活動も一九四九年三月には完全に停止するが、その機能と余剰資産は国連の食糧農業機関（FAO）に一一〇〇万ドル、国連児童基金（UNICEF）に三五〇〇万ドル引き継がれ、また国連の経済社会理事会の管轄下に活動内容が継承され、難民に関する活動は国際難民機関（IRO）の管轄となったが、一九五一年の国連難民高等弁務官事務所（UNHCR）設立に伴い移管された。

一九四四年八月八日付けのマイロン・テイラーの手紙は、米国の赤十字がイタリア南部からローマ近辺の地域に食料などを供給し、バチカンを通じてイタリアの赤十字にもその任務を委託することを大統領に伝えている。その際、イタリアの赤十字はリーダーシップが欠如し機能していないこと、首相ボノーミは多くの仕事を兼任していることから、「やる気満々のオルランド」にイタリア赤十字を任せるかどうかを大統領に相談するが、最終的にウンベルト・ゼノッティ・ビアンコ（Umberto Zenotti Bianco）がイタリア赤十字を担うことになる[23]。

この一週間後に教皇は米国の海空軍の代表に謁見している。教皇は、ナチス・ファシスト支配下のローマ奪還作戦時に行われた連合国による空爆で、米空軍がバチカン市国への攻撃を避けたこと、その後、イタリア南部への食糧供給などの救援活動に必要な貨物が米海軍によって運ばれたことへの感謝を述べた[24]。すでに述べた様に一九四四年以降、イタリアはUNRRAの受給国となっており、米国赤十字とUNRRAから何万トンもの食糧と五〇〇万ポンドの物資を受け取っていた。この輸送手段として米国海軍の戦艦が動員されたのである。テイラーはこれを、米国のイタリア大使と、在バチカンの外交官でテイラーのアシスタントでもあるハロルド・ティットマン（Harold H. Tittmann）[25]と協力して行った。一連の活動により、多くのイタリア人が飢えを凌いだだけでなく、物資の一部は戦後復興のリソースとなった。

4 国際連合設立との関わり

一九四一年八月にチャーチルが提示した大西洋憲章は、連盟に代わる国際平和機構の設立構想であり、これを受けて米国が国際機構憲章草案を作成した。連合国による一九四三年のカイロ宣言とテヘラン宣言を経て、英米ソ中が世界の警察官となり、四四年八月から二ヵ月のワシントンDCにてダーバン・オークス会議を開催、これら三国が招待されて、国際連合憲章の原案が作成され、加盟国全体の総会とこれら四国からなる安全保障理事会の二本柱の設立が同意された。安保理での拒否権をめぐる議論は一九四五年二月のヤルタ会談に持ち越されたが、英国の要望でフランスが安保理メンバーに加わり、「五大国一致原則」が決定した。同年四月~六月のサンフランシスコ会議に五〇ヵ国が集まり国連の設立を行い、ダーバン・オークス会議で同意された国連憲章に五一ヵ国の過半数が批准することで正式に一〇月二四日に国連の発足となった。

テイラー特使が四四年一一月一〇日に大統領に送っている彼の一九四〇年からのバチカンでの任務についてのブリーフィングによると、「教皇とバチカンの存在と影響力は第二次大戦で破壊された欧州や世界の国際秩序を回復する上で非常に重要であり、また戦後再建に関与する国際機関の理念的な土台となる。そのため戦後連盟に代わって国連が形成されるなら、バチカンは聖座(Holy See)として参加することが不可欠である」と述べている[26]。

一連の国連形成の流れについてバチカン、ピウス一二世は基本的な理念、特に連盟から受け継がれた平和構築、さらには和解の重要性を強調するため敗戦国への懲罰的なやり方を最小限に留めるように求めていたが、わけても最大の懸念はソ連が常任理事国になるという体制が築かれたことにあった。

バチカンはこの時期すでに、アイルランド独立問題をめぐって決して良好な関係とは言えない英国より、米国と外交的に接近していた。ファシストのイタリアやナチス・ドイツとのコンコルダートを締結しながら、一方でバチカンに派遣されたルーズベルトの個人特使テイラーを通じて親密な関係を築いていたことはすでに見たとおりである。ファシスト・イタリアが一九四三年九月に倒れ、バドリオ政権が連合国と休戦協定を締結して三国同盟から離脱すると、戦争を継続するドイツと日本を尻目に国際連合設立に向かって着々と英米が準備を進める中、バチカンはソ連を常任理事国に加えることの危険について、テイラーを通じルーズベルトに訴えていた。

しかしルーズベルトは一九四三年二月にスターリングラードの戦いでナチスを敗走させたソ連を頼りにしていた。ドイツは未だ降伏しておらず、なによりルーズベルトはスターリンに好印象を持っていた。ピウス一二世にも親近感は抱いていたものの、だからといってソ連を危険視して常任理事国から排除することは考えられなかった[27]。一九四五年五月八日にドイツが降伏し欧州戦線が終結をむかえると、戦後の欧州の行方を懸念したピウス一二世は、英米とソ連によるドイツ分割占領政策に強い懸念を表面し説得を試みた。この年の四月中旬にルーズベルトは急死し、より反共産主義的色彩の濃い副大統領のトルーマンが大統領に昇格していた。教皇が特に懸念していたのは、カトリック信者が多数を占めるドイツの南部とナチス占領下にあったポーランドの行方である。ソ連が国連の常任理事国となり、国際政治の舞台でもその政治・軍事・イデオロギー的な影響力を行使する危険が高まることをバチカンは強く警戒していた。

ロシア革命以前には四万近くあったロシア正教の教会は、この頃には一〇〇〇以下に激減していた。ソ連体制は無神論の共産主義イデオロギーによってキリスト教を弾圧したのである。特にカトリック教会への弾圧は徹底したものであった。ウクライナのカトリック教会、ユニアテ(東方典礼カトリック教会)への弾圧は、ロシア正教とカトリック教会の和解の可能性を潰してしまった。ソ連はポーランド、フィンランド、ラトビア、リトアニア、エストニアに侵攻し、諸国のカトリック聖職者を起訴、あるいは追放した。教皇はソ連に対するルーズベルトやチャーチルの見方が楽観的であると批判し続けていた。

一九四三年一月のカサブランカ会議で、チャーチルとローズベルトが、ドイツ、イタリアに「無条件降伏」を突きつけ、戦後のポーランドがソ連の管理下におかれること、ポーランドとソ連の国境はソ連に有利なものになるなどの取り決めを行った際も、欧州の戦後国際秩序を見据えていたピウス一二世は、ポーランドをはじめ東欧諸国にソ連の勢力が及ぶことを懸念し、「共産主義をヨーロッパにはびこらせるばかげた政策」だと指摘していたのである。カサブランカ会談に続く一九四四年九月のヤルタ会談においても、テイラー特使を通じて英米に圧力をかけ、同年のクリスマスのメッセージでは、共産主義を公的にも糾弾した。さらには一九四五年六月のサンフランシスコでの国連憲章会議でも、ソ連が安全保障理事会の正式会員になることに反対を表明した[28]。

ピウス一二世が戦中から繰り返し訴え続けたソ連の脅威についてチャーチルは多少なりとも同調していたものの、終戦を迎えるまでは何ら行動に移すことはなかった。しかし大戦が終わるや否や、ソ連共産主義の脅威はまず、南ヨーロッパから近東、つまりギリシア・トルコ危機として到来した。当初これに対応したのは英国であり、チャーチルの有名な「鉄のカーテン」のスピーチで冷戦が開幕することとなった。このスピーチは、トルーマン大統領の目の前で行われたが、以前からチャーチルは、ピウス一二世から「ソ連の脅威」を説かれており、スピーチ直前には「共産主義に立ち向かうあなたの勇敢な闘いに私も参加します」とのメッセージを、マイロン・テイラーを通じて教皇に送っている[29]。

ギリシア・トルコ危機は、結局、戦後経済が芳しくない英国に代わって米国が四億ドルの援助金を供出することで解決を見た。いわゆるトルーマン・ドクトリンである。その後も、共産主義がヨーロッパに「伝染病」のように拡大するのを防ぎ、欧州経済を復興するために莫大な米国の援助金が、マーシャル・プランとして注ぎ込まれたが、これを後押ししたのもピウス一二世であった。英米がソ連を国連の常任理事国にしたことを後悔したときにはすでに遅かったのである。

ギリシア・トルコに共産主義の危機が迫ったいわゆる地中海危機は、マーシャル・プラン実施のきっかけであると同時に、敗戦国であったイタリアが北大西洋条約機構（NATO）の創設メンバーとして加盟が許され、早期に再軍備が行われる背景となった。これにも、トルーマンに対するカトリック・ロビーを通じたバチカンの後押しがあったと言われる。地中海に突き出し、対岸に北アフリカと中東が控えるイタリア半島という地理的・地政学的な理由も手伝って、ここに共産主義が飛び火することを恐れた米国とバチカンは共に密接に協力するようになる[30]。

ルーズベルトの個人特使であったテイラーは、大統領の死去と終戦によって一旦帰国する。しかし、米国のスペルマン大司教とバチカンの国務次官ストリッチ（Stritch）枢機卿は、トルーマンにテイラーをバチカンに再派遣することを要請した。テイラー特使のアシスタントであったティットマンも米国務長官バーンズに長文の手紙を送り、バチカンとの関係がいかに有益であるかを訴えた[31]。その情報網の優秀性、南中米のカトリック諸国との関係強化、ドイツやオーストリアに民主主義を根付かせるためなど、さまざまな面でのメリットが挙げられた。その結果、テイラーは一九四六年五月に再度バチカンへ派遣されることが決まった。テイラーは八月、イタリアをはじめルーマニアや他の東欧諸国、ドイツ、オーストリアなどの政治的・宗教的状況をトルーマンに報告した。同報告では、六月のイタリア総選挙でのキリスト教民主党の勝利と、それに続いて西ヨーロッパの各国で、キリスト教民主党が「雨上がりのキノコ」のごとく出現していると述べ、この政党こそ、ソ連に対抗するバチカンの反共産主義のイデオロギーを、民主主義という形態で実践する組織であるとも付け加えている。その後、テイラーは一旦帰国するが、一一月の米国の選挙が終わると再びバチカンに戻る。ピウス一二世は、米国とバチカン関係強化の必要性を一二月三日の手紙で訴えている[32]。

米国のカトリック・ロビーは、マーシャル・プランの実施においても影響力を発揮した。このプランの提案が米国議会の上院を通過するためには、カトリック票が不可欠であった。じつは一九四六年の選挙でイタリアのキリスト教民主党は勝利こそしたものの、政権基盤は脆弱であった。むしろソ連からパルミーロ・トリアッティが帰還しイタリア共産党の書記長に就任すると、その活動は侮れないものとなった。そこで米国は、一九四八年四月の選挙で共産党政権が誕生する様な事態になったら、イタリアをマーシャル・プランの援助対象から外すことにした。

バチカンは、キリスト教民主党が勝利するよう米国のカトリック・ロビーに働きかけるため、教皇使節としてアメレト・チャコニャーニ（Amleto Cicognani）枢機卿を派遣した。そしてイタリア系米国人を動員し、イタリアにいる親戚全員に、デ・ガスペリ率いるキリスト教民主党に投票するように手紙を書かせた。この工作にはＣＩＡも関与した。トルーマンとピウス一二世は、イタリア国内だけでなくヨーロッパ全体で共産主義勢力を抑えるために協力したのである。こうして一九四八年のイタリア総選挙は高い投票率を記録し、キリスト教民主党が勝利した。イタリアはマーシャル・プラン援助国の対象となり、ピウス一二世はこれを手放しで歓迎した。

米国とバチカンが協力してイタリア共産党を押さえ込んだ総選挙の二年後、東アジアでは朝鮮戦争が勃発する。選挙と同じ一九四八年に勃発した第一次中東戦争に際しては国連休戦監視機構（ＵＮＴＳＯ：United Nations Truce Supervision Organization）が派遣され、事実上のＰＫＯとなっていたが、朝鮮戦争をめぐっては安保理でソ連不在の間に米国を中心とする「国連軍」が派遣されることとなり、国連が本来目的としていた集団的安全保障は機能不全に陥ることとなる。

欧州や東アジアでの冷戦の深化によって国連の限界が明らかになる中、第一次中東戦争によるパレスティナ難民の発生と、同年、国連総会で世界人権宣言が採択されたことを受けて、一九五一年にＵＮＨＣＲが設立される。このような国連の人道的な活動の開始によってバチカンは、第二次大戦中から戦争難民に対応するカトリックの難民救済機構などを通じて、UNHCRの前身であるUNRRAやIRO[33]と協力関係にあったことから、UNHCRとの関係構築を開始することになる。

第3章 バチカンと国際労働機関

本章ではバチカンと国連の専門機関である、国際労働機関（ＩＬＯ）との関係を宗教と国際政治の観点から考察する。

1 現存する最古の国際機関

ＩＬＯは国際連盟が設立された一九一九年に、その姉妹機関として同時に設立された、現在も存続する最古の国際機関とされる。第一次世界大戦後に結ばれたベルサイユ条約の前文には「普遍的で持続的な平和と社会正義」とあるが、条約の第一三編には、労働に関する規約が記載されている。労働にかかわる問題を扱う連盟の専門機関として、日本を含む四三ヵ国が加盟して設立された。その後、連盟から独立し、第二次世界大戦中には、本部が置かれたジュネーブがナチス・ドイツに包囲されたことを受け、カナダのモントリオールのマギル大学に一時的に本部を移し、活動も縮小されたが、戦後連盟のように解体されることはなかった。戦前から戦後、現在に至るまで継続的に存在し活動してきたことになる。ＩＬＯの重要性は、設立時に加盟を見送った米国が、連盟には最後まで加盟しなかったにもかかわらず、ルーズベルト大統領任期中の一九三四年にＩＬＯに加盟し、その後も一九七〇年代後半の短期間に一時脱退したものの、継続的にメンバーである点にある。一九四四年には、「労働は商品ではない」などの条文で知られ[1]、戦後の活動方針を定めるフィラデルフィア宣言（ＩＬＯ憲章）の採択によって刷新が図られ、一九四五年に国際連合が創設されると、翌四六年にはその専門機関と位置づけられた。

一九四一年の大西洋憲章には「すべて国民に対して、よりよき労働基準、経済的発展及び社会保障を確保する目的をもって、経済分野においてすべての国民の間に最も安全な協力をもたらすべきである」とある。これを受けて一九四一年一〇～一一月のＩＬＯ総会ではこの原則の確認と、これを実行に移す誓約が行われている。そしてフィラデルフィア宣言に基づき、労働問題解決のための労働基準について、以下の項目について規定している。

①奴隷制度　②阿片　③強制労働　④労働者の募集　⑤特殊形態の労働契約
⑥刑罰　⑦児童及び年少者の雇用　⑧婦人の雇用　⑨報酬　⑩保健、住宅、社会保障
⑪皮膚の色及び宗教による差別待遇及びその他の差別待遇の慣行の禁止　⑫監督
⑬労使団体　⑭共同組合

一九四六年モントリオールで開催された総会でＩＬＯ憲章の改正が行われ、発展途上国への経済的及び技術的な支援が盛り込まれ、一九四八年には戦後復興を目指し、緊急労働計画が実行された。ヨーロッパ、アジア、ラテン・アメリカ、中東を対象に、職業紹介、職業相談、職業訓練、移民の分野で各国政府を支援し、通常予算の範囲内で専門の職員を派遣した[2]。戦争被害からの経済復興や、脱植民地化によって戦後独立

した諸国への経済的な自立を促すことを目的としたが、一九六〇年代以降は後者の活動が増大し、その目的が主要なものとなった。

ＩＬＯの技術協力及び支援は、国連の開発協力と密接に関わり、特に国連の社会経済理事会と協力関係にある。ＩＬＯ代表は国連の社会経済理事会に出席するが、投票権は有さない。また双方の委員会は議題を共有する義務がある。組織としては、政府、雇用主である使用者、そして労働者組織である組合という、三者構成を持つことが大きな特徴で、エリート集団と批判される国際機関の中で、労働者の声を直接反映することが出来る唯一の機関でもある。

このように戦後は、先進国の労働・雇用問題への取り組みはもとより、途上国への援助活動なども行い、また冷戦終結後は元々関与していた移民・難民問題への対応策を強化、拡大している。冷戦後はより広い意味での人道的な支援も活動に含む様になり、二〇一一年以降で例を挙げれば、ヨルダンやトルコに避難したシリア難民の職業訓練や就職支援などがある。ジュネーブの本部以外に、職業訓練所機能などを有する技術協力・支援のための施設がトリノにある。二〇一六年末の時点で加盟国は一八七ヵ国であり、国連加盟の一九三ヵ国と大差はない。

一九一九年にＩＬＯが設立されたのは、一九一七年のロシア革命の衝撃と無関係ではない。労働者の権利を世界の国々が協力して認め守らなければ、革命が起きるという危機感が、それを防ぐための組織として現れたと言えるだろう。ソ連は一九三七年に連盟から追放されたのに伴い、ＩＬＯからも除名されたが、戦後の一九五四年に再加盟し、冷戦終結後も継続して成員で現在に至る。

ＩＬＯに関する研究は国連に比べると少ないものの、労働社会学や、近年では脱植民地化やポストコロニアリズムの枠組みを用いた研究も存在する[3]。

近現代のバチカンを政治的、経済的、社会的に理解する、つまり国際機関との関係を論ずる上で最も重要な回勅は、すでに何度か触れたレオ一三世による一八九一年の「レールム」である。この回勅で最も重要な概念が「労働」であったことから、バチカンとＩＬＯの関係は非常に密接であり、国連との関係以上に重要な側面もある。ＩＬＯの設立理念が、この教皇の回勅と直結しているからである。

レオ一三世の回勅以前から、カトリック教会の司教たちが、マルクスの「共産党宣言」に伴う共産主義者同盟の設立や「インターナショナル」の動きに対抗するべく、労働法などで労働者の権利を守ろうとする運動を開始していた。「共産党宣言」に続く第一「インターナショナル」、これから分裂したアナキズム運動やパリ・コミューンなどの社会主義運動、さらに第二「インターナショナル」で、八時間労働などの具体的な労働条件の改善や組合結成の主張が打ち出されると、これらに対応して一八九〇年三月一五〜二九日には、スイスやドイツのベルリンを拠点に、国際労働立法協会(International Labor Legislation)が史上初の国際労働立法への試みとして開催される[4]。そこには英国やフランス、オーストリア＝ハンガリー、ベルギー、デンマーク、イタリア、ルクセンブルク、オランダ、ポルトガル、スウェーデン、ノルウェー、そしてバチカンが、ドイツ人の司教を派遣する形で参加した。こうした動きの翌年に出されたレオ一三世の回勅は、共産党のインターナショナルに対抗する国際労働立法協会を歓迎し、その理念的な基盤となったのである。その後、本協会はスイスが中心となり、一九〇五年と一九一三年にベルンで開催され、第一次大戦後はＩＬＯ設立の母体となった[5]。

レールムが書かれた歴史的背景には、マルクス主義や共産主義への対抗と同時に、一八七〇年の統一イタリア王国の形成に伴ってピウス九世の下、バチカンが教皇領(土地＝資本)を実質上失っていたという事情もある。イタリア王国は資本主義的な市民社会の形成途上にあり、社会の変化に脆弱な国家は対応しきれず、多くの社会・経済・政治的な問題が生じていた。イタリアの農民の九〇％近くが隷属的な小作人で、土地の所有権を認められておらず[6]、労働者保護法などは未整備、そして政権は労働者の権利を剥奪するなど[7]、大半のイタリア人が貧困の中にあり、それを改善する手段がないことから、アナキズムなどの過激な労働運動の温床になる地域も少なくなかった[8]。少し後だが世紀転換期の一九〇〇年には、イタリア国王ウンベルト一世の暗殺事件が起こり、これに関与したのがアナキストであったことから、こうした事件に発展するような政治的経済的不安を解消する必要があった。

つまりバチカンは社会回勅によって、カトリック教会を社会問題に対応する役割の中に位置づけ、カトリシズムを資本主義的市民社会において再定義することを目指したのである。バチカンは反マルクス主義であったが、一方で一八四六年に穀物法廃止を実現した英国マンチェスター学派的な自由貿易や経済的な自由主義も批判する立場だった。つまりこれは、レッセフェール(自由放任主義)的な経済活動に対する批判であり、経済活動そのものではなかった[9]。当然、私有財産制度を否定し、国家が経済活動を全面的に管理する社会主義、マルクスとエンゲルスの唯物的共産主義を否定する立場であった。資本家と労働者の対立については、階級闘争を否定して階級協調を提示し、資本や財の所有者は「持てる者」として、「持てない者」に与える義務があり、これを調整するためには国家の介入が必要であるという主張である。そしてカトリック教会はこの教えを広め、修道院や各種施設運営において模範を示すべきだとレオ一三世は考えていた。

国家は、私有財産の保護、労働条件や適正賃金による労働や労働者の保護、土地の売買などにおける干渉権などの役割を持つ。ゆえに労働者はそれらの権利を守るための結社、つまり労働組合を結成する正当性がある。そして資本家と労働者は権利と義務を調和させて社会建設を行うべき、とレールムは説く。資本は労働なくして成立せず、労働もまた資本なくて成り立たないという階級和解論や労使協調論に基づいており、労働者には「労働の完全・忠実な行使、雇用者の財産・身体を破損せぬこと、暴力・暴動の禁止、社会主義思想との接触禁止」、資本家(雇用者)には「労働者の人格の尊重、公正賃金の支払い、暴力・詐欺・暴利の禁止」、国家にはこうした労使関係のルールが守られるように、介入事項として「ストライキ・職場放棄の禁止、長時間労働の禁止、婦女子の職種制限、過度の重労働の禁止、日曜の労働禁止、適当な急速の保障、労働者の衛生」などを求めた。

二一世紀の現在でも、途上国は勿論、我が国を含む先進国でこれらが守られていない場合が多々あることを考えると[10]、一〇〇年以上前に出されたこの回勅が、いかに画期的であったかがわかる。マルクスの「共産党宣言」に遅れること四三年、「遅すぎる」と当時カトリック内部から痛烈な批判もあったが、ポスト冷戦時代においてなお資本家の利益を優先し労働者の権利は完全には守られていない現状を思えば、レールムは古くて新しい理念と言えるであろう。

日本は第二次世界大戦前後(一九三八〜五一年)に脱退した時期があるものの、現在はＩＬＯの常任理事国である。にもかかわらず、本機構が定める国際労働条約のうち、二〇一一年時点で締結されている一八九条約のうち四八条約、つまり四分の一以下しか批准していない。これはドイツや英国の半分である。日本が批准していない条約は多数あるが、特に長時間労働の禁止(労働時間や休暇関係の条項)、母性の保護関係、パートタイム労働などの労働形態や労働契約事項について認めない、あるいは消極的であり、連合や全労連などの労働組合団体は政府に早期の批准を求めている。この事実を知るとＩＬＯが主張する問題の先進性に気付き、さらにＩＬＯの存在意義を理解できるであろう。

回勅「レールム」以外で労働問題にとって重要だったのが、その延長線上に位置付けられる一九〇一年一月の回勅「グラヴェス・デ・コムーニ・レ(Graves de Communi Re：共同体の重要性――キリスト教民主主義について)」である。これをきっかけにフランスやドイツ、イタリアのカトリック教会が国際社会問題研究協会や、無神論や共産主義に対抗するための神学校が設立された。また階級調和をめざすキリスト教政党、すなわちキリスト教民主主義系政党の誕生[11]や、カトリック労働組合、カトリック活動団(Azione Cattolica)といったカトリシズムの現代化現象とも言える幅広い活動が展開されるに至った。

レールムは、カトリックだけでなく、国教会や他のプロテスタント・キリスト教諸教会にも強いインパクトをもたらした。政教分離原則で知られるフランスでさえ、ジャック・マリタンに代表されるカトリック知識人を輩出し、新トマス主義などを生み出した[12]。これに端を発するキリスト教民主主義系政党については七章で詳述する。

ＩＬＯの文書館で同機関設立当時の文書を見ると、設立直前の一九一九年九月一～五日に「宗教と労働」学会がロンドンで開催され、カトリック聖職者、プロテスタントの牧師や政治・社会運動家が参加している。ＩＬＯはフランスだけでなく、すでに述べた様に英国のフェビアン協会など、キリスト教的社会主義に影響を受けた労働党系組織とも深い関係を構築することになった。一連の動きの中には、バプティスト教会など、カトリックに限定されず、キリスト教会全般が関与するというエキュメニカルな状況をすでに見ることができる。

ＩＬＯの設立理念には、すでに述べたようにカトリシズムに基づく社会回勅、つまり反共産主義の立場からの労働者の擁護が貫かれていたが、それは大戦中に起こった一九一七年のロシア革命の勃発と共産主義政権ソ連の誕生、正教会の土地財産を含むすべての土地の国有化による没収、多数の聖職者の処刑などを受けて、よりその立場を明確にしていく。米国では一九二三年六月一三日に「ＩＬＯ、宗教と労働に関わる会合」が各地の教会、主にバプティストやメソジスト教会内で行われ、この場でも革命後のロシアの状況について言及された[13]。

これに危機感を募らせたバチカンは、ＩＬＯのメンバーでもあるソ連が共産主義の理念をこの国際機関に植えつけることを警戒し、労働者の保護に乗り出すためＩＬＯの活動に積極的に関与するようになる。ピウス一一世とピウス一二世に由来するバチカンの反共産主義は、第二次世界大戦後の冷戦が深化する中でさらに顕著となり、回勅「マーテル・エト・マジストラ」中にも見ることが出来る。この回勅はピウス一二世より遙かにリベラルと言われたヨハネ二三世によるものであったが、よりリベラルな立場から労働者の保護訴えることで、共産主義の理念に入り込む隙を与えない効果があった。

ＩＬＯの本部はジュネーブに置かれることになり、スイスのカトリック保守系の政治家であるカスパー・ディスカータン（Caspar Descurtins）が深く関与することになった。ＩＬＯの初代事務総長となったアルベルト・トマスはフランス人で、カトリックでも左派的な傾向が強い、いわゆるカトリック社会主義に近い立場であった。そのため必ずしもバチカンとの関係は良好ではないのではないかと思われがちだが、保守や左派に関わらず、キリスト教の労働や民主主義の概念という強い絆で結ばれていたことは間違いない。

国教会やプロテスタント教会との関わりという意味では、キリスト教社会主義の理念のほうがカトリックよりも先駆的であった。日本では小説家としてのみ知られているチャールズ・キングスレーは国教会の牧師であり、フェビアン協会や労働党の理念に受け継がれる思想家でもあった。英国の労働党が保守党以上に反ソ連的と言われるように、レオ一三世の回勅は、キリスト教思想の保守にもリベラルにも、またカトリックだけでなく、プロテスタント教会などにも広く受け入れられたのである。例えばドイツではプロテスタント神学者のカール・バルトやパウル・ティリッヒなどが知られるが、時代を前後しながらも、「レールム」はそれを総括し、あるいはその後のキリスト教会全体への影響という面で、エキュメニカルな運動を促進したとも言える。

連盟には加わらなかった米国が、ルーズベルト大統領以降、ＩＬＯの正式メンバーになったことからもわかるように、米国には非共産主義的であれば労働運動や組合運動を許容する余地があった。また建国以来キリスト教的理念が政治や社会に深く浸透しており、教皇レオ一三世の回勅を基礎としたＩＬＯ路線は歓迎されたのである。米国は反カトリックではあるが、「レールム」は、教派を問わずキリスト教の普遍的な理念と見なされた。なによりルーズベルトの推進したニューディール政策は、共産主義を抑えるための国家介入型の資本主義、米国的修正資本主義に他ならなかった。ルーズベルトに多大なる影響を及ぼした妻エレノアは、国連の世界人権宣言の起草に参画し、その際、フィラデルフィア宣言の一節「労働は商品ではない」も参照した。夫の死後はトルーマン大統領の意向で一九四六年四月から国連人権理事会に派遣され、委員長に選出されて一九五二年まで米国の国連代表の役職にあった[14]。

この様にＩＬＯは設立以来、バチカンと密接な関係にあったが、一九四六年以降は本格的に聖職者をＩＬＯの職員として送り込み、カトリック諸団体との協力関係を構築してきた。保守派として知られたピウス一二世も、戦後はＩＬＯの活動に協力的で、一九四九年にはＩＬＯから派遣されたエンジニア、公共工事の労働者、化学者などに謁見し、また同年ローマで行われた「移民・労働移動学会」の開会式に参列して参加者と会見している。さらにＩＬＯ事務総長デビット・モースは、若いキリスト教徒労働者の諸団体を、一九五二〜五三年にかけて、計三万人、ピウス一二世のもとに送り、謁見させた。レールムの理念はピウス一二世にも脈々と受け継がれ、労働者の国際機関であるＩＬＯと密な関係を継続・発展させた[15]。この時期の資料からは、機械工など、とくに器械を扱う労働者の作業中の怪我などについて労災申請を拡充するため、バチカンとＩＬＯが協力していることが読み取れる[16]。

2　カトリック福祉団体の関与

ＩＬＯは歴史が長いこともあり、早くから規模の大きな組織となり、グローバルに展開する過程において、カトリック系の様々な組織や団体と協力関係を築いてきた。その一つである「カリタス・インターナショナル」は、カトリック教会の変革を目指し、社会的な役割に活路を見出す活動を行ってきた。二〇世紀になるとスイスや米国に広がり、その後は世界中に拡大した。日本を含む世界一六五ヵ国で展開しており、本部はバチカン内にある。日本でもカトリック中央協議会に内部委員会であるカリタス・ジャパンが置かれている[17]。

「カリタス」はキリスト教において神の愛や慈悲を意味するラテン語で、英語では「チャリティー」に相当する。カトリック教会が救貧活動に関与することは中世以来の伝統である。しかし近代以降の資本主義の発展に伴い、こうした他者への慈悲や施しという考え方が希薄になったことを受けて、カトリック教会は資本主義や市民社会成立後の文脈でカリタスを再定義する必要に迫られていた。そうした状況下に発出された「レールム」からインスピレーションを受けたフライブルクの大司教ロレンツォ・ヴェルトマン(Lorenz Werthmann)によって、ドイツのケルンに一八九七年一一月、カリタスは設立された。以降、一九〇一年にスイス、一九一〇年には米国にも支部が置かれることになる。第一次大戦後の一九二四年には、オランダのアムステルダムで開催された国際聖体大会に二二ヵ国から六〇人の聖職者と俗人が集まり、既存の国別「カリタス」の国際組織となる「カリタス・インターナショナル」がスイスのルシェルンに設立されることになった。カリタス・インターナショナルは、一九二八年に第一回大会を開催し、大戦中を除いて二年に一回のペースで会合を行っている。戦後の一九五〇年にカリタスは、世界中のカトリック系福祉団体を組織する権限をバチカンの国務省から正式に与えられ、国連の活動とも連動するようになり、一九六五年には教皇パウロ六世の下、二二ヵ国が参加する、よりグローバルな組織として再編された。一九五一年時点での参加国は、主に米国と西欧の一三ヵ国であったが、二〇一五年には一六四ヵ国が二〇〇ヵ国で活動している。日本ではカリタス学園などの教育機関で知られ、現在も活発に活動しており、震災をはじめとする自然災害地でも物資提供などの救援に関与している[18]。

一九一九年に設立されたILOは、その五年後に設立されたカリタス・インターナショナルとの協力活動を通じてバチカンとの関係を深めることになった。特にＩＬＯ内の「労働と宗教」委員会とカリタスは深い繋がりを持ち、史料からは一九二六年以降、特に頻繁なやり取りを見ることができる。一九三〇年九月二二～二六日に米国のベイル（Bale）で開催された第四回カリタス国際大会にはＩＬＯの職員が参加していた。

3　バチカンとＩＬＯの具体的な関係

ＩＬＯが、バチカンや国連などの国際機関とどの様な関係にあったかを理解するために、歴代の事務総長の中でも重要な人物について、また戦前から戦後にかけてのＩＬＯの組織変化などについても紹介する必要があろう。

ＩＬＯの初代事務総長についてはすでに触れた。二代目の事務総長となったのは英国人のハロルド・バトラーで、ＩＬＯ設立期から活動に関与し、アルベルト・トマス初代事務総長のナンバーツーとして活躍していたところ、トマスが一九三二年に死去したことを受けて事務総長に昇格した。ＩＬＯ設立時に憲章の作成にも関わり、ワシントンで行われた第一回ＩＬＯ大会では議長を務めた。事務総長に就任したのは、大恐慌が起こり、またファシズムが台頭するなど経済的政治的に困難な時代であったが、彼の最大の功績は、連盟への加入を見合わせていた米国をＩＬＯの正式メンバーとして引き入れたことであった。米国の加入によって、欧州外の地域、特にラテン・アメリカ諸国やアジアや中東の国々も加盟するようになったからである。一九三六年、チリのサンティアゴでＩＬＯ南北アメリカ大会が開かれると、翌年には繊維労働者の大会がワシントンで行われた。

米国の加盟で強化されたＩＬＯで、第三代事務総長となったのが、ジョン・ウィナント（Winant）であった。

ウィナントは米国のＩＬＯ加盟と同時に組織のナンバーツーとして頭角を現し、ルーズベルト大統領政権で社会保障担当として呼び戻されるものの、再度ＩＬＯに戻り、一九三九年に事務総長となった。すでに述べたように第二次世界大戦中、モントリオールに本部を移して活動するなどの決断を下したのも彼である。一九四一年に在英アメリカ大使に抜擢されたため、事務総長を退任し、戦後は国連の社会経済理事会の米国代表に就任した。

一九四一～四八年に第四代目事務総長を務めたエドワード・フェラン（Edward Phelan）はフランス人で、ＩＬＯの大戦中の厳しい時代を経て戦後の刷新と、国連設立後はＩＬＯを国連の専門機関とすることに貢献する。ＩＬＯは元々連盟内の組織として設立された経緯から、国連や他の国際機関が新たに設立された、一九四五年のサンフランシスコ会議では旧体制の残滓として冷遇された。しかしフランスのドゴール大統領の支援を受け、パリで戦後最初の大会を開催して復活すると、国連との交渉にも成功することになる[19]。

ＩＬＯの事務総長としてもっとも著名なのが、五代目のデビット・モースであろう。一九四八～七〇年の長きにわたり事務総長を務め、設立五〇周年にあたる一九六九年、ＩＬＯがノーベル平和賞を受賞することに貢献した人物である。戦後、全米労働組合の責任者を歴任後、ＩＬＯの事務総長となった。ハーバード・ロースクールを卒業後、労働法専門の弁護士として諸組合や、第二次大戦開始後は米軍隊内における労働環境改善に尽力した。戦後はトルーマン政権下で労働省の次官を務め、前任者の死去に伴い長官に昇格すると、さらにＩＬＯの諸会議の米国代表に選出される。

一九四八年のＩＬＯの大会で事務総長に選出されると、五七年にも再任された。彼の大きな功績の一つは、一九四九年創立の国連のＥＰＴＡ（拡大技術援助計画）から資金援助を得て、ＩＬＯの国際技術協力を推進したことである。一九五六年にはＩＬＯの通常予算から技術協力のための資金が組織的に振り分けられ、さらに複数のドナーからの資金供給も開始された。それはＩＬＯの分担金とは別に、プロジェクトごとに任意に拠出する特定の先進国による援助であった。こうしたドナーによる投資以外では、一九六〇年にはＵＮＳＰ（国連特別計画）からの資金提供も開始された[20]。

フランシス・ブランチャード（Blanchard）はＩＬＯ史上二番目に長い一五年間にわたって事務総長を務めた人物で、一九七四年から八九年までその地位にあった。フランス人のカトリックで、ソルボンヌ大学に学んだ。ビシー政権下では軍人でありながらレジスタンスに参加した。第二次世界大戦によって発生した大量の難民に対応するため、一九四六年四月に国際難民機関（ＩＲＯ：International Refugee Organization）が設立されるとこれに参加し、一九五一年にＩＲＯが国連難民高等弁務官事務所（ＵＮＨＣＲ）に業務を移管する際にも尽力した。

ＩＲＯの設立に向けた準備は、一九四二年の五月から始まった。大戦中の一九四三年に枢軸国から侵略を受けた国々を対象に「連合国救済復興機関」が設立された際、その資金三七億ドルのうち七〇％を負担した米国が、東欧諸国が救済の対象となることに反対したことから、一九四七年にＩＲＯ、ＦＡＯ、国連児童基金（ＵＮＩＣＥＦ）に分割・再編されるかたちで、国連の専門機関として設立された。

ＩＲＯが活動期間中に定住を斡旋した難民は一〇四万六〇〇〇人、本国への送還を行った難民は七万四〇〇〇人にのぼった。ＩＲＯは一九五二年に解散するが、業務の一部はＵＮＨＣＲとは別に、新たに設立された国際移住機関（ＩＯＭ：International Organization for Migration）に引き継がれた。一九五一年設立のＩＯＭは、元々欧州からラテン・アメリカへの移住を促進する機関であったが、一九八九年に移住政府間委員会（ＩＣＭ：Intergovernmental Committee for Migration）と名称を変更すると共に、その役割も変化させ、現在は人道・復興支援、紛争、自然災害への対応、さらにはこれらに伴う人身売買（人身取引）からの救済活動、また日本においては東日本大震災で移住を強いられた人々への救済活動にも関与している。

ブランチャードはIROでのキャリアを生かして一九五一年にILOに就職すると人材開発部門の副責任者となり、職業訓練や技術訓練を担当して実績をあげた。一九五六年モース事務総長によって副事務総長に抜擢されると、一九六八年には人材開発部門の総責任者に転じ、そして一九七三年に事務総長となった。

五代目ILO事務総長のデビット・モースは一九五八年二月一〇日付けの書簡で、イエズス会のジョセフ・M・ジョブリン(Joseph M Joblin SJ)神父とILOのメンバーと共に、教皇ピウス一二世と会見するためにローマに向かったと書いている[21]。

ジョブリン神父はSJ、つまりイエズス会の修道士である。イエズス会は対抗宗教改革期に設立され、その役割を担った経緯から保守的で教皇への忠誠心に厚いことでも知られる。しかし、第二バチカン公会議の立役者といわれるジョン・コトニー・マリ(Courtney Murray)に代表されるように、戦後の北米で活躍するイエズス会士からは、宗教的な多元主義を主張し、リベラルと言っても過言ではない社会派が多く輩出されている[22]。特にILOの様な労働や援助に関わる活動に携わる人物の中には、社会派のイエズス会聖職者が少なくなかった。

ジョブリン神父は、ヨハネ・パウロ二世が一九九四年にバチカン社会科学アカデミーを設立したとき、労働や社会問題、そして人身売買予防策などを扱う「人間の平等と社会的不平等についての社会科学的研究」プロジェクトの立ち上げに参加した。

モース事務総長は、一九六〇年一〇月二八日、パリ大司教フェルティン(Feltin)枢機卿、ユトレヒト大司教アルフリンク(Alfrink)枢機卿、ローザンヌ、フライブルク、ジュネーブの司教たちのILO訪問に対応して、カトリック教会が運営するNGO「キリストの平和(Pax Chrisri)」との協力関係について議論している。キリストの平和という組織は、戦後フランスに始まり、主にドイツとの和解を掲げ貢献したことで、一九五二年にピウス一二世によって正規にバチカンの承認を受けた機関である。当時の会長はフェルティン枢機卿であった。モースはＩＬＯの諸問題解決においてキリストの平和との協力が重要であると述べ、ＩＬＯ副事務総長のジェフ・レンズ（Jef Rens）は同団体の代表者たちの前で労使関係についてスピーチを行った[23]。

4　第二バチカン公会議の準備とＩＬＯ

公会議を開催しようとする試みは以前から何度もあったが、保守派の強い反対によって実現しなかった。公会議とは、歴史の中で何度も行われるものではなく、第一バチカン公会議は一八六八年、その前のトリエント公会議から三〇〇年ぶりとなる開催であった。第一バチカン公会議はリソルジメントの最中開催され、普仏戦争勃発によって結局多くの議題を残したまま、実質上は中断に近い形で終結している。また改革というよりは教皇の不可謬性を宣言するなど、むしろ保守主義に回帰するものだったと言える。そのため第二バチカン会議では改革路線が切望され、多くの課題について議論されることになる。

第二バチカン公会議の主催を企画したヨハネ二三世は、戦前、教皇使節として赴任したブルガリアで、東方典礼教会、正教会と接触する経験を持ったことから、それらとのエキュメニカルに強い関心を持っていた。またヨハネ二三世は、ドイツやフランスの新トマス主義者であるイエズス会のカール・ラーナー、ジャック・マリタンやレジナルド・ガリゴー・ラグランジュ（Reginald Garrigou-Lagrange）などを師とした、ドミニコ会のイヴ・コンガールなどからの影響を強く受けていた。彼らはみなプロテスタント教会とのエキュメニカルを進めることを唱えていたのである。労働に関する概念としては、レオ一三世の回勅「レールム」が最も重要とは言うものの、プロテスタント教会や正教会でも類似した思想や運動が実践されており、すでに見たように国教会の教えにも同様の思想があった。

公会議をめぐっては、エキュメニカルを推進する立場であるリベラル派として、教皇本人、国務長官のタルディーニ枢機卿、先に述べた新トマス派のラーナー、コンガール、また後述するWCC（世界プロテスタント教会協議会）とのリエゾン役にあったアウグスティン・ベア枢機卿、その補佐役ヨハネス・ウィレブランドなどがいた。これに対する保守派は、検邪聖省（のちの教理聖省、現在は信仰教理省）長官代理アルフレド・オッタヴィアーニ枢機卿、後に教皇ベネディクト一六世となるラッツィンガーを含む「ローマ派」と呼ばれる聖職者たちであった[24]。両派は、準備段階から激しい論争と対立のうちにあったが、結局、教皇であるヨハネ二三世の意思が通ってキリスト教一致促進事務局が立ち上がり、「ローマ派」の枢機卿たちはこれを無視したが、七回におよぶ準備委員会総会を経て、一九六二年一〇月一一日、遂に開会にこぎ着けた。

第二バチカン公会議は第一期会終了後、ヨハネ二三世が癌で死去し、後任となったパウロ六世に引き継がれた。パウロ六世もリベラル派であり、エキュメニカルや国連に対して協力的な姿勢を見せた。エキュメニカルについてはWCCとの連携活動が顕著になるが、これについては次章で詳述する。

第二バチカン公会議の意義を単純化して言うと、二度の大戦を経る中、世界や社会が大きく変化したのに合わせて、カトリック教会全体の体制やあり方、また神学的な見地からも「現代化」の改革を図ろうという世紀の大イベントであった。

組織的な観点からすると、中央集権型であった組織から地域分権的な裁量が認められる様になった。例えばミサのやり方は型が決まっていて、それは遵守する必要があるものの、それまでラテン語以外に認められていなかった各国の言語の使用が公的に許されるようになった、などである。また従来制約が多かった聖職者たちの行動範囲についても、かなりの自由が認められるなど、今日的な改革であった。

カトリック教会の起源を古代ローマ時代の四世紀とするなら、実に一六〇〇年以上の歴史を持つ巨大な組織に対する大改革が行われ、初めて公的に地域分権が承認されることになった。組織の近代化や相互補完性の原理に従うという点では、しかるべき改革であったが、一方で教会がバラバラになる危険性を孕みつつ、教皇から枢機卿あるいは大司教、そして司教、神父という厳格なヒエラルキー制度の維持によって統治を図るというものであった。また管区ごとに管区長を置き、領域的な管理も行われるようになった。この組織自体、国民国家の枠にはあてはまらないものではあったが、さりとてトランスナショナルな繋がりによって機能し続けるには多くの課題を抱えていた。良く言えば組織として大幅な柔軟性を得たが、悪く言えば既存の組織を破壊しかねない諸問題にも直面したと言えるかも知れない[25]。

巨大組織の大改編は、神学をめぐる多くの論争と不可分であった。公会議が目ざした「現代化」は決して欧米諸国のカトリック教徒の全てに歓迎されたわけではない。むしろ公会議に反発する反公会議派を生みだし、これを境にカトリック教会は歴史的に存在してきた保守派とリベラル派の対立や分断をより深めることになった。こうした分断はバチカン内にとどまらず、カトリック教会のトランスナショナルなネットワークを通じ、ラテン・アメリカを含む全欧米諸国に広がった[26]。

保守派とリベラル派の「近代的な文脈」での対立はフランス革命の時代に遡る。フランス革命で自由主義が勃興し、これに対抗する保守派(旧体制派)の象徴としてバチカンが位置付けられると、その内部にはさらに超保守であるゼランティ(教皇絶対主義者)が台頭する。これに対し、超保守の存在がかえって革命を誘発するという考えから、改革派も力を持つようになり、以後この二大勢力のせめぎ合いが、現在に至るまで続くことになる。一九世紀の中盤から国民国家としてのイタリア誕生まで教皇の座にあったピウス九世は、初期には改革派であり、一八四八年革命で自らがローマを追われた翌年復権すると超保守派の象徴となった[27]。彼こそ第一バチカン公会議を主催した教皇であり、イタリア国民国家成立過程と真正面から対立してローマ問題を引き起こした人物であった。その内戦期に行われた第一バチカン公会議が、改革や自由化どころか、むしろ逆行する方向性を提示することになったことはすでに紹介したとおりである。

つまり第二バチカン公会議は、二〇世紀だけでなく一九世紀から先送りされたイタリアやドイツといった国民国家の形成と教会が初めて正面から向き合い、総括するものであった。また二〇世紀に起きた二つの世界大戦以外にも、冷戦を背景に当時同時進行中であった「文化戦争」による価値観の大きな転換とも結果的に向き合うことになる。

5 バチカンの国連加盟と回勅「ガウディウム」

すでに見たようにバチカンはＩＬＯへの活動には戦後すぐから聖職者を送り込むなど積極的に関与していた。しかし国連に対しては、ソ連が常任理事国であることもあり、これに強く反発するピウス一二世は加盟を見合わせていた。一九五七年にピウス一二世が死去し、ヨハネ二三世が後任になると、まるで一つのパッケージであるかの様に世紀の大改革である第二バチカン公会議と国連への加盟問題が展開していった。ヨハネ二三世は教皇になるや否や、バチカン内の保守派の反対を押し切り、公会議の準備に取り掛かる。その開幕式とほぼ時期を同じくしてキューバ・ミサイル危機が起こった。ソ連と米国を仲介することで危機の回避に大きく貢献したバチカンは、世界を核戦争の危機に晒すようなことがないよう、国連、そして後にＩＡＥＡへの加盟を決断したのである。ヨハネ二三世は第二バチカン公会議の終了と、国連への加盟を見届ける前に他界するが、その遺志もまた後任のパウロ六世に引き継がれた。国連への加盟はかねて申請していたが、実現していなかった。

一九六四年に国連を訪れた教皇パウロ六世は、第二バチカン公会議の閉会演説を行うと共に、国連への加盟が認められたことを公式に発表した。「パーマンネント・オブザーバント」という、投票権を持たないステイタスであったが、これはバチカンが中立性を維持するためであり、発言やスピーチの機会は与えられており、それで十分に影響力を行使できるとの判断があったからである。

一九六五年一二月七日に、ローマで行われた第二バチカン公会議の閉会式と共にパウロ六世が出した回勅「ガウディウム・エト・スペス（Gaudium et Spes：喜びと希望——現代世界における神の法、以下「ガウディウム」と略記）」は、国際法と教会法の関わりなど、法的・組織的な刷新である「現代化」だけでなく、具体的な活動においても今日、国際問題となっている労働や貧困に緊急に対応するべきである、という公会議を総括するメッセージであった。それは言葉だけでなく行動を伴うべきであり、その内容を実行に移すためには国連やその関連の国際機関とより密接な関係を築き、聖職者も俗人も共に協力して活動すべきであるという趣旨であった。

先進国は経済的に裕福になり、諸々の技術の進歩の恩恵を受けているが、これに甘んじて傲慢になることなく、これらを享受できていない国々に助けの手を差し伸べるべきである。企業や団体、あるいは個人は社会的責任を負うべきで、なぜならこうした技術革新によって現在の国際社会は、相互依存性を高めているからである。そういう時代にあってこそ、人間の尊厳とその基礎になる労働のあり方が再度問われる、と言うのである[28]。

「ガウディウム」は、教会法における法学的な方向性を規定しつつ、一方で社会回勅という側面も持っていた。現代社会において人間が置かれている状況について、人間の尊厳、コミュニティ、教会の役割などについて述べた上で、文化についての定義を行っている。一部を引用すると以下の通りである。

「文化という言葉は一般的に、人間が自身を身体的、精神的に発達、完成させることすべてを意味します。人間は自身の知識と労働力を駆使して、世界をコントロールしようとします。人間は習慣や制度の改善を通じて、家庭と社会の双方が人間らしくあることを求めるのです」

そして人間の政治的、経済的な生活について述べた後、平和の実現のためには、国家同士の国際的なコミュニティすなわち国際機関には、戦争を回避するという使命を果たす責任があることを指摘している。

バチカンが、正式な国連加盟とＩＬＯや国連などの国際機関への強いコミットメントを持つことを実質上宣言したこの回勅は、ＩＬＯの活動にすでに関わる聖職者や俗人信者たちに大きなインパクトを与えた。特に世界の貧困と飢餓の撲滅に向けて本格的に関与していくことを宣言したことになり、世界中のカトリック機関や教会が反応した。さらにカトリック国ではないものの、戦後から一九六〇年代にかけてアジア・アフリカの脱植民地化問題に深く関与してきた英国は、バチカンの国連加盟を歓迎した。英国は連盟やＩＬＯの設立に深く関与してきた歴史的経緯を持つことから、独立したものの飢餓に苦しむ南アジアやアフリカ諸国の諸問題にバチカンの協力を見込めることは、心強い味方を得た思いだったのである。

英国のカトリック教会は、本国と白人自治領である南アフリカ、そして旧植民地であるがコモンウェルスの一員であるインドの司教というネットワークを持ち、これがＩＬＯの活動に有益であったことがわかる。

英国のノースハンプトンの司教チャールズ・グラント(Charles Grant)は、「一九五〇〜六〇年に発展途上国は一三〇億ドルを失ったので、援助のための機関が必要である。フリットゥ(Frings)枢機卿が言うように世界の飢餓を救うためには援助機関との協力が不可欠であり、これこそが共産主義と闘う手段である」と力説している。ロンドンの貧困地区ミル・ヒルで宣教活動をしていたジェラルド・マホーン(Gerald Mahon)神父は、「世界では実に三五〇〇万人が飢餓、四億人が飢餓に近い状態、一五億人が疫病の危機に直面しており、こうした状況を放置すべきではない」との報告をＩＬＯに送っている[29]。

さらにニューデリーのモディ大司教はインドの貧困状況などを鑑みて、「ガウディウム」の九〇条について、飢餓と貧困に対し八つの対策が講じられるべきであると主張した。これらに対しＩＬＯのアウラ(Aula)氏は、一九六五年一〇月四日に、ケープタウンのタラゴン大司教とオーエン・マッキャン(Owen McCann)枢機卿、そしてインドにいるアンジェロ・フェルナンデス(Angelo Fernades)から、緊急にこの問題に対処するために理事会を立ち上げる要請を受けたと報告している。そこには「人々が人間らしい生活を送るための教会の活動こそ、国際的な社会正義を実現する方法である」と記されていた[30]。

英国のミドルバラの司教ウィリアム・ホイラー(William G Wheeler)は、エクアドル・アマバト(Ambato)の司教から発展途上国と先進国の格差について報告を受け、「ガウディウム」の言葉が貧困救済の行動を起こすために最も効果的であるとし、パウロ六世の一九六四年の回勅「エクレシアム・スワム(Ecclesiam Suam：キリストの教会)」を経済に関わる現代的なリーダーシップを示した内容であると述べている。続けてホイラーは、エクアドルは人口の八〇％が農業に関連する仕事に従事する国であるが、ＩＬＯの援助による技術指導が農業の生産性を向上させ、やがて産業化をもたらすであろうと、経済の発展理論も展開するなど、貧困からの脱却策を具体的に提案している。

英国のカトリック教会は、一六世紀の宗教改革以降、国教会体制が確立されると、少なくとも一九世紀までは差別の対象となってきた。しかし一九世紀中葉にジョン・ヘンリー・ニューマン(John Henry Newman)らが中心に興したオックスフォード運動により、状況は徐々に改善していく。英国では一八世紀の終わりから一九世紀の初頭に起きた産業革命によって、貧富による社会の二分化が起きた。裕福になった者の中には工場制度によって人間性を失ったと感じる者が現れ、中世の職人ギルドやキリスト教信仰を取り戻そうという社会運動が起きた。これは芸術分野ではウィリアム・モリスに代表されるアート＆クラフト運動となり、宗教界ではオックスフォード運動となり、国教会からカトリックへの多くの改宗者を生み出した。著名な人物としては、ニューマン以外に、マニング枢機卿、アクトン枢機卿、神学者のピュージーなどがいるが、アクトンは著名な政治家グラッドストンと、彼の福祉政策に多大な影響を及ぼした。国教会内も低教会と高教会に分裂して、高教会の多くがカトリックに非常に近い教えや礼拝方法を採用したことから、カトリック教会に改宗する者もいた[31]。こうした歴史的背景を持つ英国のカトリック教会は、産業革命によって農業から工業の時代へ移りゆく中で、豊かになった人々は取り残された人々を救済せねばならないという意識を強く持っていた[32]。こうした英国的なキリスト教社会主義は、後のフェビアン協会などに受け継がれる。

この様な経緯から、ＩＬＯの活動はバチカンやカトリック教会の理念や国境を越えた繋がりを基盤としつつ、英国を中心とするコモンウェルスのネットワークと重なり合う形で機能するようになったと言えるかも知れない。

6　ジョブリン神父とカトリック社会運動

国連の専門機関の中でも、特にこうした社会正義に基づく活動に熱心であったのがＩＬＯであり、同機関に設立以来、定期的にカトリックやプロテスタント教会のキリスト教関係者が送り込まれていた。第二バチカン公会議開催前からのＩＬＯ職員で、バチカンとのリエゾン役にあったジョブリン神父の存在と活動については、すでに触れた通りである。回勅「ガウディウム」には、公会議の理念である現代社会の変革に、バチカンとカトリック教会がどう対応していくのか、現代化を推進しつつ、人間が尊厳を失わないためにはどうするべきかなどが語られていた。それは「ガウディウム」第二章の共同体（コミュニティ）の重要性の強調に端的に表れている。

ＩＬＯには、すでに取り組んでいた貧困撲滅のための活動やプロジェクトが存在したが、「ガウディウム」

以降は、これらをさらに本格的に機能させた。そのために、ＩＬＯ内の聖職者を中心に、ＷＣＣなどを通じたプロテスタント教会の聖職者や、宗派を問わずキリスト教系団体とも協力した救貧活動が行われた。第二バチカン公会議のエキュエニカルな精神だけでなく、宗教界と世俗界の接近、つまり聖職者と俗人が協力してこれらの活動を行うことになり、結果的に、ＩＬＯは他の国連専門機関との協力も本格的に開始することになる。

ＩＬＯのジョブリン神父は、バチカンだけでなく、ＷＣＣとのリエゾン役も務めており、一九六六年一二月一二日付の書簡で、同年の七～八月にかけて「教会と社会」学会に参加したこと、教会からＩＬＯが多くの支援を得ていることをＩＬＯに報告している。ＷＣＣについては次章で詳述するが、ジョブリン神父は、これら活動においてＷＣＣの初代事務総長であったヴィッセル・トホーフト（Visscher t'Hooft）やブレイク（Blake）博士など、プロテスタント教会の牧師たちとの協力にも積極的であった[33]。

パウロ六世の回勅に見られる、貧困から脱出するための経済発展の理念は、国連の経済社会理事会やＩＬＯなどの国際機関と同じ規範を共有していた。それはカトリックとプロテスタントの歩み寄りであり、その意味ではオランダやドイツ、そして米国の様なプロテスタント国におけるカトリック教会の活動にも着目する必要があるだろう。

米国を代表するリベラルなカトリック聖職者ジョセフ・グレミリオン（Joseph Gremillion）は、一九六六年九月一九～二一日に、彼が宣教活動を通じて目の当たりにした貧困問題への懸念について報告している。グレミリオンは、米国カトリック教会を代表する聖職者にして活動家、執筆家であり、米国のリベラル・カトリックの拠点であるノートルダム大学で神学を学んだ。一九六七年から七四年までバチカンの「正義・平和委員会」の委員長を務め、ＩＬＯとバチカンの橋渡しをした人物である。パウロ六世は、世界一二〇ヵ国の格差問題について、国連を通じて真剣に向き合っており、その解決のためには貿易など、経済分野での国際機関による協力が必要という趣旨の主張を行っている。

グレミリオンは、フランス革命期に米国の独立戦争を率いたトーマス・ジェファーソンやアンドリュー・ジャクソンを賛美しつつ、米国に繁栄をもたらしたのは欧州からの貧しい移民たちであり、経済的に裕福になった諸国は発展途上国の貧困に対して援助すべきである。無償ないし利子の低いローンを組んで金員を貸与し、農業や工業技術の指導を通じてこれら諸国の発展を助けるべきであると主張している。

また「ガウディウム」の八条に述べられている「今日の世界の富の不均衡」を引用して、この問題を解決するためには、不平等な貿易構造による貿易の不均衡を変えるべきであり、そのために世界貿易機関（WTO）が果たすべき役割を強調した。それはカトリックが歴史・伝統的に実践してきた救貧活動を、国際機関によって世界大で展開することを意味していた[34]。

第二バチカン公会議のエキュメニカルな理念は、プロテスタントのカルヴァン主義的な労働の理念、すなわち労働を神への奉仕とし、その帰結としての富の蓄積を肯定する立場に同意した。ただし、その富は何らかの形で再分配され、また富の基となる資源などは「公共財」として平等に分配されるべきであると考えられた。そうした理念が反映されたのは、一九六四年に設立された国連貿易開発会議（UNCTAD）である。その第一回の会議がジュネーブで開催され、バチカンの代表としてルイス・ジョセフ・ラブレット（Louis-Joseph Lebret）が送り込まれた。

彼はフランス人のドミニコ会修道士で、その主張は「ガウディウム」の下敷きになったとも言われるほど影響力のある聖職者であった。フランス・ブルターニュ地方の船大工の家に生まれた彼は聖職者を目指し、漁師の相互扶助団体を結成して援助活動を開始する。活動の中で、魚がよく捕れる海域とそうでない海域の不平等性に気付き、漁業権をめぐる国際協定に関心を寄せた。北海、バルト海、地中海などの水産学に関わる四〇〇ものプロジェクトに携わるだけでなく、戦時中もフランスの漁師の権利擁護のために活動を続け、マルセイユに「経済と人権」組織を設立した。戦後は途上国の経済発展プロジェクトに関わり、ブラジル、セネガル、レバノンでの活動が、国連の「経済開発」専門家に認識されたことからUNCTADの設立準備活動に抜擢された。一九五八年には「調和した発展のための国際研究機関(IRFED：International Institute for research and training education and development)」を立ち上げ、それは後に「ラブレット開発・文明研究所」と称されるようになる[35]。

一九六五年のジュネーブ会議でラブレットは、UNCTADの活動を通じた社会正義の実現には、長期的な「無血の革命」が必要であると主張した。それは、UNCTADが唱える狭義の「貿易」ではなく、広義の「貿易」、すなわち経済的な相互依存関係の構築とし、その拡大によって平和を維持することを意味していた。これまでキリスト教のリーダーたちは、各国別に社会の諸問題に対応し、それぞれ社会正義を実現しようとしてきたが、各国政府の反応はまちまちで、けして芳しい結果ばかりではなかった。そのため問題解決の枠組を国家の壁を越えた国際的な範囲にまで拡大することで、国際的に社会正義のため行動することを容易にし、それを推進するべきであると考えるようになったのである[36]。

ラブレットの功績は、カトリック教会の活動を途上国に拡大させ、先進国はこれら貧困国の発展と共にあるべきだとして、互いの連帯感や繋がりを強調した点にある。この考え方は「ガウディウム」に反映されている。のみならず、パウロ六世が一九六七年に発出した社会回勅「ポプロールム・プログレシオ(Populorum Progression：人類の進歩)」についても、ラブレットは草稿の作成段階に関わっている。この回勅については後述する。これらの回勅はすべて、貧困問題の解決策のために出されたのである。

ラブレットは、米国のデニス・グーレ(Denis Goulet)にも大きな影響を与えた。グーレは「ラブレットは倫理的な経済的発展のパイオニアである」と絶賛した。グーレは米国ノートルダム大学の名誉教授で、社会正義や人権などの発展倫理学を専門とし、ケロッグ国際関係論研究所やヨアン・B・クロック(Kroc)国際平和研究所[37]のフェローなどを務めた人物である。シャルル・ドゥ・フーコー(Charles de Foucauld)やシモーヌ・ヴェイユ(Simon Weil)といったフランス・カトリック社会派にも影響を与えている。

英国を地盤とするカトリック社会運動系の組織もこれに関わることになる。例えばアンソニー・サールウォール(Anthony Thirlwall)は発展経済学が専門のケント大学教授であったが、雇用やアジア開発銀行、UNCTADの設立やその活動にはグーレの影響があったと述べ、その功績を称えている。

7 カトリック団体を通じたネットワーク

聖職者と俗人が共に、またトランスナショナルなネットワークとその活動によって、貧困問題解決のためにバチカンがやるべきことが具体的に議論された。

以下がILOの理事会がバチカンと協力して行うべきこととして提案された内容である。

① 途上国への医療や教育支援、特に識字率の向上
② 途上国の技術や社会の向上
③ キリスト教宗教教育
④ 回勅「マーテル・エト・マジストラ」の理念に基づく貧困問題の解決
⑤ 社会正義、平和維持の実現

「マーテル・エト・マジストラ」について付言すると、同回勅の九〇条は国連について触れ、その活動にカ

トリック系の団体などがどのように貢献し得るか述べられている。この回勅は単なる指針と言うだけにとどまらず、バチカンが国連加盟と同時に、その役割を拡大していった具体的な道筋を理解する上で重要である。

これら五つの提案を実現するために必要なアクション・プログラムとして、各国のカトリック組織NGOが具体的にリストアップされた。そこには、フランスのカトリック・リリーフやベルギーのエイド兄弟団、オーストリアのカリタスのほか、ドイツ司教団による技術支援団体や英国のカトリック海外発展基金、米国カトリック救済サービス、米国司教団、全米カトリック福祉協会などが含まれていた。

これら国別のキリスト教団体やNGOはILOとパートナーシップを締結して共に活動出来るようコーディネーション・センターを設立した。上記の組織によって運営され、WCCと共にジュネーブに本部を置いたセンターは、途上国における教会使徒職、カトリックの司教会議、教区、諸修道会、俗人の信者を巻き込んだ国家建設、社会・文化の改革、社会構造改革、技術支援や指導者育成などに関わることになる[38]。技術援助や経済発展支援のための人材を確保するために、キリスト教徒のボランティア団体を派遣し、国家建設や国際協力、社会改善などの活動における俗人との協力促進を目指した。

ILOが理事会を中心にこうしたプロジェクトに直接関与して、教皇の回勅の理念が実現するよう協力すること、現在進行中の活動に特に積極的な支援を行うこと、これらの活動で他のキリスト教会は勿論、宗教が異なる団体とも協力するべきであること、などの提案がなされた[39]。

またバチカンの協力を受け、ILOの下に科学の発展のための研究を支援し、技術援助により経済発展を促すための、三つの研究所が設立された。先に紹介したIRFEDのほか、「社会宗教研究連盟（FRERE：Federation des Centres de recherché social et socio-religieux)、「ラテン・アメリカ経済社会開発センター（DESAL：Centro pana el desarollo Económico y social de América Latina)」である。

各宗教団体の保持する組織や既存のネットワークをイノベーティブに活用して、長期的な貧困撲滅プロジェクトを実行する[40]というのがこれらの研究所の目的であった。

カトリック国際機関・団体の一つである国際カトリック連盟（ICO：International Cathoric Organization）は、一九二七年に設立された俗人のカトリック組織である。一九四六年にブリュッセルに本部を置き、戦後賠償や和解に大きく貢献してきた。その活動の継続を奨励するため、一九五二年にはバチカンから協力団体として正式な承認を得た。

もうひとつ、米国を地盤に強い影響力を持つカトリックの福祉団体がある。この全米カトリック福祉協会（NCWC：National Catholic Welfare Conference）は、一九六四年にバチカンが国連に加盟する前から、国連の活動に関与しており、第二バチカン公会議中から終了後にかけては、組織面でのリエゾンの役割を果たすことになる。実はバチカンの国連への正式加盟は、NCWCが中心となり、ICO経由で可能になったという経緯がある。加盟後もNCWCが機軸になり、バチカンの国連での活動はICOの組織を使用していた。

米国のNCWCは一九七六年以降、活動拠点をボストンからニューヨークに移し、国連本部がニューヨークにあることから、バチカンの国連活動について実質上の主導権を握るようになり、さらに国連への関与を深めていった。NCWCは二〇〇八年に一旦解散するが、カトリック国際NGOの傘下に再統合されることとなった[41]。

回勅「ガウディウム」によって国連への理念的な賛同を示し、次いで公式な加盟にこぎつけただけでなく、ILOとの協力を通じて構築された実際の活動面や組織面での関係は、結果的にこれらのカトリック系団体の活動というかたちで、バチカンの国連に対する影響力を拡大させることになったのである。

多くのカトリック国際機関・団体やカトリック系のNGOは、国連の人権理事会にアクセス権を持っており、そうした状況は二一世紀の現在まで続いている。例えばUNHCRは多数のキリスト教系NGOとパートナーシップを締結している。国連において宗教系のNGOが直接的な影響力を持つ様になったのは、ここ二〇年程のことで、具体的には一九九三年以降の現象とも言われるが、じつはこれはイスラム教系の組織についてであり、カトリック系の組織は歴史的に国際機関と浅からぬ関係を築き続けてきた[42]。UNHCRは、一九五一年に採択された難民の地位に関する条約に基づいて新たに設立された。その前身機関はUNRRAとIROであり、これらはカトリックの移民・難民を扱う組織と密接な関係において設立され、バチカンが一九四七年に国連のラテン・アメリカへのミッションを任されたことに由来する。

一九六二年一二月には、シネネンス(Snenens)枢機卿や医師のアーサー・マコーマック(Arthur McCormack)などが、貧困解消と戦後和解のために移住・移民事業の活動にも関わる様になる。ヨハン・シャルーフ(Johannes Schauf)は、ドイツのカトリック教徒として、ドイツとポーランドの戦後和解に多大な貢献をした人物だが、彼自身がブラジルに移住して、その地にドイツ人コミュニティを創ることに貢献した。

これはカトリック教会が、貧困解消のための移民や移住計画に本格的に関与することを意味した。特に敗戦国となったドイツやイタリアは、戦後経済の再建に困難を要したこともあり、これら国々の人々を貧困から救うために、北米や南米など新大陸への移民・移住の仲介的な役割を果たしたのである。実際には、こうした国際カトリック移民(移住)組織は古くから存在しており、戦前、貧困状態にあったイタリア南部から、米国への移民を仲介する役割を果たしていたなどの経緯もあった。戦後、引き続きその目標を拡大して活動が継続されたと見ることもできるだろう[43]。

現在のUNHCRは、カトリック系のNGOと多くのパートナーシップを締結しており、近年では二〇〇七年にイラクからの難民問題に関わっている。また病院や学校の設立ミッションの多くは、カトリック組織やバチカンに任され、実に五〇〇〇万人のためのカトリック学校が設立され、国連が関与した移民・難民問題の二六・七パーセント、つまり四分の一以上が、カトリック組織及び、バチカンに関係ある団体による活動とミッションとなっている。

二〇〇〇年以降、米国共和党の保守派の間で、バチカンを主権国家のメンバーと全く同じステイタスにするためのロビー活動が開始される。その背景には、「プロ・ライフ」である共和党保守とバチカンの間の価値の共有があった。リック・サントラムやクリス・スミスといった有力議員の働きで、米国の上院で国連におけるバチカンの役割の拡大が承認された。こうした動きにも、NCWCやICOが重要な役割を果たしたことが明らかになっている。そして二〇〇四年七月、「非領土国家である国家的な組織」バチカンは国連において、これまで通り投票の権利こそ行使しないものの、それ以外の全ての権限を取得した。法的なステイタスは聖座(Holy See)であり、バチカン(Vatican)ではない[44]。

歴史的に見ると第二次大戦期にマイロン・テイラーを派遣して以来、バチカンは米国と密接な関係を築いてきた。第二次大戦が勃発し、連盟が実質上機能不全になると、米テイラー特使のいるバチカン内が終戦工作など、限定的ではあるが実質上の国連的な機能を果たした。そして国連の設立後は、この組織の実質的なリーダーシップが米国にあったこともあり、バチカンは米国との特別な関係によって、国連での存在感と影響力を拡大していったと言える。冷戦後、米国の共和党保守の国内政治的なアジェンダである「プロ・ライフ」のロビーが、バチカンの国連における権限の拡大に繋がった点は興味深い。米国は現在でも、バチカンの国連におけるステイタス(聖座)に苦言を呈し、その権限を取り除こうとする他国からの批判の防波堤になっている。

8　教皇パウロ六世のILO訪問をめぐって

ILOが設立五〇周年を迎えるにあたり、それを記念する行事をめぐって、一九六七年七月一三日には、世界労働組合連合（WFTU）や全アフガニスタン労働組合連合（AAFTU）、英国労働組合連合（TUC）、など、世界中の労働や労働組合に関わる組織、NGOなどとILOが協力するための委員会が形成され、これには欧州評議会（Council of Europe）も関与するようになった。特にTUCは、ILOの活動に深くコミットしてきた経緯があるので、記念行事の企画にも幹部を送り込んだ。また英国の労働運動の指導的な立場にあるキリスト教社会主義者なども関わることになる。

五〇周年行事の一環として、バチカン・ラジオがILO事務総長デビット・モースへのインタビューを行うことが提案された。これは、実兄が戦前にILOの職員を勤めていたという個人的事情から[45]教皇が労働問題に強い関心を寄せており、人間の尊厳問題に関わる活動を行うILO訪問を強く望んでいることが背景にあった。このとき、モースはインタビューの中でパレスティナ問題に言及することになった。本来、この問題についてはイスラエルを支持する米国と、どちらかと言えばパレスティナ寄りのILOの間で、教皇は中立的な立場を取ってきたが、それを押して言及する計画となった。

ILO五〇周年記念式典に関する覚書によると、一九一九年六月からちょうど五〇年目となる一九六九年五月に式典を行う。これは国連の設立二〇周年である一九六八年の式典を参考にしつつ、ILOは連盟の歴史と伝統を受け継ぐ最も歴史ある組織であり、世界の労働、雇用、貧困問題に関わってきたことをさらにアピールすることを目標とした。さらに、この歴史的な過程では、多くのNGO、あるいは政府間組織、カトリック系を含むキリスト教系の国際機関、あるいはUNESCOなどの国際機関、各国政府で労働に関わる組織、さらにスカンジナビア半島諸国や日本の諸団体なども関わりを持ってきた点を強調するべきであることが話し合われた。そして、この記念式典のハイライトとして位置づけられたのが、教皇パウロ六世をILO本部に招待することであった。

教皇のILO訪問をどの様に宣伝し、これについての書籍を英米でどう売るかなども議論された。非カトリックのメソジストや長老派の教会の新聞は、この宣伝について懸念を示していたが、カトリックだけでなく冷戦下での米国での労働問題をどう扱うべきかなども焦点であった。

米国のカトリック団体が一九六八年七月三一日付けのＩＬＯ宛て書簡で、ＩＬＯの大会に参加したいが「赤」になる危険性を危惧する向きもあるので、「（ＩＬＯと関係の深い）国連の経済開発局にバチカンが関与している」などの内容にすれば、懸念が払拭されて良いのではないかという提案が出され、ＩＬＯ内で賛同を得るに至った。冷戦のピークにあって、ＩＬＯへのバチカンの密接な関与こそが、「非赤化」の証になると米国のカトリック団体が提案し受け入れられ、最終的にそれが設立五〇周年にパウロ六世がＩＬＯのジュネーブ本部を訪問するという形で象徴化されたことは特筆すべきであろう[46]。

ＩＬＯが関与している、ヒューマン・リソース開発世界計画、トリノの技術・技能指導センター、国際防衛委員会、国際技術機構、他の国際機関などとの、地域、アカデミズム、国際といった各レベルでの関係構築なども、この記念式典イベントに含まれる見込みであった。こうして記念すべき五〇年間の実績を総括するプロジェクトが始動した矢先に、ＩＬＯは二つの大きな問題に直面することになる。一つ目はＩＬＯとバチカンの関係についてであった。教皇自身はＩＬＯと全面的な協力関係にあるにもかかわらず、一部のプロテスタント教会には未だにカトリック教会や教皇権に対する強い反発があった。ＩＬＯの本部に職員のライリー（Riley）から送付された手紙では「無記名で送られてき資料に、教皇のＩＬＯ訪問に反対する記述がある」と報告されている。その一方で別の職員ムーア（More）は「ＷＣＣも、カルヴァン派のスイス・ジュネーブの新聞も教皇の訪問を歓迎しているので、懸念には値しないと考えていいのではないか」とレポートしている[47]。もう一つの問題は、米国とイスラエルの密接な関係によるものである。ＩＬＯがパレスティナ寄りであることから、米国は総会で批判を受けることにうんざりしており、これが続くならＩＬＯを脱退すると仄めかしたこともある。米国はＩＬＯの四分の一近い予算を拠出していることもあり、財政的な面からも米国の脱退は何としてでも阻止せねばならなかった。そういう意味でもイスラエル問題について中立な立場を取る教皇の存在は重要で、バチカンが米国を繋ぎ止めることをＩＬＯは期待していた。

この五〇周年記念行事そのものは、バチカンの影響力も鑑みてパウロ六世の歴史的なＩＬＯの訪問劇として演出されることとなった。地元ジュネーブの写真雑誌は「カトリック・リーダーがカルヴァン派の地ジュネーブに足を踏み入れた歴史的な事件」と大々的に報じて、それが世界のメディアの関心をさらうことになる。その余韻と、パウロ六世の説得もあり、その後しばらく米国はＩＬＯに残留した。しかしパウロ六世が病気がちになり、またソ連やその衛星国である東欧諸国、さらに非同盟の一部のアジア・アフリカ・中東諸国（主にインド、インドネシア、エジプト）から、パレスティナ問題について「説教」されることに米国は嫌悪感を露にした。そして一九七三年のジュネーブ平和会議にＰＬＯ（パレスティナ解放機構）が参加する可能性が議論され始めると、米国は遂にＩＬＯ離脱を決断し、一九七七〜八〇年の三年間だけだが、正式に脱退して非メンバーとなった。

9 米国のＩＬＯ脱退問題

冷戦期には、米国と西欧諸国の西側と、ソ連や東側諸国、さらに中東・アラブ諸国との対立が如実であったにもかかわらず、フランスやイタリアなど、ユーロ・コミュニズムの影響下にある欧州諸国はアラブ寄りのスタンスを取り、イスラエルに対して厳しい態度を見せていた。イスラエルと周辺のアラブ諸国の関係が悪化する中、アラブ諸国の多くがソ連寄りとなり、同時にＩＬＯへの発言力を増大することで、ＩＬＯの総会が米国や親イスラエルの立場を取る西側諸国への「説教の場」となったことを米国は問題視した。これを理由に米国はＩＬＯを脱退する。フォード政権時代に検討・決意された脱退という方針は、カーター政権時代に実行に移された。

米国労働運動のリーダー、ジョージ・ミーニー（George Meany）[48]は高齢であったが、ＩＬＯとの協力関係の構築にあたって活躍した経歴を持ち、一九七七年八月二九日にＩＬＯ宛に書簡を送り状況を説明している。その内容によると、米国労働省の長官いわく、ＩＬＯはあくまで労働問題への関与と議論の場であり、ＩＬＯが反イスラエル的な姿勢を見せなければ、米国は脱退しないと述べている。米国の労働組合は、実際ＩＬＯへの残留を望んでおり、残留と脱退をめぐって米国内でも意見が割れている。米国は残留すべきとの声や、対ソ連戦略を変えるべきなどの意見もあって議論が行われていると報告している。

パレスティナ問題以外にも、チリやカリブ諸国など中南米諸国の労働問題をめぐる米国への批判も、脱退という決断に影響を及ぼした様である。一九七七年八月一六日の報告によると、同年八月一五日に米国の労働組合やカトリック系組織はカーター大統領にＩＬＯ残留を嘆願する書状を送り、バチカンも米国に残留するよう説得を試みている。カリブ諸国問題については、いまだに奴隷労働が行われているこれらの国々の労働問題に米国が関与すべきであり、ＩＬＯの主張する反奴隷労働運動への米国の協力が不十分であるというのであった[49]。

当時のＩＬＯ事務総長であったフランシス・ブランチャードは最大の拠出金を提供していた米国の脱退に対応し真摯に交渉を行い、その脱退期間を三年間に止めて米国の復帰を実現した。米国不在の期間もＩＬＯ全体がソ連にのっとられることなく、あくまで社会民主主義の枠内での活動を推進したとして彼の功績は高く評価されている。

米国の国際機関からの脱退については、例えば二〇一七年にトランプ大統領が主導したＵＮＥＳＣＯ脱退とエルサレム首都移転問題などにも通じるところがある。とりわけイスラエル問題が事態の引き金になっている点は、一九七七年と二〇一七年に共通項として見出すことが出来る。また歴史的には国際赤十字への拠出金問題にでも、米国は最大拠出国であるにもかかわらず国際的な批判を浴びることに苦言を呈することがしばしば行われた。

バチカンは、米国がＩＬＯを脱退した際に、復帰と、その後の引き留めのため説得を行うなど、一定の役割を果たしたようである。二〇一七年には気候変動をめぐるパリ協定から米国が離脱するが、フランシスコはこれに留まる様に促すなど説得を行っていた。

10 パウロ六世の死去とＩＬＯへの遺産

第二バチカン公会議の理念をＩＬＯやＷＣＣ、そして国連の活動と直接関連付けた偉大な教皇パウロ六世は、一九七八年七月に死去した。

同年八月一八日フランシス・ウルフ（Francis Wolf）がＩＬＯ事務総長にあてた書簡で、パウロ六世の葬儀への参列者などについて詳細な報告を行っている。その内容によれば、バチカンとは「人権外交」で協力関係にあったカーター米大統領はもちろん参列し、またＩＬＯからは、カトリック聖職者でケネディ政権時代の米国ＩＬＯの活動に関与したキャリアを持ち、米国の保険や社会福祉制度改革にも関与したジョブリン神父が参列した。

そのほか、冷戦時代に東欧の共産圏やソ連支配下諸国でのカトリック信仰の自由を確保するために活躍したアゴスティーノ・カサロリ枢機卿と縁が深いリトアニア人神父、フランス大使、開発援助促進評議会（Cor Unum）[50]に関与したバチカンや国連関係者、オーストリアの政治家で第四代国連事務総長（一九七二～八一年）

であったクルト・ヴァルトハイム(Waldheim)、アンドレオッティ伊首相、フォルランティ(M Forlanti)伊外相、ベルギーやスペイン、アイルランドやギリシアなどの政府関係者や国連関係者、EC関係者、イタリア共産党関係者、米ノートルダム大学総長、ドゴール将軍、国連専門機関の関係者、さらにキリスト教会の代表である、ブルガリア正教、ギリシア正教、ロシア正教、キプロスの司教、国教会、エジプトのアレキサンドリアのコプト教の教皇、リトアニア教会など共産主義国からの代表も参列している。

それはまるで歴史的な出来事の要約であった。他にシリアやアルジェリアの代表である大使も到来し、フランスのバチカン大使であったルイ・ド・ギランゴー(M De Guiringaud)[51]の姿も見えた。そしてバチカンのヴィロット(Villot)枢機卿、カルロ・コンファロニエリ(Confalonieri)枢機卿[52]、ワシントンからはウィリアム・バウム(Baum)枢機卿[53]も到着した。アジアからは唯一のカトリック国であるフィリピンからマルコス大統領夫妻が参加した。同年、カーター大統領の尽力でキャンプ・デイビット会談を果たし、ノーベル平和賞を受賞したエジプトのサダト大統領とイスラエルのベギン首相が同席し、共に参列したのも特筆すべきことであろう。

こうした葬儀の参列者からもパウロ六世の国際政治や国連をはじめとする国際機関との深い関わりを看取することが出来る。パウロ六世の死去により、非常にリベラルな立場を標榜するヨハネ・パウロ一世が後任に選出されるが、彼はわずか三週間で死去してしまう。その後を受けたヨハネ・パウロ二世は、冷戦の崩壊や九・一一を含む、一九七八〜二〇〇五年という長い在任期間のうちに、国際政治や国際機関と深い繋がりを持つことになる。

一九七八年一一月二日付のバチカンの公式新聞によると、教皇に就任したヨハネ・パウロ二世は国連に対して今まで以上に関係を強化する意向を表明した。そしてアゴスティーノ・カサロリを通じてジョバンニ・チェッリ(Giovanni Cheli)枢機卿[54]を国連本部に代表として送り込み、西ドイツのヴィリー・ブラント首相とも協力して、国連の機関である国際開発委員会などへの関与を深めた。ブラント首相は、これによってバチカンがオブザーバントという立場でありつつも、例えば南北問題などについて国連での活動を強化したいという意思があることを確認したと述べている。バチカンの外交官ジョバンニ・ジョバネッティ(Giovanni Giovannetti)枢機卿は新教皇から命を受け、バチカンの国連オフィスをニューヨークに正式にオープンし、一九七八年の終りにチェッリ枢機卿に引き渡した。そしてカサロリ自身は、欧州の軍縮会議であったヘルシンキ会談に関わったキャリアから、国連の軍縮部門で活躍することになる(これについては第五章で詳述したい)。また人権や環境問題にも関与することにもなる。

11 ＩＬＯとアグリ・ミッション

ＩＬＯの農業部門は、カトリック系の農業支援ＮＧＯである「アグリ・ミッション」と協力して活動を行っていた。その活動はＦＡＯや国連の世界食糧計画(ＷＦＰ)などと重なる部分もあることから、本節ではその連携を考察する。

国連の本部はニューヨークにあり、その専門機関である国際機関の多くはスイスのジュネーブに本部を置いている。しかし一九〇五年にＦＡＯの前身にあたる国際農業機関(ＩＩＡ：International Institute of Agriculture)が、ローマで設立された経緯からＦＡＯとアグリ・ミッションは共にローマに本部を置いている。

当時のイタリア国王は、一九〇〇年にアナキストに暗殺されたウンベルト一世の後を継いだヴィットリオ・エマニュエレ三世であった。ＩＩＡはエマニュエレ三世が設立したが、実際の活動資金はディビッド・ルービン(David Lubin)が出資していた。彼はポーランド生まれのユダヤ人で、英国を経て米国のカリフォルニア州南部サクラメントに移住し、穀物や果物の取引や貿易で成功した。腹違いの弟ウェインストック(Weinstock)と共に、後にカリフォルニア州最大規模のスーパーマーケットとなるウェインストック・ルービン(Weinstock-Lubin)社を設立し、農民の労働組合や農協にあたる組織を支援して、それがやがて国際規模に拡大していくことになる。ルービンは、初代のIIA米国代表も務めている。

イタリア国王がローマにIIAの本部となる建物を用意し、当時の金額で年間六万ドルにのぼる資金を提供したことで、正式に本機構が活動を開始する。当初は欧州と北米の農業生産量の数値の管理や、農作物の病気や害虫などの生物学的な研究を行う情報・研究センターの役割を担い、十分な食料供給を目的とした。また農民共済組合や財政援助を含む農民の権利の擁護を掲げ、一九〇六年に第一回の国際会議を主催した。さらに一九〇八年には、世界四〇ヵ国から代表が集まり、正式な開会式が行われた。連盟やILOといった他の国際機関が設立される一九一九年までに、IIAの加盟国は五三に増大していた。国際的な活動だけでなく、当初の理念である北米での農業発展や改革への貢献も継続し、恐慌時代には農民たちを困窮状況から救ったとされる。

IIAは、二年に一度の会合やメンバー国への代表の派遣、常任と非常任に分けられた理事国、機関誌の発行など、後の国連やFAOと類似した組織や運営方法を有していた。公用語はフランス語だったが、イタリア語、英語、ドイツ語、ハンガリー語で機関誌を発行し、英語版の作成のために、一九一五年当時、米国から五〇〇〇ドルの補助金を受け取っていた。

一九四三年五〜六月、ルーズベルト大統領は国連の設立に向けた食糧・農業会合を招集し、ヴァージニア州で四四ヵ国が集まる国際会議が開催された。イタリアが敗戦国になったことから、占領期の一九四五年一〇月にはIIAの本部が一時的にカナダのケベックに移転する。一九四八年に連盟が解体されると、それに伴いIIAの解散も決まるが、国連の専門機関として一九四五年に設立されていたFAOに、IIAの組織はそのまま移管された。一九五一年にFAOはケベックからローマに再移転し、IIA時代の史料やルービンの活動に関わる個人文書も、FAOの図書館・公文書館内に収められることとなった[55]。

FAOが正式に設立されると、一九四八年七月にバチカンの国務長官代行であったモンティーニ枢機卿は、FAOへの正式加盟を宣言し、ルイジ・リグッティ(Luigi Ligutti)神父をFAO駐在代表に指名して翌年赴任させる。これはバチカンが国連本体より先にFAOに加盟したことを意味し、その役割と意義は重要であった。

ルイジ・リグッティ神父によるFAOでの活動の背景には、米国による積極的なイタリア支援があった。敗戦直後のイタリアの飢餓を、米国からの援助金による救援活動で凌いだのである。リグッティ神父の役割は、FAOの活動をバチカンやカトリック教会のネットワークを利用して機能させることであった。

リグッティ神父はローマ郊外に農民の子として生まれるが、聖職者になるための勉強を始め、一九一二年に親戚を頼って米国のアイオワ州に移民した。同州ダベンポート、メリーランド州ボルチモアの神学校で学問をおさめて一九一七年に神父となり、シカゴ大学やコロンビア大学で古典学やラテン語の教鞭を取っていた。しかし一九二〇年、農村部での聖職者不足からアイオワ州の農村部の教区を任され、二四年にカトリックの農村組織である全米カトリック農村生活会議(NCRLC)のメンバーとなった。ニューディール政策の一環として、都市や炭鉱の労働者たちの失業問題解決のため一九三〇年に導入された、農村部への労働者の再移住政策、サブシスタンス・ホームステッド(独立自営農支援機構:Subsistence Homesteads Division Project)を任された[56]。この政策によって再移住した労働者は農業によって生計を立てることに成功し、それはエレノア・ルーズベルト大統領夫人が視察に来るほどの成功例となった。カトリック関係のメディアも大いに広報したので、こうした活動に関与する若いカトリック聖職者を増やし、彼自身も一九三七年にNCRLCの議長となって、組織の規模や活動範囲の拡大に尽力した。実際の農業の生産力の増大や近代化などの物理的な支援だけでなく、農村生活に関わる文学や文芸活動の奨励などで、農村における識字率や教育レベルの向上を図り、農村生活とカトリックを中心とするキリスト教信仰の密接性を強調した。後の第二バチカン公会議で採用された信者たちの農業労働や農村生活に関わる記述に影響を与えたとされる。リグッティ神父は農村生活向上のカリスマ的な存在となり、全米あるいは欧州で、農村生活の重要性を説く講演を行い、その内容は冷戦期の反共産主義的な政治的ニュアンスも含んでいた。彼はこれらの講演会で「貧困家庭がもし乳牛の持主になったら、共産主義を裏庭に打ち捨てるだろう」と述べた。

リグッティ神父は、戦中は難民や移民を中心に農村での農業支援を行い、戦後は特に欧州で戦時中に被害を受けた食料難の国々への援助を呼びかけていた。それまでの米国での活動実績と合わせて、バチカンのFAO駐在代表として適任と評価された。彼の存在はピウス一二世、ヨハネ二三世、パウロ六世と教皇が交代する中で、バチカンのFAOへのコミットメントを維持し続けるために多大な貢献をした。特にパウロ六世はFAOを訪問した初めての教皇となり、これを奨励したのも同神父であった。

ヨハネ・パウロ二世の時代になると、一九九二年にオーストリアの司教であったアロイス・ワグナー(Alois Wagner)が、九九年にはアゴスティーノ・マルケッティ(Agostino Marchetto)がFAOの大使に指名され、バチカンと継続的に近い関係を維持している。現在のFAOは農業だけでなく、水産面でも活発な活動を展開し、聖ペテロが漁師であったこと、キリスト教おいては魚がキリスト教徒を象徴することなどから、漁業は教皇のスピーチにしばしば引用されている。また、水産物に影響を及ぼすとの観点から、プラスチックや排水などによる水質汚染が、環境問題と連動していく(詳しくは第七章)。

一九六〇年代に入り、欧州における大戦後の食糧不安がおさまると、FAOは途上国への援助に力を入れるようになり、一九六二年にリグッティ神父は「国際カトリック農村協会」を設立する。一九七〇年にFAO議長を退くが、その翌年に「アグリ・ミッション」を設立し、亡くなる二年前の一九八一年までこの組織の会長を務めた。アグリ・ミッションの活動は、パウロ六世の回勅「ポプロールム・プログレシオ」に基づいたものであることが明らかにされている[57]。

ＩＬＯの史料に、「アグリ・ミッション」の女性活動家フロータウゼン(Groothuizen)からＩＬＯのジョブリン神父へ送られた、一九七三年一二月一〇日付の書簡が見いだせる。そこには、インド人のボアヴィダ・コティニオ(Boavida Coutinho)神父が「アグリ・ミッション」の評議員に選出されたこと、「アグリ・ミッション」の活動目的や提供する農業技術支援のプログラム、パウロ六世のＦＡＯ訪問において「アグリ・ミッション」が具体的に行った貢献などについて記されている[58]。

第4章 バチカンと世界プロテスタント教会協議会

1 バチカンと諸キリスト教団体

第二バチカン公会議で掲げられたエキュメニカル（教会一致）によって、バチカンはプロテスタント諸教会の国際機関である世界プロテスタント教会協議会（WCC）との関係を強化することになる。本章ではこのWCCとの関係を中心に、バチカンとプロテスタント諸教会や正教会との接近が国際政治に与えた影響について考察する。

第一章で見たように、人類始まって以来、最大の破壊的全面戦争となった第一次世界大戦は、エキュメニカルに消極的であったカトリック教会やバチカンが立場を一気に変更し、その理念としての「人道主義」に関与せざるを得ない状況に直面させた。それには時代性と共にベネディクト一五世自身の信念の影響もあった。共産主義が台頭し、これと対立するファシズムと手を結ぶ道を選んだバチカンは、エキュメニカルを本格的に推進する機会を逸していた。そして第二次世界大戦後、冷戦の緊張が高まる中で、ようやくエキュメニカルに本格的に取り組むチャンスが再び訪れた。時代背景もさることながら、教皇ヨハネ二三世の登場である。

ヨハネ二三世は前章で述べたように、戦前ブルガリアに赴任し正教会との交流や交渉を行った経験から、第二バチカン公会議を通じて本格的にエキュメニカルな活動に乗り出す。その一環として正教会との和解を模索し、コミュニケーションを図っていた。これには宗教的・神学的な意味や意義もあるが、冷戦という国際情勢の文脈で理解する必要がある。

WCCは基本的に英国国教会やその米国版である米国聖教会、そのほか、プロテスタント教会、長老派の様なカルヴァン派、ルーテル教会の様なルター派、メソジスト、バプティスト（洗礼派）など、その他多くの教会を内包しており、バチカンのエキュメニカルな活動にとって最も重要な国際機関である。WCCの成員であるこれらの諸教会は、国別や地域別に発展をしてきたので、世界各地に存在にしていた。そのためプロテスタント教会をまとめて組織されたWCCは、世界一二〇ヵ国の三四〇近い教派によって形成されている。

クエーカーは、プロテスタントの一派だが霊的な救いを唱える（一七、八世紀においては異端とされた）ことから、WCCの正式メンバーでないが密な連絡関係にあった。二〇世紀以降はクエーカーも国際的な活動にも関与していることから、その詳細は本章の終りで詳しく述べることとする。クエーカー以外でも、新興宗教系では老舗とも言えるモルモン教や、戦後誕生した新興宗教でカルト系や自己啓発的なもの、例えばサイエントロジーなどはメンバーではない[1]。

WCCの起源は、エキュメニカル運動の過程で行われた一九一〇年のエジンバラ宣教会議である。本来は一九三七年に設立予定であったが、第二次大戦による頓挫を経て、一九四八年八月二三日に正式に設立された。一四七の宗派から参加があり、当初の活動拠点はオランダであったが、国連人権委員会をはじめとする多くの国際機関がジュネーブにあることから、まもなく活動拠点をジュネーブに移し、アパルトヘイト撤廃に向けた運動などの実績をあげてきた。国連の人権理事会では最大のＮＧＯとしての扱いを受けているが、ただしバチカンの様に正規の「構成国」ではない。

ロシア正教を含む正教会や東方教会全体がＷＣＣの正規メンバーになったのは、冷戦終結後の一九九〇年であるが、創立当初からＷＣＣは正教会や東方教会を排除しない姿勢を貫いてきた。第二バチカン公会議に先立って、教皇ヨハネ二三世は正教会のリーダーと会見するなど和解につとめた。一九五九年九月一八日、教皇の特使がカトリック代表団として極秘にギリシアのロードス島に派遣された。教皇とギリシア正教会の代表であるコンスタンチノープル総主教エミリアン・ティミアディス（Emilian Timiadis）がジュネーブのＷＣＣで会見することについて、正教会側と話し合うためであった。交渉が妥結すると、米国のプロテスタント諸教会はこれを歓迎し、米大統領アイゼンハワーとソ連書記長フルシチョフの会見の前段階として好ましいと述べた。米国のロシア正教会の協会などもこれを積極的に評価している[2]。

正教会とカトリックの対話はアメリカ大陸でも活発に行われ、その詳細は一九五九年一一月六日にバチカンに報告されている。

米国フィラデルフィア大学の神学教授が、正教会とカトリック教会の神学的な歩み寄りの研究を進めており、歴史的な見地からは七〇〇年前の両教会の分裂前の時代に遡って和解することは可能だとした。しかし神学的な見地からは三位一体を認めていない正教会と、三位一体を基本原理とするカトリック教会の和解の困難は否定できないとも述べている。これにはディモン（Dumont）神父の貢献などが言われる。

教皇の一九五九年の回勅「アド・ペトリ・カセドラム（Ad Petri Cathedram：聖ペトロの聖座）」にはエキュメニカルへの意思が表明されており、所属は正教会や東方教会でありながら典礼方法はカトリック式である、東方典礼カトリック教会などを仲介にすれば、いずれ両教会のエキュメニカルは可能であると教皇は考えていた。米国のキリスト教系雑誌「福音プレス・サービス」に正教会の聖職者の手記が掲載され、それは教皇の姿勢を高く評価し、プロテスタント、英国国教会、カトリック、正教会、これらが一緒になることは可能であると主張するものであった[3]。

一九六一年、ニューデリーで開催されたWCC世界大会には期待が集まった。エルサレムをめぐるイスラエル・パレスティナ紛争には、イスラムとユダヤだけでなく、キリスト教会も関わることから、キリスト教会・教派を問わず共に連帯することが求められたからである。

第二バチカン公会議開催の直前、一九六二年八月一日のバチカン公式新聞「オッセルバトーレ・ロマーノ」掲載の記事には、ジュネーブでエチオピア皇帝ハイレ・セラシエ一世と教皇が会見する準備についての記述があり、六三年一月には実際に会見が実現した。エチオピアの国教は正教会系ではあるが、東方諸教会の非カルケドン派に分類されており、バチカンには正式なキリスト教会とは認められていなかった。しかし、教皇は配慮を怠らかなった[4]。皇帝ハイレ・セラシエ一世と言えば、汎アフリカ主義などの黒人運動に影響を与え、特にジャマイカでは黒人の皇帝として彼を崇めるラスタフェリアンを生み出した。この運動はエチオピア、ジャマイカ、そして南アでの反アパルトヘイト運動へのトランスナショナルな連帯を生み出したこともあり、WCCの観点からは皇帝と教皇の会見は意味があると見なされた。

一九六四年一月、カトリックだけでなく東方教会の聖地でもあるエルサレムで、教皇とギリシア正教会のトップ、コンスタンチノープル総主教との会見が行われた。しかし、この時点ではまだロシア正教会は和解の流れの外に置かれていた。この会見については、ロシア正教会系の新聞などでも、同年一月七日付けで報道されたが、幾つかの共産主義国では報道に規制がかかっていた。ロシア正教会はこれに反対しないし、良好な関係であることを示し、この歴史的な会見はあくまでも非公式なものであることを強調している。基本的にモスクワのロシア正教会はこの会見について言及することはなかった。

六四年一月七日の報道を受けて、米国のプロテスタント諸宗派及びニューヨーク、つまり国連本部でも教皇と正教会の諸リーダーとの会見のニュースを歓迎する動きがあった。翌月にはルター派の牧師カール・マルシュ(Carl Malsch)が、教皇の聖地エルサレム訪問時に世界中のキリスト教会の代表、つまり国教会、ルター派、ギリシア正教、コプト、シリアやエチオピア正教会の代表たちが「会見」に参加した様子を報告している。それによれば、多くの人たちに囲まれて熱気に包まれ、人々は教皇万歳と声援を送った。イスラム教徒も歓迎ムードであったという。

こうした流れを受けてキリスト教系雑誌「Unitas(ユニタス)」の一九五九年秋号には、冷戦の最前線である西ドイツで、東側や共産主義に対抗するために、カトリック教会とルター派教会の間でエキュメニカルな対話が始まったことを論じる論文が掲載されている。同論文には、エチオピアでもエジプトのエチオピア教会とコプト教会の和解、それをカトリックとの和解に繋げる動きがあることが記されている[5]。カトリックとルター派の歩み寄りについては、米国でも同様の動きがあり、バチカンはそれを奨励するために一九六五年四月と八月にストラスブルグでカトリック教会とルター派教会の共同会合を開いた。この会合は八二年まで継続的に行われることになる。

同じ時期、カトリックと国教会の間でも対話が行われている。一九六七年一月九〜一三日に両者の対話が行われたことを、リポン(Ripon)の司教がバチカンに報告している。同報告は他にもプロテスタント同士、例えばルター派と聖教会や国教会などの間のエキュメニカルについても言及している。一連の動きは徐々に進展し、一九八一年九月には、国教会と旧大英帝国の宣教ネットワークを通じて、プロテスタントのあらゆる宗派、そしてカトリックとのエキュメニカルがかなりのレベルまで達成されたと、国教会からWCCに報告があがるまでに至る。

ここで、第二バチカン公会議で唱えられたエキュメニズムとは何であったかを確認するため、一九六四年一一月の本会議の第五公開会議の中で行われた「エキュメニズムに関する教令」の概要を見てみよう。

教会はキリストの体であり、信徒はその体の肢体であり、それぞれが多様な動きをしても体は一つであり、信徒は相互に他者を尊重しなければならない。この考えに基づいた全てのキリスト教者とキリスト教会の一致を唱えるのがエキュメニズムということになる。

ゆえに、分かれた兄弟、つまり正教会やプロテスタント教会などとの和解が必要なのであり、これを実践するためにはカトリック教会側の改革や刷新が必要であると説いている。これ以前にも他の教派との歩み寄りがなかったわけではないが、カトリック教会側からの本格的な歩み寄りや摺り合わせの努力は本公会議によって開始されたと見て良い。それは教理に関わることから、教育や研究などの具体的実践におよんだ。まずローマ帝国の分裂に遡る、一〇〇〇年前の東方教会や正教会など、東方の総主教座との断絶を解消し、彼らの典礼や霊性、伝統、固有の規律を理解し尊重すること、そして聖書の研究やキリスト教的生活によってプロテスタント諸教会との相互理解に発展させることとなった[6]。

こうしたエキュメニカル運動は実はプロテスタント教会側によって一九世紀から推進されており、バチカンはこれに対して冷淡な態度を取ってきたが、こうした従来の姿勢を転換し、本公会議の準備段階でベア枢機卿率いる「教会一致推進評議会」が設置され、この組織を通じてプロテスタント教会のカール・バルトや、WCCとの積極的なやり取りが実現したのである。プロテスタント側からのエキュメニカルについては後述する。

こうしたバチカンにおける組織や教義の現代化や刷新は容易に行われたわけではない。すでに見た様に、保守派は公会議の開催そのものに抵抗し、開催後もその内容を教会内の課題に限定しようとした。教皇は一九六二年九月のスピーチでその問題に触れ、教会の「内への生命力」と「外への生命力」という表現を用いた上、後者に基づいて諸国の平等、社会的責任、途上国の問題、信仰の自由、国際関係と平和を公会議の議題としたのである[7]。つまり「外への生命力」がなければ、西欧諸国中心主義からの脱却や、国連など国際機関との直接的な関わりも実現しなかったことになる。

2　国連加盟をめぐる論争――「聖座」の国際法上の位置づけ

第二バチカン公会議によってカトリックとプロテスタントはエキュメニカルの理念による和解を果たし、国連やその他の国際機関の活動を通じて協力関係が構築されるようになる。しかしその前段では、プロテスタント教会の団体であるWCCは、バチカンの国連加盟をめぐって批判的な論を展開していた。

すでに見たように、バチカンは一九六四年に国連のメンバーとなるが、これをめぐっては一九五八年あたりからWCC内の「教会国際問題委員会（CCIA：Commission of the Churches on International Affairs）」から疑問が呈され、WCCの史料にも多くの記述が残されている。バチカンは、FAOには一九四九年にパーマネント・オブザーバーとして、五〇年からは正式メンバーとして参加している。UNESCOには五二年から参加しているが、非会員のオブザーバントという位置づけで、他のNGOなどと同様のステイタスであった。

国連においても、バチカンに「一国」としての地位を与えるべきかどうか疑問が挙がった。それは例えばマルタ騎士団にはそうした地位が与えられていなかったからである。WCCに与えられている地位も、NGOステイタスに過ぎなかったことから、これと同様の地位で十分ではないか、実際UNESCOではこの地位である、といった意見があった。バチカンの正式加盟をめぐってはこの様な議論が展開された[8]。

これに対しては、国連の経済社会理事会、また難民問題についても大きな役割を果たしうるとの反論があった。前章で取り上げたように、元々バチカンが関与していたIROが、一九五一年一二月から難民問題で国連との協力を開始し、パレスティナ問題が深刻化した一九五二年には、国連のUNHCRに吸収されるという経緯があったからである。

一九五八年一〇月二〇日、イエズス会の修道士リバート・グレアムは「バチカンの政府間組織、国際機関としての役割」という論考で、バチカンと国連の関係を、外交団・組織としてのバチカンの台頭や、世俗権と宗教権の問題、領土権不在であるがゆえの国際法上の位置付け、治外法権などの側面から論じている。

それによると「ビスマルクは、カトリック国であるオーストリアに対抗するため、バチカン主権回復前からドイツの領事権をバチカン内に回復していた。オランダの様なプロテスタント国は、バチカンの世俗権と宗教権は分離されるべきだとして、外交関係を拒否したが、ベルギーはカトリックの権利保護や中立性維持のためにバチカンとの関係を維持した。ラテン・アメリカ諸国もまた、教皇大使を通じてバチカンとの国交を維持した。近代的な国際法によると、バチカンは領土喪失に伴い主権を失ったとされるが、世界中のカトリック信者に対する「主権」を有していると言える。一八七〇年以降にバチカンと国交を持つということは、教皇の宗教的権限を承認することを意味する」というのである。

聖座（Holy See）とは、カトリック教会の支配者としての主権（Sovereign Pontiff）を意味し、さらにこの権威は首位権であり不可謬性があるという含意もあった。

グレアムの主張によると、教皇の不可謬性の問題は、これを宣言したピウス九世以来、教皇の首位権をめぐって反発や批判もあることから、用語の使用には特に非信者に対して慎重さが求められもののの、この表現以外に相応しい用語も見つからないという主張であった。

戦後バチカンが関与するようになった国際機関には、万国郵便連合（UPU）、国際テレコミニケーション機構（ITU）、FAO、UNESCOなどであるが、国連の難民高等弁務官事務所の最高委員会に招待され成員となったのは、バチカン市国としてではなく、聖座としてである筈だとグレアムは主張する。

難民問題へのコミットは、世界中のカトリック教会へのネットワークや、カトリック系NGOとの繋がりを持つ、まさに政府間組織としての有用性ゆえであり、バチカンをモナコ公国やサン・マリノと同様に扱うべきではない。バチカンは、国連の非加盟国であったが、一九五一年に国連の「難民の地位に関する条約」に調印し、実質上「政府間組織」としてのステイタスを得ている。しかし単なる宗教機関とするなら、なぜ他の宗教組織は国連のメンバーではないのかという疑問を投げかけられるだろう。国家ではなく、たとえばUPUの様な位置づけと同じなのではないかと分析している[9]。

一九五八年一一月三日、カリージョ・デ・アルボルノス(Carrillo de Albornoz)は、一九二九年のラテラノ条約に立ち返ってバチカンの主権や国際法上の地位について考察している。それによると、ラテラノ条約でムッソリーニは教皇を世俗的な君主として認めたくなかったが、最終的には両者の間に妥協が成立した。ムッソリーニは教皇の宗教権、すなわち国民の殆どがカトリックであることから、カトリック教会の支配者としての教皇と「同盟」を結ぶことで、自らを権威付けすることが狙いだったからである。しかし最終的には世界一小さい一〇一エーカーの領土を持つ、世俗の君主としての地位も認めることになる。

周知の様に国連では、政府と非政府の違いをはっきりと分けている。ゆえにバチカンは前者であり、宗教機関ではない。そのためWCCは宗教機関として非政府の属性となる。問題になるのは国連にとって「バチカン」の必要性は、世俗国家としてのバチカン市国ではなく、難民や教育問題で多大なる影響力と組織力を行使しうる宗教的な権威を持つ点である。信者だけでなく多数のカトリック系団体やNGOなどが存在し、それらは国連にとって重要な役割を提供しており、国連そのものは世俗的な組織だとしても、取り組んでいる様々な国際的な問題を解決するためには、宗教的な要因とその組織を必要とし、バチカンの存在によってそれが可能になる。

しかしWCCはバチカンが国連において「特別な地位」を持つことに明らかに不満を持ち、国際法の議論によって「バチカンが国連の正規のメンバー」であることの法的矛盾を主張しようとしている。こうした議論を行うことで、プロテスタント側が行っている単純な「反カトリック」や「反教皇」主義と見なされない様に配慮していると、アルボルノスは主張している[10]。

プロテスタント神学者で牧師のヴィッセル・トホーフトは、このカトリック側の主張には問題点があるとして書き上げた反論を、同じプロテスタントのリチャード・ファグリィ博士(Dr Richard Fagley)と、英国国教会のケネス・グリッブ卿(Sir Kenneth Grubb)[11]に送っている。それに対しファグリィは、一九五八年一一月六日付けでトホーフトに回答を寄せた。

聖座は、恐らく宗教権だけでなく世俗国家のニュアンスも含むので、矛盾ではないと思われる。国連は多機能を備えていて、国連の社会経済理事会においてもNGOがコンサルティング機能を持っている場合もあるので、難民高等弁務官においてバチカンが特別な地位を占めているわけではない。バチカンは国連設立前から存在する国際機構UPNとITUのメンバーで、これらを引き継いでおり、UNESCOではすでにパーマネント・オブザーバントとして正規メンバーの地位に昇格している。FAOでも同様で、国連はこれらに追従するつもりであろう。国連の理事会はバチカンの国家としての主権を承認・認識し、カトリック教会の集合体として見なすのであれば、あくまでNGOステイタスである。宗教的組織が特別エージェンシーとして諮問委員会に入ることは排除しないので、この点でカトリックとプロテスタントを差別しているわけではない。

同年一一月一一日にも、聖座という表現についての疑問が再度提示された。それによると、教皇をそのまま国家名にしている様で、英国を「エリザベス二世国」と呼ぶような表現は受け入れ難いとの批判も出てきた。前出のアルボルノスは、国連が求めているのは、教皇が持つ難民問題をはじめとする諸国際問題を解決しうる影響力であるので、これについて責任を持つべきであると述べている[12]。

これに対して一九五九年九月二三日にWCC内では穏健派に属するウルリッヒ・ショイナー(Ulrich

Scheuner)[13]が、聖座の表記には国際法上問題があるのではないかという指摘を行っている。一八一四〜五年のウィーン会議後、プロテスタント国家であるオランダはバチカンと正式な外交関係を結び、ドイツの諸国家は特別法の適用によって教会法と各国の世俗法を調和させたという歴史的な経緯があった。だからこそドイツが、カトリック国家であるスペインとの仲介をバチカンに求めることが出来たのである。教会法が部分的にではあれ、ラテラノ条約以降も有効であるなら、国連がバチカンを聖座と認めることで、教会法が認識され、教会法が国際法に優越することになるのではないかとの懸念を示したのである。

ニューヨークのWCC内にオフィスがあるCCIAでも延々と議論が繰り返された。バチカン国務長官のタルディーニ枢機卿はCCIAとのやり取りと通じて、WCC内のプロテスタント強硬派がバチカンの国連への正式加盟に批判的な意見を述べるのではないかと警戒していた。タルディーニは、国連は世俗的な組織ではあるが、その活動におけるキリスト教的な価値観や規範の維持を望むのであれば、WCCもバチカンとのコミュニケーションを通じて影響を発揮しうると主張した。プロテスタント強硬派と異なり、両者はどちらも徹底した世俗主義を望んでいるわけではないので、そのためにはショイナーとタルディーニの間に合意が形成されるように、WCCも努力すべきだというのである。一九五九年一〇月一三日付けの書簡では、「援助」をめぐってカトリック教会とプロテスタント教会の競合・競争関係を避け、効果的な援助を行うためにも、そしてこうした国際的な活動を可能にするためにも、エキュメニカルの推進が不可欠であると、主張されている[14]。

WCCに宛てた一九六二年一二月一八日付けのファグリィの報告によると、一九五四年頃から開始された難民問題での国連との協力は、当時よりカトリック教会としての行為であり、バチカン市国として行われたものではなかった。しかし五八年の夏ごろから国連は宗教機関を国連の正式な成員とすることは出来ないゆえにバチカン市国としての加盟を認め、ただし名称の問題についてはバチカンに選択を委ねると述べた。したがってカトリック教会というステイタスで国連の成員となることに、WCCとして不満はあるものの、それを受け入れるしかなく、結局、エキュメニカルを推進することで妥協を模索することで決着することとなった[15]。

一九六二年に国連人権理事会で人権憲章が成立し、その一八条には信仰の自由や宗教に対する差別の禁止、寛容さの重要性が盛り込まれた。バチカンの存在は、国連の主要メンバーに人権と信仰の自由という枠組みで認められる。こうした議論は、冷戦下においてソ連や東欧、また共産主義国では信仰の自由が認められず、キリスト教をはじめとする様々な宗教、特にカトリックが弾圧されている現状ゆえに、反対勢力を説得しやすいという状況を作り出した。さらに信仰の自由は、一九四八年の世界人権宣言とも調和していた。

3 エキュメニカル活動の「政治的」な意義

バチカンが、WCCとのエキュメニカル活動に本格的に乗り出すには、共産主義と徹底的に対峙したピウス一二世の死去と、リベラルな教皇ヨハネ二三世の就任を待たなければならなかった。ヨハネ二三世は就任するや否や、第二バチカン公会議を企画し、その内容にエキュメニカルの理念を盛り込んだ。エキュメニカルを推進することは、宗教的にも政治的にもバチカンにとって、また世界にとって大きなメリットがあると考えていたからである。それを実現するため、一九六〇年六月、バチカン内にエキュメニカル専門のオフィス「教会一致推進評議会」を創り、ここにドイツ国籍のベア枢機卿を就任させ、WCCとの直接的なリエゾン役を担わせることとなった。WCCはプロテスタント諸教会の組織であるが、すでに述べた様にいち早く東方教会とのエキュメニカルを推進していた。ベア枢機卿が長官となった教会一致推進評議会に対してWCC

側は「信仰と職制委員会」が窓口となり、互いに密接な関係構築が本格的に開始された。第二バチカン公会議の準備段階において、ベア枢機卿はその第二会期の重要課題を

① カトリックのエキュメニズムの諸原理について
② エキュメニズムの実践
③ カトリック教会から分裂した東方諸教会への特別の考察、プロテスタント諸教会について
④ 非キリスト教徒、特にユダヤ教徒に対するカトリック信者の態度
⑤ 信仰の自由

としており、自身は特に③の項目についてＷＣＣとのリエゾンによって実現する任務を与えられることになる[16]。

エキュメニカル運動とは元々二〇世紀の初めからプロテスタント教会が取り組んできたものである。すでに述べたように、ＷＣＣの起源は一九一〇年のエジンバラ宣教会議であり、万国基督教宣教師大会とも訳される。日本からも明治学院大学設立に関わったウィリアム・インブリー、井深梶之助、また青山学院大学設立に関わり、日本メソジスト教会の長だった本多庸一なども参加した。東京女子大学の設立もこの宣言に基づくなど、日本のプロテスタント教会や教育機関とも縁が深い[17]。

プロテスタント教会と東方正教会の間のエキュメニカル運動、つまり教会一致を目指した和解運動は五〇年以上先行していたことから、プロテスタント教会が、後発的に参入したバチカンのエキュメニカル運動に当初好意的でなかったのは当然のことであった。

プロテスタント教会が主導してきたエキュメニカル運動は、英米やオランダ、ドイツなど、いわゆるプロ

テスタント諸国が主導してきたのであり、バチカンが教皇の交代によって突如、エキュメニカルに邁進してもWCCが戸惑うことも予想された。バチカンは、一九五四年までカトリック聖職者や信者が、プロテスタントであるWCCの会合や礼拝に参加することすら実質上禁じていた。わずか五年前まで、プロテスタント教会と交流する気さえないと受け取られても仕方ない状態にあったバチカンの、あまりに急速な変化に、プロテスタント側も対応を検討する必要があった。

一九四八〜六六年にWCCの事務総長を務めたヴィッセル・トホーフトは、オランダ改革派教会などを通じて、長年にわたりエキュメニカルに取り組んできた。彼の活動は、戦前から戦間期のキリスト教青年会（YMCA：Young Men's Christian Associate）に遡り、世界キリスト教学生連盟（WSCF）の長も歴任した。WCCのルーツとなる活動に戦前から深く関与し、戦中は反ナチスのレジスタンス運動にも参加した。座右の銘は「Ut Omnes Unum Sint（神なる父の下にひとつである）」であり、これはヨハネによる福音書第一七章二〇節の「神なる父よ、あなたが私のうちにいる、私があなたのうちにいるように、全ての人が私の中にいて、ひとつになるようにして下さい。そうすれば、世界は、あなたが私も遣わしたと信じるようになります」から来ている。まさに教会一致をかかげていると言えよう。WSCFのジュネーブ支部で発行するジャーナルの編集長として活躍中の一九三八年、正式に設立される前のWCCの指導的な役割に抜擢された。またYMCA活動を通じ同団体の米国の指導者で、エジンバラ宣教会議の議長、後にノーベル平和賞を受賞するジョン・モット（John R Mott）と深い親交を結んだ。社会的福音運動に強い関心を持ち、このテーマで博士論文をライデン大学に提出している[18]。

トホーフトのこうした経歴からは、社会運動家という側面と、エキュメニズム神学についてプロテスタント側からの深い造詣を持つことが分かる。したがってバチカン側もこれに匹敵する人物をカウンターパートに選ぶ必要があった。ここで教皇に抜擢されたのがベア枢機卿だったのである。ベアは教会一致推進評議会の設立前にミラノのイエズス会ハウスでトホーフトと出会っており、その後、二人は一九六四年の重要な会議でも、ジョン・モット、チャールズ・ブラント(Charles Henry Brent)、ナータン・セーデルブロム(Nathan Soderblom)、ジョセフ・オールドマン(Joseph Houldsworth Oldham)などと共に、エキュメニカルの推進について議論を深めることになる[19]。また一九六五年二月二七日には、フランスのプロテスタント教会の神学者であるマーク・ボクナー(Marc Boegner)とトホーフトとベア枢機卿がWCCで会合を持ち、六人のカトリックと八人のWCCメンバーから成る委員会を設立して、神学的な議論だけでなく国際的・社会的な問題について話し合い、エキュメニカルを深めることに同意した。プロテスタント神学の巨匠だが、バチカン側からのエキュメニカルに理解を示し、ヨハネ二三世を「最高のプロテスタント神学者」と評価したカール・バルトの存在は、ベア枢機卿にとって心強い味方だった[20]。

ベア枢機卿は、ドイツ出身のイエズス会士で、第二バチカン公会議ではカトリック以外のキリスト教会の聖職者や責任者を招聘する役割を担い、キリスト教会全体の一体化を目指した教皇ヨハネ二三世に抜擢された。英米での活動にも力を入れており英国国教会の司教と会見、また米国ではハーバード大学の神学部で講演し、四五〇〇人の聴衆が集まった。ボストンではカトリックの大司教クッシングと会い、その教区の信者や聖職者たちと親交を深めると共に、ニューヨークでもエキュメニカルについての講演を行った。バチカン内に置かれ神学教育の最高峰であるグレゴリアン大学で神学を研究し、実に三〇〇もの論文を書いているベア枢機卿は、ヨハネ二三世が教皇になるまでは学問の世界に没頭しており、政治的な役割を担うとは思わなかったというが、第二バチカン公会議の準備期間にリベラル派の神学者として登用されることとなったのである[21]。

一九六五年からベア枢機卿を介したWCCとバチカンのエキュメニカルな活動が開始された。彼はWCCを通じたプロテスタント教会との関係強化だけでなく、正教会との関係改善、そしてユダヤ教徒との和解のためのリエゾン役となったのである。

こうしてＷＣＣ側代表のヴィッセル・トホーフトとカトリック側の代表ベア枢機卿の間に培われた宗教的・人的に密接な関係を通じ、両教会のエキュメニカル運動は大幅な進展を見ることになる。残念ながらベア枢機卿は登用された際、すでに七八歳という高齢で約三年後の一九六八年に死去する。

一九七五年、ヴィッセル・トホーフトにベア枢機卿の功績を称えて創設された「ベア枢機卿賞」が贈られるが、その準備や誰を招待するかなどをめぐっては議論があったようである。オランダのエキュメニカルな財団「ヒューマン・ファンデーション(Humanum Foundation)」がスポンサーとなり、賞自体はＷＣＣの本部が置かれているスイス政府から授与されることとなった。ヴィッセル・トホーフトはＷＣＣの設立に大きく貢献して、長年事務総長を務め、七五歳でこの職を退くが、諸プロテスタント教会をまとめただけでなく、ベア枢機卿と共にプロテスタントとカトリックとの関係を改善・接近させ、またユダヤ教やイスラム教との調和も図った功績が認められての受賞であった。トホーフトは、ベア枢機卿以外にも、自身と同じオランダ人であるヨハネス・ウィレブランド(Johannes Willebrands)枢機卿とも、戦前の反ナチ運動を一緒にスイスで行っていた縁で親しくしており、プロテスタントがカトリックと真の意味で和解する過程に大きく貢献した。

こうした経歴からウィレブランド枢機卿も、エキュメニカルには強い関心を持ち、第二バチカン公会議ではベア枢機卿の下で、カトリックと英国教会とロシア正教会のエキュメニカル推進に貢献すると共に、ベア枢機卿の死去後はユトレヒトの大司教として戦後オランダのエキュメニカルに貢献した[22]。

こうした宗教的なカトリックとプロテスタントの接近は国際政治にも影響をもたらし[23]、例えば一九六八年の「核兵器時代の平和を訴える人権年」や、同年五月二九日にナイジェリア紛争に国際社会が介入するきっかけとなった。また、ＷＣＣが唱えるコイノニア(Koinoia)活動においては、宗教的・文化的な多元主義による共同体の形成で摩擦や紛争を解決すること、そして経済的な側面での支援などが提唱された。これはプロテスタントが唱えるコミュニティ論であり、カトリックで言うところの、補完性原則(Subsidiarity)にあたる。よく知られるように政治学や社会哲学では自治権やコミュニティ論、中間団体論、労働組合論などの重要な概念とされてきた。

4 バチカンと正教会、プロテスタント教会

これまで見てきたようにプロテスタント教会とカトリック教会のエキュメニカルも重要であったが、バチカンにとって最も重要であったのは、東西冷戦を意識した正教会との和解であった。WCCが設立当初から正教会との和解を推進しており、バチカンがWCCに接近したのも、これが大きな目的の一つであった。WCCの一部には、バチカンが自分たちを利用して正教会に近づき、いわば「乗っ取る」のではないかという疑念を抱く者さえ存在した。ヨハネ二三世は、それを否定するために、バチカンはレオ一三世の時代、つまり一九世紀末から、すでに正教会との和解を模索していたと主張した。一九一七年のロシア革命勃発で、ロシア正教会との和解は遠のいたが、ヨハネ二三世は戦前の任地であったブルガリアで正教会とのエキュメニカル活動を行っており、正教会との和解においてWCCとの協力が不可欠であることを説いていた。

これが一九六二年に召集された第二バチカン公会議のあらましである。公会議には世界中のカトリックの大司教などの聖職者が集ったが、プロテスタントや正教会をはじめ、八五の国および国際機関の特別使節もオブザーバーとして参加した。これにはソ連も参加している。ただし、国家としてではなく、国連の常任理事国としての参加であった。冷戦時代、米ソの対立が深化する中、国連はこの二国間の「代理戦争」が行われた中東やアジア・アフリカ地域で自身の役割を見出していくが、大国同士の直接的な利害調整については

安保理の機能不全により、むしろ国連の役割は低下した。これを代わるわけではないが、バチカンは国連との関係を強化することで、米ソの仲介を目指した。

正教会と一口に言っても、一五ほどのセクトが存在し、その中で細かくヒエラルキーが決まっており、場合によってはライバル関係にある教会も存在した。だとすれば、まず最も権威の高い正教会と和解するのが、バチカンにとっては得策であり、そうすることによって他の正教会との対話や和解がスムーズになる。主たる正教会のうち、ギリシア正教会とロシア正教会ではコンスタンチノープルがモスクワより権威が高いとされたことから、バチカンはロシア正教よりギリシア正教会との和解を優先した。

一九六五年、第二バチカン公会議の閉会式は、創立二〇周年を迎えるニューヨークの国連本部で行われた。その席上、教皇パウロ六世はギリシア正教会総主教と一〇〇〇年ぶりの相互破門解除を行った。正教会の総主教とは、コンスタンチノープル(現イスタブール)総主教である。東ローマ帝国はムスリムのオスマン帝国に一四五三年に滅ぼされたが、正教会の正当性はその後も維持された。オスマン帝国内で諸東方教会を統括する総主教は、非ムスリムを保護するミレット制の下で存続し、ギリシア内のギリシア正教徒も統括していた。

正教会が、ロシア、ウクライナ、セルビア、ルーマニア、ブルガリアと、国別に発展したのは一九世紀になってからであり、その歴史が短いこともあって、遥かに長い歴史を持つコンスタンチノープル総主教の最高権が主張される。ただし、バチカンの様にローマ教皇をトップとする中央集権的な組織としての統治権や裁治権を持つわけではない。

第一次世界大戦後のローザンヌ条約によってトルコ領土内のギリシア正教徒は、トルコが政教分離を徹底したためギリシア領土内に移住する。その権威は「第二のローマ」であるコンスタンチノープル総主教の地位によって維持されている。一方、モスクワは「第三のローマ」であり、ゆえにロシア正教会総主教の実質的な地位はギリシア正教より低いとされる。冷戦においてはモスクワだけでなく、ギリシアもその最前線にあったことは地政学的な見地から説明可能であり[24]、バチカンが和解すべき優先順位は当然第二のローマ、第三のローマの順になった。結果的に、モスクワのロシア正教とバチカンの和解は二〇一六年の二月を待たなければならなかった[25]。

一九七二年二月、ギリシア正教会のコンスタンチノープル総主教にディミトリオス一世が選出されるとバチカンは祝福を送った。その後、一九七九年一一月にはヨハネ・パウロ二世が史上初の共同ミサを行い、「カトリック・オーソドックス合同神学委員会」を発足させた。当時九億人のカトリックと、共産圏や移民で南北アメリカやオーストラリアに散らばる正教会信徒四億人の統合を図ったのである。ソ連や東側諸国には正教会徒が多数おり、ソ連体制は一旦ロシア正教を弾圧したものの、まもなく正教会を制御下に置くことで妥協を図った。そのためカトリック教会と正教会のコミュニケーションは、西側諸国がアクセス権を持たなかった東側諸国について、情報収集ばかりでなく、国連機関が機能不全に陥らないための重要な手段であった。

正教会は三位一体説を取らないが、マリア信仰に関してはカトリック教会と同じ考えを共有し、マリア信仰を否定するプロテスタントより、むしろ無理なく聖体拝授など共に典礼を行う「相互聖餐」も可能であり、接近した関係を構築している。聖像崇拝を否定するプロテスタントと異なり、正教会ではイコノグラフィーとして、聖母像や聖人像を崇拝することでもカトリックと共通性があった。

プロテスタント教会は多数の教会に分かれているので、バチカンの様にカトリック教会を総括する組織がない。WCCはそれを目指そうとしているが、カトリックや正教会の様にヒエラルキーによる上下関係ではなく平等主義によるフラットな組織を形成している。二〇一七年時点で、三四八の教会から構成され、人口数にして約五億人と言われる。組織論的には長い歴史を持ちヒエラルキー制度がある方が上手く機能し、フラットであることは、より民主的で理念としては素晴らしいものの、実際には組織運営上、多くの問題に直面していることは否めない。ＷＣＣは機能していない、失敗であったという批判の声もしばしば聞かれる。またバチカンはＷＣＣとの関係を構築することで、ＷＣＣが取り組んできた様々な活動から多くのメリットを享受することが出来た。

しかし第二バチカン公会議以降、カトリック教会と正教会の協力で「合同研究委員会」が誕生し、年二回の会合が行われている。近年では、二〇一七年九月にフランシスコ教皇との会合が持たれ、二〇一八年一〇月二七日にはエキュメニカル国連オフィス（ＥＵＮＯ）に、ＷＣＣのメンバーである米国改革派教会の牧師ダグラス・レナード（Leonard）が就任したとのニュースが報じられている[26]。ＷＣＣの国際貢献活動は国際機関において高い評価を得るに至っており、国教会の聖職者であるツツ大司教による南アフリカのアパルトヘイト撤廃は一九八四年度のノーベル平和賞を、またＷＣＣ自体も二〇一七年に、核兵器廃絶国際キャンペーンの提携ＮＧＯとして同賞を受賞している。また気候温暖化問題ではバチカンと全面的な協力関係にある。バチカンの環境問題への取り組みについては第七章で詳述したい。

5　コイノニアによる紛争解決とグローバル・ガバナンス

冷戦終結後の一九九五年、バチカンとロシア正教会とのエキュメニカルはさらに進行することになる。同年九月にカイロで開催された人口や経済問題についての国際会議に、バチカンはＷＣＣとそのメンバーであるロシア正教会と共に参加した。この時期、ロシア正教会は正式にＷＣＣの成員となったばかりであった。この会議でバチカンは、グローバル・ガバナンス論について報告を行っている。

このなかで国連設立五〇周年の記念行事についてもバチカンは、ＷＣＣ共に多くの提案をしており、例えば南アのヨハネスブルグのアパルトヘイトの状況や、核実験、ユーゴスラビア紛争についての報告を行う中、暴力克服プログラム（POV）による和平への協力、平和教育、平和構築などについて、WCCのメンバー教会、非メンバー教会も含め、関係団体にこれらの活動への協力を呼びかけている。当時のWCCの所長であったコンラッド・レイザー（Konrad Raiser）は、コンフリクト・レゾリューション（紛争解決）の理論を用い、福音に基づく、暴力と不正義と闘うコイノニア（コミュニオン）運動を形成した。

コイノニアとは、聖書ヨハネの福音書一章の三節に登場する「仲間」や「交流」「言葉」がキイワードとなるギリシア語「Koinonia（共同体）」のことを指し、紛争解決などに応用・援用された。一九九五年九月一四～二二日、シリア正教会総主教がCCIAを招集し、グローバル・ガバナンスのヒューマナイジング・プロジェクトとして、レイザーと共に本会議を開催した。このプロジェクトは後に宗教間対話などのイニシャチブへと発展した。ギリシア語、つまりギリシア正教会の信仰に用いられる言葉から援用したことで、カトリックとプロテスタント、そして正教会とのエキュメカル運動の象徴となり、国際関係論にも使用されるようになる。一九六三年に出版された新アメリカ標準訳の新約聖書でも使用されている[27]。

考古学者のテオドール・モノーを父に持ち、プロテスタント教会からのエキュメニカル運動に尽力したフランスの神学者ウィルフレッド・モノー（Wilfred Monod）は、ニールズ・エーレシュトローム（Nils Ehrestrom）の『エキュメニカル運動の歴史』に寄せた論考の中で、国際連盟の結成には一九二〇年にギリシア正教会が提示したコイノニアの形成概念が深く関わっていると主張した[28]。さらに、宗教においては多元的なアプローチが重要で、ナショナリズムを超えたインター・ナショナリズム、国家内に存在する非国家アクターとしての教会が持つトランスナショナルな役割、エキュメニカルな運動こそグローバル・ガバナンスを形成していると唱えている。資本主義と共産主義のバランスが重要で、行き過ぎた個人主義や歪められた集団主義は誤った道だというのである。

キリスト教人類学という分野を切り拓いたモノーは[29]、ボブ・ハウツワール（Bob Goudzwaard）やハリー・デ・ランゲ（Harry de Lange）が著した『Beyond Poverty and Affluence』にも論考を寄せ、アダム・スミス的な市場経済は認めつつ、なぜ共産主義や社会主義における計画経済と富の平等な再分配が失敗したかを明らかにしようとしている。ロナルド・プレストン（Ronald Preston）は、冷戦後の世界で、市場経済を否定することなくエキュメニカルを推進するため、資本主義と社会主義の間を探った。公共財や持続可能な発展などをキィワードに、貧富の格差を是正する方策や、よりよい社会や世界の在り方を模索してきた[30]。

一九五四年に米国のイリノイ州エヴァストンで開催され、アイゼンハワー大統領が参加して話題を呼んだWCCの世界大会、また一九六六年にジュネーブで行われた会議では、市場経済と国家の対決に陥らないための自助の概念が提示された。一九七五年のナイロビでの世界大会では、インドニューデリーの開発研究所のラジニ・コタリ（Rajni Kothari）により、環境問題やＩＭＦやＧＡＴＴについて再考が行われた。この大会には、当時、国連社会経済理事会の議長を務めていたアースキン・チルダー（Erskine Childers）も参加していた。彼の父親はアイルランド共和国の政党フィアナ・フォイルの政治家、祖父はアイルランド・ナショナリズム運動のリーダーの一人で[31]、彼自身は敬虔なカトリック教徒であった。一九七九年のボストン会議では、エキュメニカルな発展こそが貧困問題を解決し得ると宣言された。

ＷＣＣはソマリアへのＰＫＯの派遣（一九九二年）など、国連の軍事的活動に疑問を投げかけている。和平強化は必要であるが、戦闘地域での軍事介入や軍事行為は、ヒューマンコストだけでなく予算を圧迫するとの理由からである。一九九五年の九月一四～二二日に米国のジョージア州アウグスタ・カナルで行われた会議でも、多国間協調の重要性を説きつつも、米国のイラク戦争に反対する国連の決議（一九九一年）に賛同している。

一方でＩＭＦや世界銀行などの改革によって、これらの経済活動にもっと力を注ぐべきであるとし、難民問題、自然災害対処、子供の権利の擁護など、国連人権理事会設立にも、ＷＣＣはバチカン同様に関与している。ＷＣＣとして正式に設立される一九四八年以前の活動、一九二〇年のジュネーブ会議や一九二五年のストックホルム会議、そして一九三七年に開催されたオックスフォード会議で議論されたＷＣＣの枠組とその精神は、国連が設立される一九四四年に開催されたダーバン・オークス会議での宣言や、その後の国連憲章に受け継がれたと考えられている。

今日までに、ＷＣＣは人権理事会の信仰の自由部門をはじめ、ＦＡＯやＷＴＯといった各専門機関とは世界人権宣言、人種差別反対とアパルトヘイト撤廃、女性の人権、持続可能な経済と社会の発展、子供の人権、食料問題、難民・移民問題、構造的貧困問題への取り組み、教育と識字率上昇活動、選挙管理、環境保護、定住補助、人口問題、人道的危機への対処などの活動において国連と協力してきた[32]。

またＣＣＩＡはＮＧＯ組織を母体とすることから、国連と繋がりのあるＮＧＯ活動および、その他の組織との連携を行ってきた。ＣＣＩＡは、国連に対して批判的な意見を述べる場面もある。肥大して民主的とは言えない官僚制度が、日々変化する国際問題に対応出来なくなったとき、改革の必要を訴えるためである。だからこそ国連はＣＣＩＡ、そしてその上位機関であるＷＣＣへの依存度を高めている。組織の肥大化、非効率化といった問題は、国連だけでなく国際機構全体、場合によってはＮＧＯにすら見られるが、地方、地域、国、国際で多層的な活動が求められる時代にあって、相互協力と依存が不可欠であることは疑い得ない。元々は私的なボランティア活動から出発したＮＧＯが、国際的な活動をより効率よく、国連と協力して行うには実は困難を伴う。資金調達の難しさは、国連において出資額の大きい国の発言力が強いことや、ＩＭＦや世界銀行の活動が本来は多国間協調である筈にもかかわらず、より弱い国への経済的支配といった側面を持ってしまうことからも容易に想像される。

一九九五年三月にコペンハーゲンで行われた国連の世界社会開発サミットでは、国連の活動に、市民社会の切実な要求が生かされていないのではないか、などの問題提議がなされた。軍縮や核不拡散、女性や少数派の権利や人口問題についても言及された。

こうした問題に対処する上でも、国連とWCCの関係を見直し、効率の良いグローバル・ガバナンスの在り方が模索されている。目的の優先順位を明確にして、より多くの人々の声を取り入れるためには圧力団体の存在も重要であろう。CCIAが国連の経済社会理事会において諮問委員という特別な地位にあることで、世界中の地域・地方で活動するNGOと連携し、地域に根差した、つまり人々が求めるものに的確に対応することが可能になるのである。

すでに述べたように、WCCは同じプロテスタントでもキリスト教シオニズムには強く反対する立場で、この点ではバチカンと見解を共有している。しかしバチカンとWCCが完全に合意できない論点に人口問題がある[33]。たとえばバチカンは、エルサレムからキリスト教人口が減ることに懸念を表明しており、一方のWCCはプロテスタントやカトリック、そして東方教会の信者を含むキリスト教徒のプレゼンスの必要性を認めながらも、強制的な入植などには反対している。

WCC公文書館には、ユーゴスラビア紛争への国連安全保障理事会の関与をめぐって、ボスニア＝ヘルツェゴビナでのムスリムへの攻撃はキリスト教徒として恥ずべきであるとする史料が残されている。この内戦ではキリスト教とムスリムの対立だけでなく、キリスト教の教派の違いによる対立も露呈し、まさにエキュメニカルの危機に直面したことから、キリスト教的和解の必要性が再び認識されるに至った。

この様にWCCによるコイノニア活動には、宗教的・文化的な多元主義による共同体の形成と経済的な支援という二つの側面がある。つまり経済的に安定した状況を築くことで、宗教や文化的な対立や紛争は回避出来るという考え方である。WCCとバチカンが協力して、その紛争や問題解決に関与した事例を二つ挙げると、一つは北アイルランド紛争で、もう一つは北朝鮮問題である。

ＷＣＣは北アイルランド紛争の解決にあたってバチカンとの関係を深化させた。一九七〇年九月一日付けで、アーマー（Armagh）の大司教がイエズス会の神父でＷＣＣのエキュメニカル委員会メンバーであるジョージ・ダン（George H Dunne）宛に手紙を書いている。北アイルランドのプロテスタント・コミュニティ代表との会合の仲介をして欲しいとの内容である。宗教ではなく経済・文化的側面での関与が、ベルファストからの要請であった。宗教戦争を回避するためには、社会経済面での水準向上が必要である。国連の資金はアジアやアフリカの発展途上国への援助に使われるが、ヨーロッパの発展途上国である北アイルランドへの援助も視野に入れて欲しい。特にカトリックは職業差別などで貧困に甘んじており[34]、現状を打破するには宗教的な介入だけでなく社会経済理事会による介入が必要と訴えていた。

北アイルランドのテロリストとしては、カトリック側のＩＲＡが有名であるが、プロテスタント側でテロ活動に関与しているロイヤリストなどは長老派に属していた。長老派はＷＣＣのメンバーであったことから、一九七一年のベルファスト会議では北アイルランドの長老派に好意的な発言もあったが、バチカンとＷＣＣの協力関係が深まるなかで、両者はカトリックとプロテスタントのコミュニティの和解に間接的に貢献するようになる。

6　北朝鮮問題——コイノニア活動として

コイノニア活動のコーディネーターであったドゥエイン・エプス（Dwain Epps）は、元々ＷＣＣ職員としてイスラムとの宗教間対話などを行っていたが、後に韓国で活動を開始し、特に分断された韓国と北朝鮮の関係を、クリスチャン・ネットワークによってつなぐことに努めてきた。一九八六年に、南北のキリスト教会組織を通じて統一を目指す団体カンコー(CanKor)を立ち上げ、脱北者の支援活動にも関わっている。そのため北朝鮮では地下活動を余儀なくされている。現在は、北朝鮮だけでなく北東アジアにおける人権弾圧、特に信仰の自由に立ち向かうための活動をカナダ、オーストラリア、そしてEUなどで行っている。このドゥエイン・エプスの活動を引き継いだのがエリック・ワインガルトナー(Erich Weingartner)である。

ワインガルトナーはCCIAの理事を務めていた時代に、人権にかかわる活動を任されていたことから、一九七八年に南北朝鮮の問題に関与するようになる。はじめてピョンヤンに足を踏み入れたのは一九八五年のことで、このとき北朝鮮政府から南北の代表同士による話し合いの許可を得た。翌年、スイスのグリオン(Glion)で双方のキリスト教徒の代表が、朝鮮戦争勃発以来実現していなかった初めての会談を行った。これ以降五年間にわたり、南北双方から代表が同席する国際会議を主催することに成功する。

ワインガルトナーは一九九七年の五月からピョンヤンに移住し、WFPの外郭組織として食糧援助リエゾン・ユニット(FALU：Food Aid Liason Unit)を設立し、そこをベースに人権の擁護や食糧の供給を行うNGOとしての活動を一九九九年まで行った[35]。いわゆる北朝鮮の「大飢饉の時代」に多くの人の命を救ったとされる。彼はカナダ人として、またNGOの活動家として、初めて北朝鮮の市民権を得た人物とされ、この間に北朝鮮に一〇万トンの食糧と、総額三〇〇〇万ドルの医療ケアを供給したと言われている。ピョンヤンを拠点としているものの、北朝鮮中の農村や奥地に入り込んで、港、鉄道、倉庫、小学校、幼稚園、寄宿生の学校、孤児院、病院、工場、農家など、あらゆる場所に援助が行き届くためよう尽力した。

その後、母国のカナダに戻り、マックマスター大学やウォータールー・ルター神学校で博士号を取得したワインガルドナーは、ジュネーブのルター派世界連盟研究所、ローマにある国際文書通信センターなどに勤め、現在は北朝鮮での経験を生かして、エルサルバドル、ニューカレドニア、フィリピンやボスニアなど、世界中の紛争地で人道活動にあたっている[36]。

7　非WCCメンバーの諸勢力――クエーカー、NGOなど

プロテスタントの一派であるクエーカー教徒は、WCCの正式なメンバーではないが、密接に活動しており、国際的に影響力の大きいNGOを運営している。英米では大企業やベンチャーとも深い関わりを持つことから、経済的に裕福で一大勢力となっている。キリスト教信仰と金儲けが矛盾しない、むしろ勤勉に働くことが神への奉仕として奨励されることで、米国では特に大きな影響力を持つようになった。その起源は英国にある。

第二次世界大戦中の一九四二年、ナチスに占領されたギリシアで多くの子供たちが飢える事態に直面したことをきっかけに、英国のクエーカー教徒が設立したNGOがオックスファム(Oxfam)である。オックスファムは現在でも英国国内でも活動する最も大きなNGOであり、その存在を知らぬ者はいない[37]。ハイストリートには必ずオックスファム経営の古着や古書など、セカンドハンドを格安で販売する店舗があり、お金の節約のため、あるいは環境のため、オックスファムの店舗で買い物をした英国在住者は少なくない筈である。

クエーカーは近世の英国でジョン・フォックスによって創立されたが、神秘主義を唱えることから、当時の国教会やプロテスタント主流派からは異端視され迫害を受けた。迫害を逃れて米国に渡ったなかには、ペンシルベニア州の創設に貢献したウイリアム・ペンなどもおり、米国の建国史の根幹で活躍した。そうした経緯から、ビジネスと宗教的信仰の両立、現在ではフェア・トレードなどを含む倫理的な取引(Ethical trade)といった企業倫理や企業の社会貢献や社会的責任、コンプライアンスをはじめとするグローバル規範にも影

響を及ぼすに至っている。
例えば英米を中心に展開し、チョコレート製品で知られる世界有数の製菓会社キャドバリーは、一八二四年に英国バーミンガムのクエーカー教徒ジョン・キャドバリーによって創設された。これは当時、労働者階級が飲酒による無計画な出費で困窮したり、アルコール中毒になることを抑止するため、キリスト教徒、特にクエーカー教徒が禁酒運動を展開する中で、酒に替わる嗜好品として、珈琲や紅茶よりカフェインがないチョコレート・ドリンク(ココア)に着目したことに由来する。一九世紀、まだチョコレートは高価で特権階級の嗜好品だった[38]。しかし女王から特許書を授与されたキャドバリーは、カカオの入手ルートや製造工程の工夫によって、安価なチョコレートの製造に乗り出した。やがて技術革新は、チョコレート・ドリンクだけでなく、製造困難であったチョコレート・バー(板チョコ)を商品化し、今日まで庶民に親しまれるキャドバリー・チョコレートが誕生した。

先に触れたオックスフォムは、当初ギリシアの子供たちの飢えを救済するために設立されたが、その後、貧困撲滅や格差の是正、そのためのフェア・トレードなどの問題に取り組むようになり現在に至る。キャドバリーもオックスファムも、米国を含む大英帝国のネットワークでカナダ、オーストラリア、ニュージーランド、インドなど「英語圏」に広く拡大している。

近年のオックスファムの活動としては、グローバル企業スターバックスとの闘いが有名であろう。エチオピアのコーヒー生産者へ富を還元するため「みせかけ」のフェア・トレードを行っていたスターバックスをオックスファムが糾弾したことで、その後、同社は、本当のフェア・トレードに取り組むようになった。こうした闘争以外にも、ロンドンマラソンや音楽フェスなどのファンドレイズ(基金集め)を成功させるなど、信仰と金銭収入が矛盾しない「倫理的なビジネスモデル」を自ら提示し続けている。

オックスファムは、一九六三年から世界的な展開を進め、日本でも新宿にオフィスを構える。スターバックスへプレッシャーをかけた事例以外にも、グローバルな食品飲料会社、ネッスル、コカ・コーラやケロッグなどに「ビハインド・ブランド」プロジェクトを開始し、これらの企業がフェア・トレードや環境に配慮して、透明性の高いビジネスを行っているがどうかを「認定」する機関という役割も現在は担っている。

8　クエーカーとバチカンの協力——イラン米国大使館事件をめぐって

クエーカー教徒は、英米では徴兵や兵役拒否などの徹底した平和主義(パシフィスト)としても知られるが、米国で最も有名なクエーカー教徒はニクソン大統領であろう。イラン革命時に発生した、テヘランの米国大使館占拠事件をめぐって、クエーカーとバチカンの在イラン大使の協力関係がＷＣＣを通じて報告されている。

カナダのクエーカー教徒で、友好宗教協会のジェームズ・プライヤー(James Prior)からＷＣＣに送られた一九八〇年九月一六日の書簡によると、前年一二月、カナダのクエーカー代表団としてテヘランに派遣されたプライヤーは、ゴードン・平林、ポール・瀬戸と共に、教皇大使のアナブル・ブッニーニ(Anabal Bugnini)枢機卿に会ったと報告している。時期としては一九七九年二月にイラン革命が起こり、同年一一月にイランの米国大使館占拠事件が発生したタイミングであった。この事件の解決にあたってはカナダ大使館やカナダ政府が仲介的な役割を果たしており、そうした経緯からカナダのクエーカー教団が仲介の一翼を担うことになった、バチカンもまた、在イランの教皇大使が仲介役を買って出る一幕があり、先の書簡はそのことを指している。

両者が大使館占拠事件の解決策について協議していた際、プライヤーが一九八三年にバンクーバーで開催されるＷＣＣの大会に教皇ヨハネ・パウロ二世の出席を慫慂したところ、ブッニーニ枢機卿は、そのアイデアを賞賛し、カナダのクエーカー教徒団体が招待状を送るなら出席する可能性があると回答した。プライヤーは帰国後、この件を議論し、招待状を送ることについて判断を仰ぐ書簡をＷＣＣに送ったのであった[39]。

一九八一年三月に教皇が暗殺未遂に遭うと、五月一四日、ＷＣＣは見舞いの手紙を送っている。同年九月には東ドイツのドレスデンでＷＣＣの会議があり、そこからも教皇に、一日も早く回復してカトリック教会を導くよう、またＷＣＣを訪問するよう書簡が送られた。暗殺未遂で重傷を負ったヨハネ・パウロ二世であったが、わずか五ヵ月ほどで公務に復帰し、同年九月一四日にはＷＣＣに返礼を送っている[40]。

大使館占拠事件の具体的な解決に向けた動きとしては、ブッニーニ枢機卿がイラン革命の指導者ホメイニ師と直接会い、米国人人質五二人を釈放するようにという教皇からのメッセージを届けた。その後、カーター米大統領による救出作戦の失敗などもあり、この事件は解決までに実に一年以上の時間を要することになる。したがってバチカンの影響力がどこまで発揮されたかは不分明である。

ＷＣＣは、一九八三年三月七日付けで、七〜八月にバンクーバーで開かれるＷＣＣの第六回世界大会に、教皇に是非出席して欲しいとの招待状を送った。これに対し三月三一日には教皇から返信があり、大会への参加が明らかになった。

カトリック教会もクエーカーもＷＣＣの正規メンバーではなかったが、ＷＣＣを通じて交流を持ち協力する場面があった。イランの米国大使館占拠事件は、危機的な状況において、互いに事件解決のために協力するなかで、相互理解が深まった出来事と言えよう。

9 「現代化する」バチカンの意味

ヨハネ二三世は、バチカンとカトリック教会の刷新、近代化に舵を切った。その一環として国連の付属・関連機関であるUNESCOやFAOへの加盟を果たすが、国連そのものへの正式加盟には、すでにメンバーである五〇ヵ国や、ソ連を含む常任理事国の承認が必要であった。プロテスタントの国際組織であるWCCからの同意は不可欠であり、特にWCC内で強い影響力を持つ英国国教会や米国聖教会を説得し、英米政府の同意を取りつけるため、バチカンはアングロ・サクソン勢力との連携を深めた。国連において、当時アングロ・サクソン勢力が支配的であったことは言うまでもない。

国連への正式加盟を目指すWCCとの協力、それはエキュメニカルな活動への本格的なコミットメントを意味した。第二バチカン公会議の目指すところは、エキュメニカルの推進と国連への正式加盟であった。それは同時に「現代社会」が求めるバチカンの役割の提示であった。つまり難民問題や戦争回避のための仲介、そして人道的支援などである。

バチカンやカトリック教会は、ある意味中世から救貧や医療など人道的な活動には取り組んできた。こうした活動を行うために必要な政府間協力関係を、第二次大戦後の国際社会の文脈で捉え直すことこそ「現代化」の意味であった。宗教性を、普遍的でグローバルな「規範」として提示することで、世俗化が進行し宗教性が低下した時代においても、バチカンの存在感を保ち続けることが出来るという意義を見出した。六〇年代後半になり学生運動、フェミニズム運動、急進的・過激な政治運動、文化的革命によって先進国・民主主義国の価値観は大きな変更を迫られ、世俗化が進むなか、国連やその関連機関、NGOなどの国際機関を中心とした人道主義やリベラルで国際的な規範と共にあることで、バチカンはその存在感を維持し続けることに成功するのである。

第5章 バチカンのリアリズム外交
——欧州安全保障政策との関係

1 冷戦とデタントの狭間で

前章までに見てきたように、バチカンが国連、ＩＬＯ、そしてＷＣＣを通じて行ってきた宗教的・政治的・経済的なエキュメニカルな活動は、現実的な国際政治の上ではどの様にくり広げられたのであろうか。本章ではまず欧州の冷戦を、欧州の安全保障機関である欧州安全保障協力会議（ＣＳＣＥ）が欧州安全保障協力機構（ＯＳＣＥ）に発展・展開していく過程に、バチカンがどう関わったかを見ていく。これらは地域統合的な組織であり、国連のような国際機関とは性格が異なるが、欧州地域の安全や安定に、バチカンがどう貢献したかという視点から、冷戦期の安全保障政策の位置づけを考察する。

本章では主にＣＳＣＥの安全保障政策と、バチカンの関与について検討するが、それは同時に冷戦時代のイデオロギー闘争、つまり資本主義と共産主義の狭間にあったバチカンの姿も描き出すことになる。冷戦の緊張とデタントに、バチカンは間接的あるいは直接的に関わっていた。共産主義と闘う教皇ピウス二三世が一九五七年に死去すると、後任に選出されたヨハネ二三世、続くパウロ六世は、東側との対話を選択した。ヨハネ二三世が主導した第二バチカン公会議が、東方教会や正教会との和解や対話を強調したのも、そのためである。

すでに見たとおり、戦後イタリア国内で共産党勢力に対抗したのはキリスト教民主党であったが、西ドイツでもキリスト教民主同盟(CDU)内のカトリック、コンラート・アデナウアー首相に反共産主義の役割が期待された[1]。冷戦の最前線に位置する西ドイツは、敗戦国でありながら、欧州防衛共同体(EDC)廃案後、一九五五年には再軍備とNATO加盟を果たした。イタリアは地政学的な位置や国内での共産党への高い支持率を材料に、米国からの支援を引き出し、NATO設立と同時に加盟と再軍備を認められた。その背景にはキリスト教民主党を通じたバチカンの支援があったことはよく知られた事実である[2]。

一九五六年のハンガリー動乱、ポズナン暴動、そしてベルリンの壁の建設など、キューバ・ミサイル危機まで冷戦の緊張は高まるばかりであったが、一方ソ連側の変化の兆しはその少し前に始まっていた。それはソ連や東ヨーロッパでのカトリック問題をめぐるクレムリンのバチカンに対する態度にも表れ始めていた。スターリンの死去からフルシチョフ体制に移行する過程で、指導基盤を確立したフルシチョフは西側との「共存」を模索していた。一九五八〜五九年のソ連と中国共産党の対立も理由の一つであった。一九六二年のキューバ・ミサイル危機を背景に、一九六八年核拡散防止条約が調印されるが、この条約調印へのバチカンの影響を否定することは出来ない。ソ連側はバチカンを西側との交渉にとって有効な手段であると見なし、バチカン側は東側のカトリック教会や信者の状態を何とか改善したいと切望していた。これは一九六〇年代に行き過ぎた資本主義の唯物主義を糾弾したバチカンを、東側が社会主義に理解を示したと見ていた可能性もある[3]。

キューバ・ミサイル危機の回避に貢献した教皇ヨハネ二三世は、その翌年の六三年四月一一日に発布した最も有名な回勅「パーチェム・イン・テリス」で、普遍的な平和の実現には真実、正義、慈悲と自由が必要であると述べている。この回勅には「人間社会における秩序」「軍縮の必要性」などの項目があり、国連やその専門機関であるＩＡＥＡなどの役割の重要さが強調されている。ＩＡＥＡについては後ほど詳述するが、回勅には以下の様な記述がある。

「人類の秩序とは、どういうものでしょうか。宇宙の完全な秩序とは対照的に、個人間や国家間で不一致があり、人を結びつける関係とは、力による支配だけだと考えられているのです」

人間間の不一致を力で解決しようとすると核戦争の脅威が起こることから、軍縮や核廃絶の必要性を以下の様に表現している。

「誰もが、この軍縮の過程が徹底的で完結していなければ、人類の魂に到達しない限り、軍拡競争を止めたり、武器を減らすことは不可能であることを認識しなければならない。それらを完全に廃止することです。すべての人は、恐れと戦争の不安な期待を人間の心から追い払おうと努力して真剣に協力しなければなりません。しかし、これは、平和が今日の世界に根ざしている基本原則が、全く異なるもの、すなわち国家間の真実で永続的な平和は、平等な軍備の所持ではなく、相互信頼なのです。そして、我々はこれが達成できると確信しています。それは常識によってもたらされ、それ自体が最も望ましいものであり、最も有益なものであるからです」[4]

第二バチカン公会議の宣言や理念を実践していくためには、東方教会や正教会との対話や友好関係だけでなく、カトリック信者が多数いる東欧諸国との実際的な交渉が重要であった。

東西が対話とデタントに向かう流れは、遅々とした米ソの歩み寄りよりもむしろ、バチカンのお膝元であるヨーロッパ、特に西ドイツのヴィリー・ブラント首相によって主導された。彼はオストポリティーク（東方政策：Ostpolitik）を開始し、それはバチカンの姿勢と連携していた。冷戦の深化と共に、西ヨーロッパ諸国のキリスト教民主党が、反共産主義の色彩を強め、フランス、ベルギー、オランダ、オーストリアでもキリスト教民主党系政党が、国内における共産主義や共産党の脅威を抑える役割を果たす上でバチカンは間接的にこれを支援していた。

一九七〇年一月、オストポリティーク宣言を出したブラント首相は、ソ連および東側との「和解」を呼びかけ、八月にモスクワを訪問した。しかしその前月の一二日にバチカンでパウロ六世と会見し、新しい東方政策への協力を求めている。アデナウアーが敬虔なカトリックであったのに対し、ブラント首相はプロテスタントであった[5]。しかし、パウロ六世は第二バチカン公会議の際、カトリック、プロテスタントを問わずドイツ人の神学者たちから助言を得たことが知られており、そのエキュメニカルな姿勢はドイツで人気があった。だからこそ、その支持は東方政策の下支えになるとブラントは考えていた可能性がある。

教皇は、アゴスティーノ・カサロリ外交評議会委員長に東側のカトリック教会の状況改善のための交渉を行わせてきた実績もあり、全面的に協力、連携することに同意した[6]。これは西ドイツが米国や英国に協力を呼びかける前に取った行動である。軍事的な協力を取り付ける前段階として、イデオロギー的協力関係、そしてバチカンやカトリック教会が東側に持つネットワークとの協力関係の構築などが先決と考えたからである。

東方政策とは、具体的には対ユーゴスラビア（クロアチアとスロベニア）、ポーランド、ハンガリー政策であった。ユーゴスラビアは、クロアチア地域でカトリックが多数を占めたが、それは全体の三分の一に過ぎず、国内全体では正教会徒が多数派であった。一九四六年にクロアチアの大司教ステピナツが逮捕され、禁固一六年の刑を言い渡される。米国人ハーリー枢機卿などの交渉によって一九五一年に釈放されたが、カトリックに対する弾圧は継続された。こうしたチトー政権下でのカトリック弾圧の最大の理由は、戦時中、ナチスと協力関係にあったクロアチアのファシズム団体ウスタシャとカトリック教会が結びついていたという主張であった。第二バチカン公会議の後、再びバチカンはチトー政権と交渉し、三年間の交渉の結果、一九六六年にバチカン・ユーゴ間の関係正常化協定がベオグラードで締結された。これはバチカンが共産圏の国と最初に締結した国交正常化協定である。チトー政権自体が一九四八年にソ連と断絶し、コミンフォルムからも脱退、独自の路線をとっており、ソ連軍を背後に控えた他の東欧諸国とは事情が異なった[7]。無論そうした事情は割り引いても、バチカンの東側との交渉力は、西ドイツにとって十分に魅力的であった。

ハンガリーは、人口の六五%がカトリック、二〇%がプロテスタントというキリスト教国である。共産党政権はカトリックを徹底的に弾圧し、一九四九年にミンゼンティ(Mindszenty)枢機卿が逮捕され終身刑が宣告された。これを機にカトリックや聖職者による抵抗運動が盛んになり、司教、修道士、平信徒が処刑され、国外追放の対象となり、一九五〇年までに何らかの粛清の対象となった司祭だけでその数は一〇〇〇人に及んだ。五一年グレス大司教が懲役刑、ロムサ司教が死刑になった。

一九五六年にハンガリー動乱が起こると、ミンゼンティ枢機卿は脱獄してブタペスト市内の米国大使館に逃げ込み、治外法権のある大使館内から、共産党政権批判を約一五年間続けたのである。このようにハンガリー動乱までは、カトリック教会にとって厳しい状況が続いたが、その後、カーダール政権は、カトリック教会の民衆への影響力に配慮し、一九五六年にクリスマスとイースターを国民の祝日とし、バチカンとの和解交渉を開始した。これはカーダールが政権の安定のために、影響力の大きいカトリック教会と融和的な態度に出たことによる。ハンガリーは共産党政権下でも一つの選挙区で複数の立候補者を認め、その中にはカトリック教会代表も立つことが承認された。カーダール政権とバチカンを代表するカサロリ外交評議会委員長の間で、教会の人事権、宗教教育の公認などの事項を含む宗教協定が、一九六四年九月一五日に締結された[8]。

両者の和解ムードの中、外交的取引が行われた。一九七一年パウロ六世はペーテル外相と会談し、ミンゼンティ枢機卿の釈放を求めた。カーダール政権はミンゼンティが米国大使館から出ても拘束しないことに同意したが、これには枢機卿のハンガリーの司教座からの解雇という条件が付けられた。その見返りとしてハンガリー・カトリック教会は温存された。一九七六年、カーダール書記長はバチカンを訪問し、パウロ六世と会談した。カサロリ外交評議会委員長がヘルシンキ会談への支持を求めたのに対し、カーダールは同意した。

チェコスロバキアでも、司教のスリッピイや大司教のジョセフ・ベランらの投獄をめぐってバチカンとの関係は紛糾したが、その釈放をめぐって妥協が模索された。プラハの春の後、一九六八年にワルシャワ条約機構軍が軍事介入したチェコ事件によって、バチカンが五〇年代の終りから六〇年代にかけて行ってきた地道な交渉は一旦途絶えるものの、翌年の六九年からカサロリはフサーク共産党政権と再交渉に乗り出した。チェコ事件で国際的な評判を落としたことから、共産党政府はバチカン側の提案にある程度妥協的で、事件前の状態までその関係が回復するに至る[9]。

ポーランドでは、チェコやハンガリーと異なりカトリック教会への国民の支持と影響力が絶大である。それは長年近隣国から支配や侵略を受けてきた歴史的背景からポーランド国民のアイデンティティの源となっているからである。国内には約一万の教会があり、共産主義政権を率いる統一労働党と激しく対立した。例えば一九五〇年に教会と国家が土地所有をめぐって争ったオーデル・ナイセ問題では教会が妥協したものの[10]、ヴィシンスキー大司教が逮捕され、司祭二〇〇〇人が禁固刑や国外追放、三八人が殺害された。その後、指導者の交代でヴィシンスキー大司教は釈放されるが、一九六五年以降は妥協と対立を繰り返し、七〇年には当局がデモに対して武力を行使し死者四五人を出す悲劇となった。これ以降は自主管理労働組合「連帯（ソリダリティ）」の運動が盛んになるが、これらの悲劇を踏まえて、カサロリによるバチカンの介入についても慎重路線が取られる様になる[11]。

この間、ソ連や東欧の共産党政府にコントロールされた正教会とバチカンの和解も進められた。

このように共産主義を最大の敵としながらも、バチカンのパウロ六世は積極的に交渉を重ね、ユーゴスラビアとの外交関係を回復し、ハンガリーとも関係を結んだ。ミンゼンティ枢機卿の国外亡命交渉に成功すると、ハンガリー首相とも会見も果たす。結果的に一九七六年には一二の教区に司教とそれを総括する大司教を再び正式に任命することができたのである。

「対決」より「共存」というフルシチョフの態度の転換もあって、第二バチカン公会議以降、ソ連や東欧諸国の反カトリック教会や反バチカンのプロパガンダ、それに対するバチカンの反ソ連や反共産主義のプロパガンダの件数は、確実に減少した。一九六五年に教皇パウロ六世が国連を訪問した際、ソ連のグロムイコ外相から謁見を求められ、それは翌六六年に実現する。そして六七年一月にはソ連の国家元首にあたるポドゴルヌイ議長と教皇が会見した。グロムイコのバチカン訪問は七〇、七四、七五、七九年と続いたが、これはポーランドの隣国であるリトアニアで続く、カトリック教徒による激しい反ソ連運動を何とか抑えたいという思惑からであった。

2　イデオロギーのジレンマ

第三章でも検討したように、バチカンはＩＬＯやＷＣＣのような、どちらかと言えばリベラルな国際機関と関わる中で、イデオロギーのジレンマに直面することがあった。つまりイデオロギー的な歩み寄りではないにしても、バチカンに社会主義的な運動に対する一定の理解が生まれていたことは否定できない。一九七一年の五月一四日はレオ一三世の回勅「レールム」の八〇周年にあたり、パウロ六世は、それを記念して発出された回勅のなかで階級闘争を糾弾すると共に、経済的な自由放任主義や弱肉強食的な自由競争に基づく資本主義も批難した。これはバチカンの戦略的見地から考えると、脱植民地化の過程でソ連に接近する途上国が増加しつつある状況を踏まえ、これらの国々がソ連的なモデルを踏襲することを回避し、民主主義的で、かつ社会主義に配慮した資本主義から逸脱しない方向へ導くことを意識していたのだろう。これは西ヨーロッパ諸国内にも見られた現象であったことは周知のことである[12]。

しかしながら、パウロ六世の一種の宥和的態度は、大きな危険を孕んでもいた。つまり当時はイデオロギーとして魅力的に思われた社会主義の理念に、本来は対立する立場のバチカンが取り込まれてしまう危険を伴っていたからである。イタリア共産党の機関紙「ユニタ」は一九七一年四月六日付けの記事で「キリスト教とマルクス主義の類似点」を指摘している。西側の「勝利」という形で冷戦が終結したとされる現在では、想像することも難しいが、六〇~七〇年代は西側諸国にとっても社会主義が魅力的に映り、まして貧困にあえぐ途上国にとっては、それがまさに進むべき道であるかのように見えた時代であった[13]。

社会主義への宥和的態度によりバチカンが結果的に直面することになった大きな問題は、ラテン・アメリカで盛んになった「解放の神学」であった。「解放の神学」こそ、カトリックの理念とマルクス主義が究極的に結びついた思想であり、ラテン・アメリカ各国のカトリック聖職者たちの中には、バチカンの意思に反して「解放の神学」こそ、革命による人民の解放の理念であると説く者も現れた。これについては第六章で詳細を述べる。

北アイルランドのナショナリズム運動も同様に、カトリックの宗教的アインデンティティとマルクス主義が結びついたものであり、ＩＲＡ（アイルランド共和軍）のメンバーにはそうした思想を持つ者が少なからずいた。反植民地運動がマルクス主義と結びつくという現象は冷戦時代にはめずらしくなかった。途上国でも、独立は達成したものの、旧宗主国などによるネオ・コロニアリズムが継続していたからである。

一九七〇年にバチカンを訪問したグロムイコは、ソ連内のカトリック教会の問題だけでなく、核拡散防止条約や中東情勢、ベトナム戦争などについてパウロ六世と話し合った。一九七一年二月にモスクワを訪問したカサロリ枢機卿は、英米・ソ連間の核拡散防止条約（ＮＰＴ）へのバチカンの賛同を表明し、二月二五日にはＮＰＴに署名している。カサロリはソ連の副外務大臣だったセメン・コズイレフ（Semen Kozyrev）と会見して二人は長時間会話を交わした。その内容はソ連、中東、ベトナムの地政学的な状況にまで及んだ。コズイレフは、一九五七年から在イタリアのソ連大使（特使）を勤めたキャリアもあり、カサロリとはすでに顔見知りであったことも関係しているだろう。ＮＰＴ調印の翌日、カサロリは宗教問題についてもソ連の担当大臣と意見交換をしている[14]。

ベルリンで一九七一年に行われたカトリック会議には、ヨーロッパ中のカトリック教会の代表が集まり、東側のカトリック教会との和解とコミュニケーションが図られた。この団体の指導的立場にいたアルフレッド・ベンガシ（Bengsch）は、ベルリンの司教であり、定期的にベルリンの壁を越えて東西を往復することを許された数少ない人物の一人であった。つまりカトリック教会は冷戦中においても東側とのコミュニケーションを継続し、情報を持っている貴重な組織だったのである。それゆえに、東方政策やデタントの開始にとって、バチカンやカトリック教会の果たした役割の重要性を強調するのは、決して過大評価ではない。

このベルリン・カトリック教会の会合は、水爆の廃止を訴え、一九七一年一一月にはワルシャワ条約による核兵器廃絶への提案を歓迎した。また東ドイツにおけるカトリック教会の教区の問題（フルダ［Fulda］問題）が話し合われた。フルダは中世以来の歴史と伝統あるカトリック教区であり、大聖堂を有しているが、東西ドイツの国境に位置するため、東西の分断以降、ソ連軍と米軍が駐留し、睨み合いの場となっていた。バチカンが、東ドイツのカトリック教区と連絡を取り合うことによって、徐々に双方の緊張が緩和された点は否定できないだろう。

3 ヘルシンキ会談――CSCEへの貢献

パウロ六世は、「空飛ぶ聖座」と称されたヨハネ・パウロ二世に先立つこと一五年、飛行機に乗って世界を駆け巡った最初の教皇であった。当時バチカンでは「教皇が飛行機に乗って良いのか」という議論があり、その克服は大変な作業であった[15]。第二バチカン公会議で見たように、パウロ六世は一九六四年に聖地エルサレムとイスラエル、同年末にはインドのボンベイ、一九六五年一〇月ニューヨークの国連本部、一九六七年ポルトガルへの巡礼、同年七月トルコ、一九六八年八月コロンビア、一九六九年六月ジュネーブ、同年七~八月ウガンダ、一九七〇年一一~一二月の極東、ポリネシア、オーストラリアなどを歴訪した。特に非欧州諸国や国際機関への訪問が目立つ。またイスラエル以外のアラブ諸国は訪問こそしなかったが、イスラムに対する理解さえ見せた。国連や国際会議への積極的な参加は、当時としては画期的なことで、オープンかつリベラルな教皇として、カトリック信者の枠を超えて世界中の人々に愛される「カリスマ教皇」の先駆けとなった。

最終的に、一九七五年にヘルシンキ宣言を採択し、CSCEとして制度化されることになる欧州安全保障協力会議は、ヨハネ二三世の影響の下で構想され、パウロ六世によって提案・実行されたものであった。会議の開催に向けて、バチカンは一九六三年の部分的核実験禁止条約、六八年の核拡散防止条約、そして七三年にNATOとワルシャワ条約機構の間に締結された中欧相互兵力削減条約（MBFR）などを援助し、ベトナム和平のための国連の介入を全面的に支援した。

一九七三年の七月、バチカンはヘルシンキで始まったCSCEの第一ステージに正式に参加した。これはバチカンが一八一四年のウィーン会議以来、一五〇年以上ぶりとなる国際的政治・外交会議への参加であった。この時、カサロリ枢機卿は「ヨーロッパにおいてさえも人権侵害が起こり、国際秩序を乱す可能性があるので阻止しなければならない」と述べた。

それに先立つ一九七〇年、ソ連の外務大臣アンドレイ・グロムイコは教皇とカサロリにCSCEへのソ連の参加についての支持を求めた[16]。バチカンはCSCEに向けて西側と東側の仲介を果たしてきた。これはソ連側が西側とのコミュニケーションの媒介として、バチカンに支援を求めてきた経緯があったからである。先にも触れたように、カサロリは一九七一年に「最大の敵陣地」モスクワへの初乗り込みを果たし、一九七四年にはカストロ政権のキューバにも赴いている。またウィーンの大司教であったフランツ・コニング枢機卿による、東欧諸国のカトリック教会との関係構築への努力も重要であった[17]。

一九七五年のCSCE第三ステージにむけ、ソ連との交渉を積極的に継続するなかで、ウクライナやリトアニアなど、ソ連内におけるカトリック教会と正教会との和解が焦点になった。一九七四年の二月にグロムイコが再びバチカンを訪ね、教皇と謁見する。ヘルシンキで話し合われるさまざまな問題について調整を行い、ヨーロッパの安全保障について話し合った。モスクワのラジオは、バチカンを柔軟性があり現実主義的であると讃え、ソ連政府はリトアニアのカトリック教徒に対してバチカンへの巡礼を許可するほど融和的になった[18]。

CSCEにむけたソ連側の妥協を評価したカサロリは、先に触れた一九七三年の第一ステージ開会式のスピーチで、信仰の自由を認めない人権侵害について言及したが、東側を糾弾するのではなく、あくまでも尊重する態度を貫いた。

すでに述べた様に、ＣＳＣＥはヨハネ二三世の影響の下で発案されたと言われており、ヘルシンキ宣言もこれをベースに提案された可能性がある。ヨハネ二三世、本名アンジェロ・ロンカッリ枢機卿は、教皇大使だった一九四五年の時点ですでにソ連代表の外交官たちと交流があり、戦後もその人脈を維持し続けた。ソ連側もそれを忘れてはおらず、ロンカッリ枢機卿が教皇ヨハネ二三世となると、徐々に双方の対話が本格化し、対立関係は緩和されていった。フルシチョフは、一九六一年に「感謝」の電報をカサロリに送り、六三年には義理の息子をローマに派遣している。ヨハネ二三世はフルシチョフと個人的な繋がりを結んでおり、またカトリックであったケネディ大統領とは米国のカトリック・ロビーを通じて懇意であったことが、キューバ・ミサイル危機を回避する要因の一つになった。

そして世界を核戦争の危機から救った約五ヵ月後、歴史に残る回勅「パーチェム・イン・テリス」を発表し、グローバルな平和と共存を呼びかけた。教皇は自らが癌におかされていることを知っており、この回勅は事実上、遺言的なものとなる。わずか二ヵ月後の一九六三年六月、ヨハネ二三世は亡くなった。彼の死後、モンティーニ枢機卿が教皇パウロ六世となり、ヨハネ二三世の遺志を継いで第二バチカン公会議を継続し、公会議閉会式の一九六五年には国連のスピーチで、二度と戦争を引き起こしてはならないと述べた。経済的協力の強化、文化交流、共同の技術開発、人権裁判など、今日、国連やその関連機関が当たり前のこととして掲げている目標は、パウロ六世によって提唱され、実行に移す努力がなされてきた。

こうして一九七五年七～八月、欧州の東西両陣営と中立国の三三ヵ国、それに米国とカナダを入れた三五ヵ国の首脳が「デタントから安定へ、そして恒久的平和」を目指しヘルシンキに集まった。バチカンはとくに、人権および思想、良心、宗教、信条の自由を含む基本的自由の尊重について、東西が一致するように働きかけた。また国際法によって、ある国において人権が著しく侵害される場合、第三国が介入（防衛・防御）出来るという取り決めが行われた。これはヘルシンキ宣言の原則の一つとして採用された[19]。

バチカンがCSCEで強調した人権の尊重や信仰の自由といった要素は、米国がカーター政権の時代に、対ソ連外交戦略の中で「人権外交」として打ち出すことになる。つまりソ連や東欧を軍事的に攻略するのではなく、内部から揺さぶるソフト外交戦略である。これは明確にバチカンの影響を受けたものであった。カーターは、バチカンとの連絡役にモンデール副大統領を任命し、東方政策の一つに「人権外交」を据え、ソ連・東欧諸国に揺さぶりをかけていく[20]。

これに呼応して東欧の反体制派も攻勢に転じ、ヘルシンキ宣言に基づく検証を求めた。こうした動きは、会議翌年の一九七六年五月、ヘルシンキ宣言の履行を監視する「ヘルシンキ・グループ」やアムネスティ・インターナショナルのモスクワ支部の設立へ繋がっていく。チェコは基本的自由に関する宣言を「憲章七七」として西側の新聞に発表した。「憲章七七」には、ソ連のサハロフ博士をはじめ、ポーランド、ルーマニア、ハンガリーなど東欧の反体制派からも連帯が表明された[21]。この「憲章七七」はイタリアやフランスの共産党、ユーロ・コミュニズム・グループによっても強く支持され、西ドイツの社民党など、社会民主主義系政党もこれに賛同した。

ポーランドでは、一九六七～六八年の暴動に関して「人権擁護委員会」が設立され、世界人権宣言の国内での完全実施を要求した。同国では一九七六年に再び暴動が発生し、同年三月に「人権擁護委員会」が形成されると、知識人やカトリック聖職者が世界人権宣言を国内で実施することを要求する「人権アピール」を出し、ヴィシンスキー枢機卿は共産党政権下の憲法を「国家は無神論を強制できない」と批判した。

バチカンの公式新聞「オッセルバトーレ・ロマーノ」は、ソ連圏の反体制派と彼らの人権問題について連日報道するなど、カーター米政権の人権外交と連携し、教皇も「人権」という言葉を意識的にスピーチなどで使用するようになった。カーターの人権外交のブレーンとして、ポーランド系米国人のブレジンスキー補佐官がいたことは重要である。ポーランド生まれの彼は、学者としてロシア問題の権威であった。徹底した反共産主義者として対ソ外交を担い「ソ連は近い将来、宗教と思想の自由がない共産主義体制ゆえに国内的に支配力を弱体化させる」と予言的な発言をしている[22]。こうしたバチカンとカーター政権下の米国が支援した「憲章七七」は、共産主義体制下で言論の自由を獲得しようとする人々の人権規範となり、国際的な広がりをみせることになる。

ヘルシンキ宣言が実現した背景には、カサロリが東欧やソ連の共産党政府と宗教の自由を条件や制限付きでも認めさせる地道な交渉を行ってきた経緯がある。ハンガリーやチェコ、そしてポーランド、東ドイツ、ソ連ではカトリック信者の割合や事情が異なることを配慮して、各国を訪問してそれぞれに働きかけた。東欧諸国は当初カトリック教会を徹底的に弾圧し、すでに見たように、聖職者の投獄、拷問や処刑など、六〇年代前半から中盤にかけては厳しい交渉を強いられた。それが国によっては体制維持のために、徐々にカトリック教会を温存する政策に舵を切り、少しずつではあるが、信仰の自由を人権問題のアジェンダとして議論する規範、つまりヘルシンキ宣言の理念に繋がっていったのである。

カサロリのヘルシンキ宣言への貢献は長期間にわたっている。一九七三年三月三日にはチェコスロバキアに赴き、ヘルシンキでの会議直前の一九七五年六月九～一二日には東ドイツに、会議の最中にもフィンランドの大統領と会談しており、会議後の一九七六年一一月三～一〇日にはブルガリアに出向いている。カサロリは会議の成功に向けて精力的に行動しただけでなく、その後の欧州安全保障協力の継続、ヘルシンキ・レジームの維持のために奔走したのである。またハンガリーのヤーノシュ・カーダール書記は、カサロリの仲介で一九七六年六月にバチカンでパウロ六世と会談し、ヘルシンキ宣言を推し進める内容の話し合いの機会を持った[23]。

4 解放の神学とバチカン

ベトナム戦争に深く関与する以前から、米国の南ベトナムへの支援は始まっていた。南ベトナムの大統領ゴ・ディン・ジエム（Ngo Dinh Diem）は、熱心なカトリック教徒であり、米国のケネディ大統領やスペルマン枢機卿と懇意な関係にあった。しかし多数派が仏教である国で、カトリック教徒のみを優遇する大統領の政策は支持を得ることが出来ず、政治的混乱を引き起こした。そのためジエム大統領はＣＩＡに暗殺され、米国は傀儡的な政治家を立て、さらにベトナム情勢に関与を深めていく。一九六七年のジョンソン大統領による北ベトナム空爆で、戦争が本格化すると、これと前後して教皇パウロ六世は、国交のない中国共産党の毛沢東書記長に、ベトナム情勢にかかわらないよう書簡を送っている。

二〇〇一年に公開された米国務省の資料によって、一九六五〜六八年にかけてジョンソン大統領が、戦争の休戦仲介をバチカンに求めていたことが明らかになった[24]。ジョンソン大統領は実際、パウロ六世とこの間二回会見しており、カトリックである南ベトナムの大統領グエン・バン・チューに、北ベトナム政府との話し合いをするように促して欲しいと要請した。パウロ六世はこの依頼に積極的に応じて、南北ベトナム双方を訪問して説得を試みた。パウロ六世は教皇就任以前からリベラル派として知られ、保守派だった前々任者のピウス一二世に疎まれ枢機卿になるのが遅れた。終戦直後、ミラノの「カトリック活動団」の運動で、後にキリスト教民主党左派政治家として首相になるアルド・モーロと活動を共にしたこともあり[25]、保守リベラル系政治家とも交流があったことから、北ベトナムとの交渉にはイタリア共産党のチャンネルを使っていた。

結局教皇は共産主義者のホーチミンには歓迎されず、その仲介は上手くいかなかったが、ベトナム戦争という米国とソ連の代理戦争への和平交渉にバチカンが関与したことは、特筆すべき歴史的な事実である。冷戦時代、常任理事国である米国とソ連の対立で国連の機能が麻痺したときも、バチカンは国連や国際機関が果たし得ない役割を担おうとしたのである。

キューバ・ミサイル危機の回避からヘルシンキ宣言に至る時代は、東西冷戦の緊張緩和（デタント）期とされる。それにもかかわらず、米国は脱植民地化によって独立し、ソ連からの武器の供給を受ける国々に対して軍事介入などを行っていた。ベトナムもその一例であるが、ラテン・アメリカやアフリカなどの途上国でも、そうした状況は展開された。米国は軍事介入を行わない場合、また行っても上手くいかない場合には、バチカンの「仲介力」に頼ることがあった。

バチカンは、カトリック教会を通じて、また第三章で見たようにＩＬＯなどの国際機関を通じて影響を行使していた。宣教師が入り込んでいるウガンダなどもその一例であり、一九六九年にはパウロ六世が訪問を果たしている。貧困地であればあるほど、共産主義が根付く危険性が高いことから、教会による救貧活動は盛んとなり、米国との利害も一致していた。カトリックだけでなく、ＷＣＣを通じてプロテスタント系の団体も関わっていたからである[26]。

バチカンにとってラテン・アメリカは特に重要地域であった。一九五九年のカストロ率いるキューバ革命、一九五二年〜六四年のチェ・ゲバラ率いるボリビア革命などが起こっていた上、革命に至らないまでも貧困問題の解決は大きな課題となっていたからである。そうした中、ラテン・アメリカの貧困国で民衆の支持を受けたのが、解放の神学である。ラテン・アメリカの貧困問題は土地の所有制度など構造的な問題に根ざしており、弱肉強食的競争の資本主義を批判し、共産主義に代替するキリスト教の救貧活動だけでは不十分だった。貧困にあえぐ人たちにとって、万人平等や身分制・私有財産を否定する共産主義は魅力的であり、ラテン・アメリカの聖職者たちの多くが解放の神学の運動に関わり、バチカンとしてはこれにどう対処するかが大問題となった。パウロ六世は確かに第二バチカン公会議で、より実社会と関わるカトリシズムを提示し、労働者に理解を示したレオ一三世の回勅を実行に移そうとしたが、マルクス主義と結びついた解放の神学を公的に認めることは出来なかった。

解放の神学とは、カトリックの救済とマルクス主義が結びついたものである。すでに東ヨーロッパや西側のユーロ・コミュニズムにおいてカトリックと共産主義の対話は広く行われるようになっていたが、カトリック教会のマルクス主義との融合を認めてはマルクス主義に敗北したことになり、それはバチカンとしては絶対に容認出来なかった。途上国の救貧対策において社会的なカトリシズムを認めたとしても、それはマルクス主義、すなわち階級闘争と暴力的革命という手段であってはならなかったのである。

しかしながら解放の神学には、先進国と発展途上国を結びつける重要な意義があり、すでにヨーロッパで発展していたキリスト教社会主義とも共通点があった。解放の神学はラテン・アメリカで誕生し盛んになったが、この地に固有のものではなく、フィリピンやインド、韓国などのアジア地域、またヨーロッパにおける救貧活動とも関係性があった[27]。

チリやベネズエラのようにキリスト教民主主義的な穏健な政治運動とカトリックが結びついた国では、それほど問題はなかったが、コロンビアやアルゼンチン、ブラジルでは、反対勢力を武力で抑えようとする軍事政権が誕生すると、抵抗勢力が過激なマルクル主義の左翼運動を展開し、民衆の支持を得るためにカトリシズムと結びつく場合があった。最も有名な事例は、コロンビアのカミーロ・トレス神父で、彼はカストロ派民族解放軍のゲリラ部隊に参加し、一九六五年に戦死したが、死後もチェ・ゲバラに次ぐ「革命戦士」として祭り上げられている。

カトリシズムに基づいた非暴力の政治・社会運動についてはバチカンの認めるところであった。例えばブラジルのカマラ大司教は、カトリック的原理を基盤とした共同体形成をめざして軍事政権を批判し、左翼勢力に協力して民衆の教育を行い、ノーベル平和賞の候補に二度もなっている。彼の影響力はブラジルのみならず、南米全体に及んでいる。

教皇は自らラテン・アメリカに赴いて、和平仲裁的な役割を果たした。一九六八年八月、パウロ六世は、国際聖体会議に参加するためコロンビアの首都ボゴタを訪れ、カトリックの保守派と過激派の仲介を行って和解を図ったのである。同時期にペルーのメリダ市で開かれたラテン・アメリカ司教公会議（CELAM）にも参加し、資本主義と共産主義の両方を非難して共同体主義をかかげ、ブラジルなどで横行している軍事政権による人権侵害を激しく糾弾した。CELAMはその後、メキシコのプエブラで一九七九年に開催され、それはパウロ六世の死去直後であったが、後任のヨハネ・パウロ二世に会議の内容は報告された[28]。

解放の神学で最も問題になるのが、階級闘争と私有財産の否定、そして場合によっては暴力による闘争の容認という点である。バチカンは財産の私有は、社会的義務が伴うことから富のより公平な分配という形で受容し、マルクス主義の共有財産という考え方は認めない。そうした理由から、カマラ大司教の立場は承認しても、トレス神父の立場を認めるわけにはいかないのである。また南米のカトリック教会が極端に左翼化すれば、軍事政権が聖職者をマルクス主義的な思想の持ち主と見做し、国家を破壊する危険分子として徹底的に弾圧する懸念もあった。難しい判断を迫られたパウロ六世だが、ラテン・アメリカを実際に訪問し、軍政と貧困の悲惨な状況を目の当たりにすると、カトリック教会の長として解放の神学を承認できないことにジレンマを覚え、死去するまで悩み続けたという。

このように、パウロ六世は解放の神学に多少なりとも理解を示し、ジレンマに悩まされたのに対し、ヨハネ・パウロ二世はマルクス主義的な要素ゆえに解放の神学には否定的であった。後者は共産圏出身であり、自国で共産主義体制による「信仰の自由」への弾圧を身をもって体験していることから、前者より共産主義に対して厳しい態度で臨むことになった。また神学的・社会的にも後者の方が保守的であった。この教皇の共産主義に対する強硬な姿勢は、米国にとって好都合ではあったものの、バチカンは「人権」という観点から、米国のラテン・アメリカ諸国への干渉のあり方に多くの問題点を指摘した。

冷戦期の米国のラテン・アメリカ諸国への間接的な軍事介入については、多くの場合、米州機構（OAS：Organization of American States）を通じて行われ、国連に殆ど立ち入る隙を与えなかった[29]。解放の神学に否定的だったヨハネ・パウロ二世の下でも、バチカンは「カトリックの牙城」ラテン・アメリカをめぐって、米国と対峙することも少なくなかったのである。七〇～八〇年代のラテン・アメリカでは保守勢力に対する革命運動やゲリラ活動の嵐が吹き荒れ、四国が内戦状態にあり、これに対して自国の「裏庭」での騒乱を安全保障上の脅威ととらえた米国は、さまざまな形で介入した[30]。そのためバチカンもこれに巻き込まれることになる。例えばニカラグアでは、カトリック教会が革命勢力を支持したが、革命が左翼化するにつれて地元教会は、革命政府支持派と反対派の二つに分裂した。エルサルバドルでは、右翼系ゲリラが社会活動を行っていたカトリック教会のロメロ大司教や修道女を殺害する事件が起きた。ロメロは後に殉教者として「聖人」となるが、これをめぐってもカトリック教会内では意見が分かれた[31]。同国でも革命勢力が強くなり内戦状態に陥り、米国は革命勢力のバックにキューバがいるとし、政府側に軍事援助を行ったが、カトリック教会は政府側の虐殺などの人権侵害を暴き、米政府の軍事援助を糾弾した。

米国のカーター政権は人権外交を謳っていたにもかかわらず、エルサルバドルがニカラグアの二の舞になることを恐れ、カーターに「米国は右派の軍事政権に援助をしないように」と嘆願するロメロ神父を無視した。それどころかアメリカ陸軍米州学校（現在の西半球安全保障協力研究所）という中南米で展開する米国陸軍の施設で訓練を受けた国民共和同盟という右派軍事政権の大佐によって同神父が暗殺されるのを黙認した。この米国のエルサルバドルへの介入と同神父暗殺の黙認は、一九九三年になって国連の公式な報告書で明らかにされた。

これらラテン・アメリカ諸国での内戦状態など混迷を受けて、カトリック教会が和平調停や左翼ゲリラとの交渉などに関わる場面も少なくなかったが、ロメロ神父の様に和平調停役の聖職者が暗殺されることがあった。これらの交渉に関わったカトリックの聖職者は、必ずしもバチカンから承認を得ていたわけではない。

地域は異なるが、北アイルランド和平交渉の鍵を握り、カトリック側の武装組織であったＩＲＡを武装解除させたアレックス・リード神父も、すでに触れたＷＣＣの関与がありながら、バチカンの承認を受けていなかった。なぜならリード神父は、ＩＲＡやシンフェインを代表するカトリック・コミュニティと密接な関係を持っており、ＩＲＡが武装したのはプロテスタント側の武装勢力による攻撃からカトリック市民を守るための自衛権の行使であると考えていたからである[32]。これに対してバチカンは、いかなる状況においても暴力の使用、武装は許されないという立場だった。

ラテン・アメリカの状況は、北アイルランドよりさらに複雑で暴力のスケールも広範囲にわたっていた。バチカン自身の立場も、左翼勢力に近い所にいる地元カトリック教会の聖職者を必ずしも承認せず、「民衆の教会」や「解放の神学」には依然厳しい態度を取っていた。

共産主義の国に生まれた教皇ヨハネ・パウロ二世は、ある意味で、前任者以上に共産主義の長所と短所を知り尽くし、どう有利に闘うかを心得ており、それは後に祖国ポーランドで成功を納めることになる。しかし当時はラテン・アメリカ諸国と東欧を同じような視点で見ることが出来なかった。

5　グローバル・サウス問題への関わり

国連の経済社会理事会の一部門として一九四八年に「ラテンアメリカ・カリブ経済委員会」が設立された。従属論や、いわゆる南北問題(中心対周縁論)を指摘したアルゼンチンの経済学者ラウール・プレビッシュが、同委員会の初代委員長となり、プレビッシュはその後、UNCTADの設立に伴って、一九六四〜六九年まで事務局長を務め、経済学的には地域統合論なども唱えた。彼の影響力もあり国連ラテンアメリカ・カリブ経済委員会は、ラテン・アメリカを含む途上国の活動家たちが国連に対して意見を述べ、それを国連の政策に反映させるための場となったのである。一九八四年にカリブ海諸国も加盟し、現在は国連経済社会理事会の一部となったが、本部はチリのサンティアゴにある。多くの国が一九世紀までスペインの植民地支配を受け、その後も新植民地主義的な経済的従属に甘んじてきた経緯がある。戦前は英国の「非公式帝国」であったことから、連盟の成員だった恩恵はあったものの、戦後は米国の従属的な地位に置かれてきた。

プレビッシュがUNCTADの事務総長だった時代に第二バチカン公会議が行われ、一九六八年にそのラテン・アメリカ版と称されるラテン・アメリカ司教協議会(CELAW)がコロンビアのメデジンで開催された。同協議会は開催地の名前を取って「メデジン会議」と呼ばれた。会議では、第二バチカン公会議でヨハネ二三世が出した回勅「マーテル・エト・マジストラ」「パーチェム・イン・テリス」、そしてパウロ六世の「ポプロールム・プログレシオ」に、発展に対する批判的メッセージが含まれる様になったことが、解放の神学の誕生と発展にとって決定的な意義があるとされた[33]。第二バチカン公会議の後半に作成された「現代世界憲章」では、この「発展」が中心的なテーマであり、先進国と発展途上国との経済格差および後者の前者への従属が述べられた。そして「ほとんどすべての国家が独立を獲得したとはいえ、これらの国々が極端な不平等やあらゆる形態の不当な従属から解放されたにはほど遠い」(八五項)とし、初めて「解放」が言われた[34]。この回勅の少し前にパウロ六世は「労働」の問題と関連付けて「新しい労働様式が労働者のなかに、疎外されているという自覚を呼び覚ました。生産手段は労働に属しておらず、労働者は集団的に疎外され、人のために働く意思を失っている。経済的・社会的な解放は、神への信仰による霊的な救いだけでは達成できない……」[35]と述べている。

こうした教皇の言葉に応えて、メデジン会議では「解放」がキイワードとなり、その後、多くの議論が交わされる様になる。つまり（経済）発展が貧困問題を解決するわけではなく、従属的な社会・経済構造からの「解放」なしに、それは実現しえないことが打ち出された。ボリビアの一二〇人の司教団が「我々は民衆の間に解放への望みと正義のための闘いを見出す。それはただ、生活水準の向上を達成するためだけでなく、社会・経済資源の国政レベルの意思決定過程に参与するためのものである」と述べた。

こうした考えは、今でこそ国連ラテンアメリカ・カリブ経済委員会に反映される兆しはあるものの、当時ラテン・アメリカにおける輸入代替工業化政策は失敗に終わり、プレビッシュもまた、ラテン・アメリカは新自由主義経済の犠牲となり、ＵＮＣＴＡＤが不毛な官僚機構と化して目的を達成できてないとして、一九六九年に事務総長の職を辞した。

司教たちは抑圧された民衆が意思決定過程に参加するために、教育こそ民衆を隷属状態から解放する手段とした。メデジン会議から二年後の一九七〇年、ボリビアの司教一二〇人は「貧困と不正に対して搾取される民衆側の意識が高まってきた。彼らはこの地の社会経済構造が根底から変わらない限り、解放は不可能と考え、純粋に非暴力的な手段で解放が達成出来る時代は終わったと考える人も少なくない」と司教協議会に書き送っている。

この暴力についての記述は、経済的な搾取による民衆の貧困状態を構造的な暴力と見なすことを前提とする特徴がある。そしてグディエレスによると「階級闘争は我々の経済的・社会的・政治的・文化的・宗教的な実現の一部である。（中略）階級闘争は我々の社会の指導的規範からかけ離れており、西洋キリスト教的文明の精神に反するものと主張する人もいるが、まさにそうした文明化によって追いやられ、教会において声をあげることができない人々こそ抑圧と搾取から生まれる階級闘争を体験しているのである。階級闘争は何よりもまず、誰も否定しえない事実なのである。(中略)我々は階級闘争という事実を否定することが、実は自ら支配者の側に立つことを、明確に悟らなければならない」と、解放の神学では階級闘争が前提とされ、まさに下からの神学、下からの教会観であると論じている[36]。

こうした解放の神学に対する考え方は、グディエレスに限ったものではなく、ブラジルの神学者レオナルド・ボフも同様である。経済開発については懐疑的な見方が強く、国際協力機構(JICA)が関与しているブラジルのセラード開発計画に対するカトリック教会の批判的な対応が報告されている[37]。

パウロ六世は階級闘争や暴力の使用について条件を付けながらも、解放の神学に理解を示し、これまで見てきたようにILOやWCCを通じた間接的な支援を行った。しかしヨハネ・パウロ二世は神学的には保守的であったことから、解放の神学に対して当初懐疑的であり厳しい態度を取る場面もあった。しかし、一九八三年にラテン・アメリカを訪問してその貧困や社会情勢を目の当たりにすると、解放の神学に少しばかりの理解を示す様になった。しかし彼の後任となったベネディクト一六世(在位：二〇〇五〜一三)は、第二バチカン公会議において保守派の神学を率いたラッツィンガーその人であり、前任者以上に解放の神学を強く警戒し、前出のグディエレスも「捜査対象」となった。教皇は「無批判的に無自覚的にマルクス主義を受け入れてはならない」との警告を発し、グディエレスは「無批判的に受け入れてはおらず、マルクス主義のごく一部の経済的な理論を借用しているに過ぎない」と反論して難を逃れた。しかしブラジルのレオナルド・ボフは、一九八五年に、教理聖省のトップだったラッツィンガー枢機卿によって、その著作『教会、カリスマと権力』[38]が異端として危険書指定を受け、フランシスコ修道会と司教職からも追放される実質上の破門となった。

現教皇フランシスコはアルゼンチン出身であることから、解放の神学にかなりの理解を示し、就任して二年以内に母国を除くこれらラテン・アメリカの最貧国を優先的に訪問している。エルサルバドルのロメロ神父の列福について、ヨハネ・パウロ二世はその調査の開始を命じ神の僕としたが、ベネディクト一六世は解放の神学に反対の立場からその後のプロセスをブロックしていた。しかし、現教皇によって二〇一五年二月、ロメロ神父は列福された。

現在、国連ラテンアメリカ・カリブ経済委員会はＦＴＡ（自由貿易協定）のための活発な交渉を行っているばかりでなく、環境問題では国連の規範を積極的に導入することで、アマゾンの自然保護や生物多様性などに関してリーダーシップを発揮している。また二〇一一年にはラテンアメリカ・カリブ諸国経済共同体も立ち上がり、ＥＵとのパートナーシップも議論されている。

第6章

冷戦終結
――ヨハネ・パウロ二世と欧州の安全保障協力

1　ポーランド人教皇の誕生

冷戦の崩壊過程に、国連が具体的・直接的に関与することはなかった。しかし前章で考察した一九七五年のヘルシンキ宣言と欧州安全保障協力会議(CSCE)の誕生、そしてCSCEが欧州安全保障協力機構(OSCE)へと発展をとげていく過程そのものが冷戦の終焉と深く関わっていたことは疑い得ない[1]。それは西側諸国の共産党圏の東側諸国との安全保障をめぐる交渉であった。カトリック教会のネットワークを通じたバチカンによるソ連や東欧との地道な交渉とヘルシンキ宣言、さらにはその三年後の一九七八年、ポーランドという欧州共産圏最大のカトリック国から教皇ヨハネ・パウロ二世が誕生したことが、西側主導による東側との安全保障をめぐる交渉を加速させることになる。

CSCEからOSCEへの移行は安全保障の問題であると同時に、前章でも触れたように、人権問題とも大いに関わっていた[2]。人権規範としての信仰の自由という問題に根ざしたバチカンの役割を、冷戦の終結と関連付けて論じることは重要である。

カサロリ枢機卿が参加したヘルシンキ会談、CSCEへの積極的なバチカンの関与には、ソ連国内及びソ連権益圏におけるカトリック教会と信者の保護および扱いの改善という目的があった。この問題は、ソ連内ではウクライナ、リトアニア両国の治安維持にかかわる事態にまで発展していた。CSCEの発展にはソ連側も積極的であり、これを有利に進めるためにバチカンと比較的良好な関係を維持することが必要だった。ヘルシンキ宣言に挿入された項目「人道および他の分野での東西の協力」は、東ドイツから西ドイツへの移住や逃亡者数を倍増させ、その申請者数は一年半の期間で二〇万人に上るという結果となった。また同宣言の、宗教の自由についての項目に関しては、プロテスタント教会が主導権を握り、西ドイツ憲法にある「信仰及び宗教団体の活動の自由」を実現するために、エキュメニカル運動を通じてバチカンと協力をはかった。一九七五年六月に行われたカサロリの東ドイツ訪問は、パウロ六世のエキュメニカル推進の指令を実現するための活動の一環であった[3]。

一九七八年八月六日にパウロ六世が死去した後、バチカンの内部には、彼の意思を受け継いで第二バチカン公会議の合意や決定事項を推し進めようとする改革派と、これに反発して伝統的な立場を守ろうとする派に分かれた対立があった。こうした中で行われたコンクラーベでは、改革派の教皇ヨハネ・パウロ一世が選出された。しかし彼はわずか三三日の在任期間の後に死去したので、その死をめぐっては様々な憶測が飛びかった。米国の司教でマフィアとも関係があったとされるチンクスを更迭しようとしていたヨハネ・パウロ一世が、その前に死亡したこと、またバチカン銀行と取引があったアンブロージャ銀行の頭取の死体が、ロンドンのブラックフライヤーズ橋に吊るされた状態で見つかったことなどがメディアの注目をさらった。映画『ゴッドファーザー3』はこれを題材に取り入れており、殺害されたイタリア首相モーロと同様、教皇もマフィアに殺害され、これにアンドレオッティ首相が関わっていたとの仮説を採るなど、様々な憶測や噂が流れると共に、多数の陰謀本も出版された[4]。これら一連の事件が起こったことで、マフィアが関与していたという憶測を呼んだものと思われる。実際には、教皇は枢機卿時代から病気がちであり、病死である可能性が高い。むろん教会内で、改革派の教皇を保守派が疎ましく思ったという可能性があるものの、それが教皇殺害にまで及んだとは考えにくい。

ヨハネ・パウロ一世死去によって、再びコンクラーベが行われ、有力候補は保守派のジュゼッペ・シリ枢機卿と改革派のジョバンニ・ベネッリであったが、そのどちらでもなくポーランド人のクラクフ大司教であったカルロ・ヴォイティワが教皇に選出された。この選択は当時、妥協の産物といわれた。第二バチカン公会議をパウロ六世に引き続いて実践しようとする態度は改革派だったが、解放の神学を承認することはなく、「解放」とはあくまで資本主義的唯物論からの脱却であると唱えてもいた。また第一バチカン公会議でピウス九世が唱えた「教皇の不可謬性」に固執する点などは保守的であり、両面を兼ね備えていたことから、保守派の反発を抑えられると考えられたのである。

非イタリア人の教皇は約四五〇年ぶりで、ポーランド人としては初、二〇一八年の時点でも唯一である。五八歳という年齢は歴代の教皇の中ではピウス九世についで若く、結果的に在位期間もそれまでの最長だったピウス九世を抜くことになる。特筆すべき点は、ポーランドという共産国からの選出であったことである。当時ポーランドはバチカンと国交は回復していたものの、まだ共産党一党独裁の国であった。こうしたことから、新教皇ヨハネ・パウロ二世の誕生が、歴史を変えるのではないかと、世界が期待をもって見守ることになった。

また教皇自身がコミュニケーション能力に非常に長けていたも注目される。母語やラテン語を含む一二ヵ国語を話すだけでなく、バチカン近隣のローマのボルゴ地区などに、ほとんど護衛も付けずふらりと現れ、立ち飲みカフェであるバールで気軽に人々と笑談していたというエピソードが示すように、誰とでも打ち解けて話そうとする態度は多くの人々の心を掴んだ。戦前のポーランドで反ナチスの地下演劇活動を行っていたことから、パフォーマーとしての立ち居振る舞いをよく知っていたのではないかとも言われる。新しいメディアも積極的に活用し、バチカン初のウエブサイトを立ち上げ、電子メールやインターネット、初めて携帯電話を使った教皇でもあった。

しかしヨハネ・パウロ二世が教皇に就任した一九七八年一〇月の国際情勢は、ヘルシンキ宣言が出てデタントの兆しが見えた一九七五年に比べると、新冷戦に向かって緊張感が再度高まりつつあり、一九七七年一〇月〜七八年三月にベオグラードで開催されたCSCEは、以前より厳しい東西対立の下で行われた。同時にホスト国であるユーゴスラビアや、他の欧州内の中立の中小国の役割が増大したとの議論もある[5]。バチカンは東側諸国の中ではユーゴスラビアとは早期に国交回復を果たしていたことから、その役割の重要性を認識していた。ヨハネ・パウロ二世もまた、前任者パウロ六世の遺志を受け継いで、第二バチカン公会議での取り決めを実践し、ヘルシンキ宣言を継承し、共産圏出身の教皇としてヘルシンキ・グループの東側での活動を活性化させることに力を注いだ。

ヨハネ・パウロ二世は、就任から数週間の一一月一日に、国務長官を通じてバチカンの国連代表であるジョバンニ・チェッリ枢機卿に、インドのラジニと連絡を取り、自らの国連訪問について議論するよう要請している[6]。それは国際社会において「人権」と「信仰の自由」をキイワードとして、カトリック教会が今まで以上に活発に活動することを意味した。まず中南米とソ連や東欧諸国との外交に着手し、一九七九年一月にはメキシコ大統領ロペス・ポーティロと会見して、司教などの聖職者とも解放の神学について意見の交換を行った。

ラテン・アメリカ問題については、米国が国連に介入の余地を与えなかったことは既に触れた。その代わりバチカンがこれに関与し、米国と対峙することも少なくなかったことも見てきたとおりである。しかし東欧についてはバチカンと米国の間に協力関係が築かれ、そして中東ではバチカンが、米国や国連によるレバノン内戦への介入を引き出すことに成功するなど[7]、地域によってバチカンと米国、国連の関わりの程度に違いが現れてくる。

バチカンの国務長官にはヴィロット枢機卿が一九六九年以降、パウロ六世に指名され留任していたが、ヨハネ・パウロ二世の就任間もなく同枢機卿が亡くなると、教皇はアゴスティーノ・カサロリを枢機卿に昇格させ、正式に国務長官に登用した。たびたび本書に登場している彼は、パウロ六世時代、共産圏との交渉やヘルシンキ会談の代表として活躍した実績を買われたのである。これは新教皇が、パウロ六世同様、あるいはそれ以上にヘルシンキ宣言を強く推し進めるという決断の現れであり、モスクワやワルシャワ条約機構のメンバー国と交渉を継続するという意志表示でもあった。第二バチカン公会議以降、ソ連や東欧諸国との交渉は断続的に行われてはいたが、教皇は自身の母国をはじめとする東欧のカトリック教会との強固なネットワークを利用し、さらにパウロ六世時代に東側と直接交渉に臨んだカサロリ国務長官の経験を活かして万全の体制で臨もうとしたのである。このカサロリ枢機卿の国務長官就任に、真っ先に反応したのは英国だった。歴史的には反カトリック主義で、七〇年代はバチカンとの交渉と言えば北アイルランド紛争問題が主な関心事であった英国は、バチカンと国際機関の関係を軽視してきたにもかかわらず、カサロリの就任を見て態度を一変させる。

英首相マーガレット・サッチャーは「バチカンの国務長官は外務大臣と言われるが、カサロリは首相なみの影響力と持っている、英首相は彼の就任祝いの手紙を送るべき」と外務省に連絡し、カサロリに就任を祝うメッセージを送った。彼女はカサロリを「バチカンのキッシンジャー」と呼んでいた[8]。新教皇の就任ならともかく、バチカンの国務長官就任に英国の首相が、わざわざ祝意の手紙を送ることは異例であり、この後、英国外務省のバチカン関係のファイルが急増していくことからも、注目度の高さがわかる。サッチャー自身、強い反共産主義の立場から、これと闘うカサロリへのエールを送る意味合いもあったようだ。

これに対して共産圏は、カサロリの就任を脅威ととらえた。東ドイツの諜報機関シュタージ（STASI）は、一九七九年四〜五月の、教皇によるバチカン外交に関する人事、すなわちカサロリ枢機卿の国務長官への就任と、アキレ・シルヴェストゥリーニ（Achille Silvestrini）の国務長官補佐（外務次官的なポスト）への任命について、「これは安全保障問題に関わる重要事項」と特記している[9]。東方政策の専門家である国務長官と補佐の就任は、ヨハネ・パウロ二世の外交を象徴する人事だった。

共産主義に比較的宥和的であったパウロ六世に対し、ヨハネ・パウロ二世は保守の立場からバチカンの反共産主義を強固に守った。パウロ六世の施策を、共産主義に妥協的で、取り込まれてしまう危険があると考えていたからである。しかしだからといってピウス一二世のように、共産主義と真っ向から対決姿勢で臨むわけではなかった。共産主義国出身だからこそ、その魅力も弱点も知り尽くし、共産主義との闘い方を心得ていたとも言えるだろう。そしてカサロリの経験と能力にも助けられ、教皇は東側との交渉に臨むことになる。

2 初めての母国訪問――「奇跡の九日間」と狙撃事件

ヨハネ・パウロ二世は一九七九年の六月二日から九日間にわたって母国ポーランドを訪問することになった。教皇のポーランド訪問は史上初であるのみならず、教皇が共産圏に足を踏み入れること自体初めてのことであり、東欧諸国全体に大きな衝撃を与えた。特に各国の共産党政権の驚愕は大きかった。

ポーランドの共産党政権や諜報機関であるSB（Służba Bezpieczeństwa：内務省の安全保障機関・公安）は、教皇の母国訪問を阻止、あるいは妨害しようとしたが果たせなかった。教皇のポーランド訪問は、カトリック教会と反政府組織、労働防衛委員会（KOR）の関係構築のきっかけとなり、のちの労働者による反体制運動へと繋がっていく。KGBは、教皇訪問時にワルシャワで暴動が起こることを警戒していた。さらにヨハネ・パウロ二世が「ポーランド人の教皇」を越えて「スラブ人の教皇」と自称したことで、多くのスラブ系民族を支配下に置くソ連体制にとってさらなる脅威になりかねないと見なした。訪問の四ヵ月後に教皇は国連の安保理総会にオブザーバントとして参加し、一九四八年の世界人権宣言を踏襲することの重要性を説き、人権が尊重されていないソ連圏や共産主義諸国を批判した。ポーランド訪問の成功、そして国連でのスピーチは、教皇による共産党諸国への宣戦布告ともとらえられた[10]。

この国連スピーチは「人権問題」への注目を喚起した。西側の人権団体が中欧や東欧の人権事情を見張るようになったことから、それらの地域では人権抑圧への抵抗運動が活性化した。そして一九八〇年六月にポーランドのグダニスク（Gdansk）の港湾労働者のストライキが全国的な社会運動に発展し、さらにカトリック教会の支持を受けた自主管理労働組合「連帯（ソリダリティ）」の結成につながった。

この時期、米国の人権外交はブレジンスキー補佐官からリチャード・アレンに引き継がれていたが、ソ連の対ポーランド政策について重要な情報がもたらされていた。それはソ連によるポーランド侵攻の可能性を示唆していた。ブレジネフは、連帯などポーランドの労働運動や民衆運動が、同国の共産党政権を転覆させてようとしており、そうなればポーランドに米国の軍事基地が作られるかも知れないと考えたのである。ヨハネ・パウロ二世は、さっそく一二月一六日付けでブレジネフに書簡を送り、連帯は人々の生活の改善を望んでいるだけで、政権の転覆を望んでいないこと、自身には連帯を説得する影響力があることを伝えた。一九八一年一月一五日に、代表者であったレフ・ワレサをはじめとする連帯のリーダーたちに会見した教皇は、「連帯の活動には慎重さが必要で、ポーランドは地政学的な理由によって、これまで多くの犠牲を出してきた歴史があり、この点に留意すべき」と忠告した[11]。この五日後、米国でレーガン政権が発足する。反共産主義においては近しいものの、より現実的な対ソ連外交政策を期待するヨハネ・パウロ二世は、一方でレーガンの強硬姿勢に警戒感を強めていた。カサロリ枢機卿はその教皇よりもさらに慎重な東方政策を推進する立場であった。

一九八〇年五月、ソ連領のモルドバでカトリックの聖職者が追放され、同年中にリトアニアとラトビアでは少なくとも五人のカトリック聖職者が殺害される事件が起こった。恐らくKGBによる犯行とされ、状況は悪化の一途を辿るように見えたことから、バチカンは事件の報告書を、マドリッドで行われていたCSCEに提出することを決断する。人権問題ではソ連に気を遣ってきたバチカンであったが、状況の悪化に直面してやむを得ない決断であった[12]。

ポーランドでは翌一九八一年の三月、農民を中心とする労働組合運動が盛り上がり、当局と衝突するブィドゴシュチュ（Bydgoszcz）危機を発端に、ポーランド全土で社会不安が広がった。ポーランド共産党の指導者ヤルゼルスキは四月二日、ソ連での共産党内の会合（ポリットビューロ［Politburo］）で状況を釈明しなければならなかった。この約一ヵ月後にポーランドのステファン・ヴィシンスキー枢機卿が死去し、さらに同年五月一三日にはサン・ピエトロ広場でヨハネ・パウロ二世暗殺未遂事件が発生した。トルコ人メフメト・アリ・アジャによる教皇銃撃事件は、教皇の共産圏への影響力を恐れたKGBや、ルーマニア、東ドイツの諜報機関シュタージの関与が言われていて、これについては後に教皇伝記や手記、バチカンの公的刊行誌などでも指摘されている。またバチカンの東方政策を扱った研究書を書いたジャーナリストのジョージ・ワイゲル（George Weigel）が、ソ連や東ドイツ、ポーランドなど、近年公開された東側史料も使って二〇一〇年に刊行したヨハネ・パウロ二世の伝記で詳細に述べている。同書はジャーナリストによるものだが信頼性は高い。また二〇〇五年二月、教皇自身が著書のなかで、犯行は共産党員によるものと発表し、三月には証拠書類が東ドイツで発見されていたとバチカン公式新聞が報道した。それによると、事件はＫＧＢが計画し、トドル・ジフコフ政権のブルガリアや東ドイツなどが協力していたという。当時の共産・社会主義圏における反体制運動、民主化運動を精神的に支えたローマ教皇の絶大な影響力を取り除くことが、暗殺計画の動機であったと述べられている[13]。

議論はあるにせよ、教皇暗殺未遂事件に多かれ少なかれＫＧＢやブルガリアのインテリジェンス、あるいは東ドイツのシュタージの関与があったことは、否定できない。動機はいくつかあった。まずポーランドの反政府的労働組合「連帯」を教皇が支えていたことである。そのことは「連帯」の指導者ワレサのバチカン訪問時に、教皇自身が明言していた。さらにソ連がポーランドに侵攻した場合、教皇がポーランドに飛んで阻止する行動に出る可能性があった。ＣＩＡもこの情報をＫＧＢから寝返った協力者から収集しており、バチカン治安当局、さらには西ドイツ治安当局もその可能性を支持している。その後、教皇狙撃の実行犯であったトルコ人アジャがＫＧＢの関与を供述しており、イスラム教徒として反キリスト教の心情と、ＮＡＴＯ加盟国であるトルコ政府への不満を利用されたと自白している。ポーランドのインテリジェンス機関ＳＢの関与も取り沙汰されたが、これはほぼ否定されている。

ポーランド政府当局は教皇に支えられてきた「連帯」を非合法化、一九八一年一二月一三日以降、国を戒厳令下においた。このニュースを受けてレーガン米大統領は教皇に直ぐさま連絡を取り、ワシントンでレーガンとバチカン国務長官カサロリ枢機卿の会談が行われた。これには在ワシントンのバチカン公使ピオ・ラギ大司教、ブッシュ副大統領、ヘイグ米国務長官、ジェームズ・ベイカー首席補佐官、国家安全保障長官補佐のジェームズ・ナンス、米大統領バチカン特別使節ウィリアム・ウィルソンが同席した。そこでカサロリは、「戒厳令下でもポーランドの連帯は東ヨーロッパの民主化の原動力になる。ただ改革は暫時的に進めなければならない」という教皇の考えを大統領に伝えた[14]。

米国は戒厳令に憤りを覚えていた。しかしカサロリは、時機はまだ熟していないので現状を黙認して状況を見守るべきであり、ソ連や東側を過度に刺激しないようレーガンに要請した。カサロリは教皇以上に、「静かな東方政策」を主張し、共産主義と闘うのではなく、共産主義体制の中でカトリック教会がいかに共存するかを模索する立場であった。

3　カサロリ枢機卿と東方政策の軌跡

教皇とレーガン大統領の直接会見は、一九八二年の六月二日、大統領がバチカンを訪問するという形で実現した。大統領は教皇とその祖国における闘いを「勇敢」と賞賛し、ポーランドの民主化、「連帯」への支援、そのリーダーであるポーランド暫定調整委員会（TKK）への支持を表明した。

レーガンに勇気づけられた教皇は、一九八三年に母国を再訪問する計画を立てるが、ソ連およびポーランドの諜報機関は、これを阻止しようと以前に増して組織的なオペレーションを開始した。ソ連では一九八二年一一月にブレジネフ書記長が死去し、後任となった元KGB長官のアンドロポフが「三段階工作」を始動させた。ポーランドのカトリック教会内の聖職者をスパイとして働かせるなど、かなり厳しい「工作」であった。しかしながら、国際的に絶大な支持を得る教皇は母国訪問を躊躇することはなかった。

KGBからSBに五〇丁のライフルや機動隊などが提供され、厳戒態勢のなかで、一九八三年六月一六日から八日間のポーランド再訪が実行された[15]。これは世界中のメディアの注目を集め、約一〇〇〇万人のポーランド市民が教皇を歓迎し、共産主義国としては異例の出来事となった。教皇はワルシャワでミサを行い、メッセージを述べたが、その内容は戒厳令体制への批判、政治犯への同情、精神の自由などあからさまな共産党政権批判であった。それは「連帯」による静かな、しかしながら大いなる歓迎で受け入れられた。ワルシャワ訪問後、教皇は聖母の慰霊地があり、炭鉱でも有名なチェンストホヴァ、工業都市ポズダニ、石炭業の中心地カトヴィツェ、そして教皇の母校で、カトリック史上重要な神学校のあるクラクフなどを訪問したが、その間、ポーランド当局は民衆のあまりの熱狂に恐れをなし、ワレサとの会見を阻止しようと試みたが徒労に終わった。

一方バチカン内に潜入していたSBのスパイ、エドワード・クラトフスキ（Edward Kotowski：暗号名ピエトロ[Pietro]）は、一九八三年初頭にポーランドに帰国し、以降宗教と内政（治安）問題を担当していたが、ヤルゼルスキは彼にポーランドの司教たちとの連絡役を務めるよう命じていた。

こうした状況を受けてポーランド政府は、ソ連クレムリンの動きを懸念しつつも、戒厳令に反対する西側からの経済制裁を受け、疲弊した経済状況から脱却する必要性に迫られた。現政権を維持するためにも、教皇と妥協策を模索する交渉を強いられ、結果、戒厳令の解除、「連帯」の限定的復活で合意し、同年七月二二日付で戒厳令は正式に解除された。この戒厳令解除までに、五〇〇〇人のポーランド人が逮捕、連行された。米国や西側諸国はすぐさま経済制裁の解除に動きだし、西側民間銀行団は約一〇億ドルに上る債務救済に応じる意思を表明した[16]。

しかしポーランド内政に大きな変化はなかった。共産党政権は相変わらず「連帯」の非合法活動に関わっている者を摘発し、これ直接関わるカトリック教会関係者にも圧力をかけた。同年一〇月、「連帯」のワレサ議長にノーベル平和賞が授与されると、ソ連のアンドロポフ書記長は激怒し、バチカンとポーランド・カトリック教会を痛烈に批判した。そして「連帯」の指導者など、政治犯八五〇〇人の釈放を控えた一九八四年一～二月、農村部における「連帯」の指導者の一人であったピートル・バルトシチェ（Piotr Bartoszcze）が謎の死を遂げた[17]。

その四ヵ月後、ソ連では一九八四年二月にアンドロポフが死去し、政権を引き継いだチェルネンコ書記長も一九八五年三月に亡くなる事態となった。その後任となったのが、ミハイル・ゴルバチョフである。同年一一月に、ジュネーブでゴルバチョフとレーガンの最初の会見が行われた。ゴルバチョフは改革を目指すペレストロイカを唱えるなど、ソ連の軟化姿勢を見せたために、東欧諸国、特にポーランドでは民主化運動のさらなる高まりを引き起こした。

そしてヨハネ・パウロ二世は三回目の母国訪問を、一九八七年六月八日に果たした。戒厳令解除以来、初めての訪問であり、ポーランドの国旗に「連帯」のシンボルを付けた旗を振る民衆の大歓待を受けた。教皇は秘密警察に暗殺された「連帯の殉教者」イエジイ・ポピエウシュコ(Popieluzo)神父の墓に参り[18]、長年禁句であった「連帯」という言葉をスピーチで使い、全く新しい時代の幕開けを宣言した。教皇は、第二バチカン公会議のエキュメニズムの精神、宗教と世俗的社会の接近を受けついでおり、母国訪問でより広い民衆の社会参加を促し、人々は民主化に対するより強い期待を抱いた。この訪問で、教皇は共産党政権の指導者ヤルゼルスキとも会談した。

教皇に勇気づけられた民主化運動の動きは全国的な勢いを得て、もはや止めることはできなかった。当時のポーランドでは長期にわたる経済停滞や経済制裁で国民の生活水準が低下し、社会不安や体制不満が広がっていたこともあり、政府は「連帯」を中心とした反体制勢力との対話を開始した。一九八八年八月一六日、全国的なストの波の中、当時の内務大臣チェスワフ・キシチャクが、「連帯」のリーダーであるワレサと極秘に会談し、今後の対応を話し合うため「円卓会議」を開催することで合意した。円卓会議は一九八九年二月六日から始まり、キシチャクとワレサが共同で議長を務めた。開催場所はいくつかに分かれていたが、開会と閉会は閣僚評議会本部(現・大統領官邸)で行われた[19]。

円卓会議は「連帯」側がまとまりを見せたのに対し、共産党政府側はバラつき、交渉は困難を極めたが、複合組合制（複合政党制）とオープンな選挙制度の確立などで最終的に合意した。そして一九八九年六月四日の選挙で「連帯」が勝利すると、カトリックのインテリであるタデウシュ・マゾヴィエツキ（Mazowiecki）が首相となった。ここに共産党政権は崩壊し、そのインテリジェンス機関であったSBの活動も停止された。

円卓会議に端を発するポーランドの民主化運動と共産党一党独裁体制の崩壊は、他の東欧諸国にも波及し、その後の一連の東欧革命につながっていくこととなった。同年秋、流血を伴ったルーマニアのチャウシェスク政権崩壊に対して、チェコスロバキアのヴァーツラフ広場の民主化支持のデモは、無血のビロード革命と呼ばれた。これにはヨハネ・パウロ二世に感化された二人の聖職者、ヴァクリフ・マリー（Vaclav Maly）司教やフランチェスコ・トマシュク（František Tomášek）枢機卿の影響があった。その後、一九九〇年一〇月一三日にカサロリ枢機卿から、ルーマニアのジョン・ボコウスキー（John Bukovski）神父に送られた書簡の中でも、チェコスロバキアのトマシェク枢機卿やマリー枢機卿のビロード革命への貢献について述べられている[20]。

ソ連自体に関して言えば、ロシア正教会は完全に共産党政権の統制下にあったが、その支配下にあるはずのウクライナの東方カトリック教会が、最大の民主化運動の地下組織であった。ゴルバチョフの下、経済的な自由化だけでなく政治的な自由化も始まり、カトリック教会への締め付けも徐々に緩和されて、キリスト教誕生一〇〇〇年記念の一九八八年にはウクライナの聖職者がモスクワに招待された。

ゴルバチョフも、ポーランドでは「連帯」の協力、すなわちカトリック教会の協力なしでは、国を治めることが出来ないと認識していた。一九八八年四月には「連帯」の合法化をポーランド政府が認め、これを受けて行われた翌一九八九年六月の総選挙で「連帯」が勝利すると、新政権はバチカンと正式に外交関係を回復した。こうした教皇による東欧諸国での宗教の自由の回復（カトリック教会の復活）をめぐる交渉は、国務長官カサロリ枢機卿と二人三脚で進められた。またソ連の一部でありカトリック教徒の多いリトアニアへの訪問も果たした。

一九八八年六月一三日にカサロリ枢機卿はモスクワでゴルバチョフと始めて会談した。前月にローマのソ連大使に会って調整した結果実現した会談であった。明らかになっている二人の会話の内容で、とりわけ目を引くのがヘルシンキ宣言に関する部分である。ゴルバチョフはカサロリの貢献を賞賛すると共に、その体制維持に賛同し、カサロリは、翌年ローマでの教皇との会談を交渉し、承諾を取り付けた。その時の模様をカサロリは、「秘密ノート」に記している。ゴルバチョフは一九八九年八月六日付でヨハネ・パウロ二世に手紙を書き、「カサロリと会談し、そしてその結果バチカン訪問を決意した」旨を述べている。そして遂に一九八九年一二月一日、ゴルバチョフによる歴史的なローマ教皇へ訪問が実現するのである。その礼状は教皇からゴルバチョフに一九九〇年五月二日付けで送られている[21]。

冷戦終結への流れとバチカンの関わりを見る上では、ヨハネ二三世が主導しパウロ六世が引き継いだ東方政策(Ostpolitik)の軌跡を踏襲したカサロリ枢機卿と、ポーランド出身であるヨハネ・パウロ二世の組み合わせを評価すべきであろう。

カサロリと教皇の立場は異なっていたが、この二人三脚が冷戦終結に大きく貢献したことは疑い得ない。カサロリは長らく東方政策に関わってきただけに、その態度は慎重を極めた。一方教皇はカトリック教会を基盤とする東側での民主化路線の推進を熱心に奨励したことでソ連の反感を買い、自身の暗殺未遂事件や、ポーランドへのソ連の軍事介入の危険性を招いた。カサロリの慎重な態度が、性急な傾向にある教皇の手綱を適度に引いたと言える。カサロリが推し進めたヘルシンキ宣言に見られるデタント路線の先には、民主化による共産主義体制の突き崩しがあり、それにはヨハネ・パウロ二世の存在が必要だった。

ヘルシンキ宣言以降のバチカンのCSCEへの関与は、ベオグラード、マドリッド、そしてウィーンでの会議へと継続された。一連の会議で人権規範をめぐる議論をリードし、特にウィーンでは「宗教や信念を自由に表現する権利」について、ポーランドとハンガリーとの協力によって人権問題の第七原則として明文化することに成功した。そして一九九〇年、CSCEはパリでの会議をもって締めくくられた[22]。

教皇ヨハネ・パウロ二世に対する評価は、宗教家やカトリック教会関係者だけでなく、研究者や政治家からも大変高い。特に冷戦終結への貢献についての評価は、もはや揺るぎないものであろう。著名な冷戦史研究者であるジョン・ルイス・ギャディスは、「ヨハネ・パウロが一九七九年の六月二日に母国の首都ワルシャワの空港の地面（滑走路）に接吻した瞬間すでに、共産主義が崩壊する歴史が開始されていたのである」と書いた。むろん教皇の力だけで冷戦が終焉したわけではなく、レーガンやゴルバチョフといった著名な世界の政治的リーダーの力によるのだが、その一人に教皇を加えている点は注目に値する。「ちょうどソ連が経済力の低下でその軍事力、諜報力、プロパガンダ力を失いつつあった時に、ヨハネはその勇気、雄弁さ、想像力、信念と信仰でもって共産主義を切り崩し、やがて冷戦を終結させるパワーを持って登場したのである」と言うのである。レーガン大統領は、「ポーランドの勇気」に感化され、教皇と同じゴール、共産主義を敗北させるという共通の目標にむかって、手段は異なったが共に努めたのである。そのため教皇も大統領も反動保守主義者という批判を受けるが、デタントや冷戦均衡による「安定」に甘んじることなく、民主主義と信仰の自由にむけて人々を解放したのであった[23]。

バチカンや教皇という宗教の力が冷戦を終焉させたという主張を認めなくとも、冷戦という大規模で長く冷たい戦争状態が、ほぼ無血で終焉したことを説明するには、ヨハネ・パウロ二世の存在を無視できない。一九七九年のポーランド訪問の九日間なくして、おそらく冷戦の無血終焉はあり得なかったのではないか。教皇という神の代理人ではあるが、ヨハネ・パウロ二世自身がポーランドに生まれ、共産主義体制の中に育ち、共産主義の魅力と残虐さを知り尽くし、戦前・戦中・冷戦期の受難の歴史の中に置かれた母国への愛国心に突き動かされた、という人間としての経験を持ったことも重要な要因であろう。それと同時に、教皇がこうした勇気ある行動をとれた背後にはカサロリ枢機卿の支援、そしてヘルシンキ宣言と、これを推進するためのＯＳＣＥやＣＳＣＥといった枠組が必要であり、欧州の安全保障の概念を人権問題の域まで拡大していった、これらの国際組織の重要性が強調されるべきである。

4　冷戦の終結と外交関係の回復

ポーランドに端を発した改革は東ヨーロッパ全域に及んだ。一九八九年の夏、レーガンと交代したジョージ・Ｈ・Ｗ・ブッシュ大統領によって新たに指名された米国大使、トーマス・パトリック・メラディーがローマに派遣された。同年一二月、歴史的なゴルバチョフによるバチカン訪問では、西ウクライナのカトリック教会などについて話し合いが行われた。これは、マルタ島で行われる米国大統領とゴルバチョフの会談に先立つもので、大使を通じて教皇とブッシュ大統領がゴルバチョフに「好意的な印象」という共通の評価をしたことが伝えられた。

ポーランドでは「連帯」が勝利し、教皇が最も近い関係を築いていたワレサが一九九〇年の終わりには大統領となり、この影響は結局、ソ連にまで及ぶ。翌年までにはソ連の共産主義体制そのものが崩壊するに至った。ルーマニアなど一部では流血があったものの、ほとんどの東欧諸国とソ連そのもので、無血クーデターによる共産党体制の崩壊が起こったことは、ある意味で奇跡に近いものがあった。その後、一線を退いたゴルバチョフは、ヨハネ・パウロ二世について「東ヨーロッパの共産主義を突き崩すのに多大なる政治的貢献をした」と評している。ゴルバチョフに替わってロシア大統領となったエリツィンもローマを訪問するが、エリツィン大統領による旧ソ連邦諸国の独立、バルカン半島の国々、リトアニア、ラトビア、エストニアの独立についても、バチカンの仲介によって無血のうちに速やかに行われた[24]。

ほぼ無血のうちに冷戦が終結した背景には、米国のＣＩＡとバチカンの協力関係も一定の役割を果たした。ＣＩＡ長官であったウィリアム・ケイシーは、かつてポーランド問題における米国とバチカンの協力関係を築いた人物であり、バチカン国務次官のアキレ・シルヴェストゥリーニ大司教、ワシントン付きのバチカン使節などと情報交換を行っていた。ウィリアム・クラーク公使が正式な外交関係の再開を提案し、レーガン大統領は一九八四年にウィリアム・ウィルソンを、米国大使として教皇庁に派遣し、バチカンとの完全で公式な外交関係を復活させていた。

第二章で述べた様に、第二次世界大戦から冷戦初期にかけて、ルーズベルトとトルーマンの時代にマイロン・テイラーが大統領個人特使としてバチカンに派遣されたが、これはあくまで非公式な外交ミッションであった。情報交換や戦時中の外交交渉においては、非公式であるがゆえのメリットもあったが、非公式であることは両国の関係が対等でない、また大統領個人特使はポストが恒久的なものでないため政権交代で維持されないといった危険性があった。マイロン・テイラー特使の後、トルーマンは再び、他の人物を外交使節としてバチカンに派遣しようとしたが、世論の反対にあって実現しなかったという経緯もあった。冷戦末期にはポーランドの共産党政権に圧力を掛けるため、バチカンと米国が対等で永久的な外交関係を持つべく、双方の「大使」ステイタスでの外交官の交換を必要としたことから、ようやく八四年に実現されたのである[25]。

またイタリア共和国とも、社会党のクラクシ首相時代の一九八四年、新コンコルダートが締結された。かつてピウス一一世がムッソリーニと締結した一九二九年のコンコルダートを見直し、双方の取り決めに伴う義務を撤廃した。その結果、イタリア共和国がカトリックの宗教教育の義務化を撤廃、離婚についても秘蹟（サクラメント）に基づく教会法から自由になり、世俗の法律による離婚が可能になるなど、大きな変化が生じた。このことがきっかけでキリスト教民主党内の保守派と自由派の分裂を招き、やがて冷戦終結後に同党は解体を強いられることになる[26]。

その他、この時期のバチカンの外交を簡単に記すと、ヨハネ・パウロ二世は一九八二年、英国のフォークランド紛争の仲介のための英国とアルゼンチン訪問したほか、ギニア、ガボン、ナイジェリア、ポルトガル、スペイン、スイス、サン・マリノ、ブラジルを歴訪した。翌八三年にはルルド、オーストリア、ポーランド、中米、八四年にはスペイン、スイス、韓国、サント・ドミンゴ、南米、カナダ、八五年にはオランダ、ベルギー、リヒテンシュタン、アフリカ各国などを精力的に訪れている。英国とは一九八〇年の女王エリザベス二世によるバチカン訪問をきっかけに、八二年には大使レベルでの正式な外交関係を回復している。ヘンリー八世の宗教改革以来の歴史的出来事であった。これに米国が続き、他の主なるプロテスタント国であるデンマーク、スウェーデン、ノルウェーなどが追従した。

一九八一年、サン・ピエトロ寺院での暗殺未遂によってヨハネ・パウロ二世は七〇日間入院したが、約五ヵ月後には公務に復帰している。八二年には中東を訪問してPLOのヤーセル・アラファト議長と会見、八三年には自身を暗殺しようとした犯人をトルコの刑務所に訪問して赦しを与えている。母国ポーランドの生誕地クラクフ郊外から遠くないアウシュビッツも訪問し、多くのユダヤ人を殺戮したナチス政権を激しく糾弾して、大量虐殺や絶滅政策を世界に思い起こさせた。ナチス時代にあっては大半の犠牲者がユダヤ人かユダヤ系であったが、このホロコーストの代名詞となったアウシュビッツは、ドイツではなくポーランドにあり、多くのポーランド人もナチスの犠牲になっている。カトリック教会は中世以来、ユダヤ教徒を差別してきた歴史があり、またピウス一二世はナチス政権とのコンコルダートなどによって「反ユダヤ主義」と見なされた。しかし、アウシュビッツの近くで生まれ育ったポーランド人教皇の努力によって、ユダヤ・ロビーとの和解も進行した[27]。

5　ヨハネ・パウロ二世とＩＬＯ

ヨハネ・パウロ二世とＩＬＯや国連との関わりを、教皇就任二年後にあたる一九八一年から見ていこう。ヨハネ・パウロ二世は、同年六月一日付けで、ジュネーブで行われる予定のＩＬＯ大会を訪問するとの意思表示を行った。同時に他の国際社会教育機関への訪問についても議論が行われ、翌年八二年に教皇はジュネーブのＩＬＯ訪問を果たす。労働問題とどう関わったのであろうか。

ヨハネ・パウロ二世は一九八一年九月一四日の回勅「ラボルム・エクサセンス（Laborem Exercens：働くことについて）」で再び労働の問題を焦点とした。これはレオ一三世の「レールム」発出から九〇周年となることを記念する回勅でもあった。その内容は、労働については、創世記から福音書まで聖書にはすでに書かれており、高度に複雑化した現代社会においても常にその重要さは失われていない普遍的なテーマであるという内容であった[28]。

教皇は、労働における人間の尊厳について改めて強調したが、それは共産主義体制下にあるポーランドで、ワレサ議長率いる労働組合「連帯」を通じたカトリック的な民主主義の実現を影ながら支援するメッセージであったとも考えられる。ポーランドで何度も「労働者の団結」が繰り返されたことからも推測できる。

一九八二年の六月一五日に教皇は、ジュネーブのＩＬＯ本部で、労働者や組合の代表、政府、そして雇用主の団体の三者にそれぞれ、回勅に基づくスピーチを行っている[29]。

バチカンの国連代表ディ・フィリッポ（Di Filippo）は、一九八三年五月一一日、国連事務総長のハビエル・ペレス・デ・クエヤル（Javier Perez de Cuellar）に、カトリック系のＮＧＯ国際オペラ・ピア（Opera Pia International）が、国連経済社会理事会の前身である社会発展・人権問題センターや国連人口基金などと協力して、人口や社会経済、そして人権問題に取り組んでいることについて報告している。フランス語で書かれた『聖座と国際機関』のパンフレットが発刊され、そこではバチカンがこれらのNGOと共に、世界の紛争や戦闘の和平交渉に関与していることを述べられている[30]。

教皇ヨハネ・パウロ二世は、一九八六年一月二五日、アッシジの聖フランシスコ教会で開催された国連の世界平和祝日に東西教会共同で参加した。同年一月三〇日、ジンバブエ(旧ローデシア)のハラルで行われた会合は、WCCがスポンサーであり、世界祈りの記念日を、ソウェト蜂起の一〇周年であるとした。ソウェト蜂起とは一九七六年六月一六日に、アパルトヘイト体制下の南アフリカで起きた黒人五〇〇人以上に対する虐殺事件であり、これをきっかけに南アフリカに対する国際的な非難が高まり、国連による数度にわたる制裁措置のきっかけとなった。国連は事件の翌々日、国連安全保障理事会を招集し、南アフリカを非難する決議案を全会一致で可決、同案は国連安保理決議三九二号として採決された。結果的にこの蜂起をきっかけに一九九〇年以降のネルソン・マンデラの釈放とアパルトヘイト撤廃へと繋がる交渉が本格的に始まる。南アは旧英領にしてコモンウェルス国で、アパルトヘイトの時代に一時的に追放措置を受けたが、英国国教会の存在によってWCCの重要な活動拠点の一つとなっていた。ローデシアは一九八〇年までに内戦と経済制裁を経て、南アフリカより早くアパルトヘイトを撤廃していたことから、ジンバブエ共和国として独立を果たしていた。南アに圧力をかけるために、WCCがハラレでの世界平和祝日会合のスポンサーとなり、これに「正義・平和・創造の整合性(JPIC：Justice, Peace and Integrity of Creation)」を通じて教皇も関与することとなる。JPICはカトリック教会による「非暴力イニシャチブ(Non violence initiative)」などの活動を行っているが、同じ方法と目的を持つプロテスタントのルター派世界連盟(LWF)とも連携し活動していた[31]。

さらに教皇はキリスト教以外の諸宗教も含む宗教サミットを開催するために、議論と準備を開始した。一九八六年三月二五日と一〇月一四日が国連にとって都合が良く、またソウェト蜂起の起こった六月一六日は南アフリカの記念日として理想的であるとされた。しかし南アフリカの状況は、この時点ではまだ改善されていなかったので、カナダのエキュメニカルなNGOカイロス(Kairos)はバチカンとカトリックの参加も呼びかけた。

WCC事務総長エミリオ・カストロからは一九八六年九月二六日付けでヨハネス・ウィレブランド枢機卿へ書簡が送られた。これによるとアッシジでの世界平和祝日への参加について、正教会からも、またニュージーランドから司教バジル・ミーキング(Basil Meeking)も参加するとのことであった。同年一〇月二四日、バチカン内エキュメニカル省長官へのWCCから手紙によると、ミーキングが、次の合同委員会で話し合う議題について、特に移民や保護を必要とする難民や人種の問題などについても取り上げると記されている。

バチカンで一九八九年九月八日に行われた聖母マリア生誕の祝日で、ヨハネ・パウロ二世はバチカンやカトリック教会関係の団体が難民問題について国連と協力してきた経緯と歴史について語り、八六年、難民危機に迅速に対応したタイのカトリック団体に、ヨハネ二三世賞が贈られたことにも言及している[32]。

一九九一年三月二七日には冷戦終結に伴い、旧ソ連領のカトリック教会教区が再編成される。また同年の五月一日はレオ一三世の「レールム」一〇〇周年記念としての回勅「チェンテジムス・アンヌス(Centesimus Annus:新しい課題——社会と教会の一〇〇年をふりかえって)」を出して、第二次世界大戦や冷戦を振り返った。長い回勅のなかで教皇は、「教皇レオの回勅は一〇〇年経過した今もレールム・ノヴァルム(新しき事柄)であり続ける」とし、本回勅によって行われてきた国連やILOなど国際機関の活動の進展についても感謝を述べた。

ヨハネ・パウロ二世はこの様に、国連や国際機関へのコミットメントを重視し、その意味で、パウロ六世の遺志を受け継ぎ、「空飛ぶ聖座」として世界一〇四ヵ国をめぐり多くの国際問題に関与したという、オープンなイメージを持たれがちである。しかし彼は前任者に比べて保守的な傾向を持っていた。その違いがはっきり表面化したのが、特に八〇年代になってからの、解放の神学をめぐる問題であった。パウロ六世も決して解放の神学を手放しで承認したわけではなく、これをめぐっては多くの論争があった。パウロ六世は第二バチカン公会議をヨハネ二三世から引き継いでこれを遂行した立場から、「解放の神学は第二バチカン公会議から生まれた」ことを認識していたし、その先駆的な人物であるグスタボ・グディエレス[33]には理解を示した。しかし、解放の神学がサンディニスタ民族解放戦線(ニカラグアの左翼政治運動)など、極左的な運動から支持されたことについてはパウロ六世も懸念を持っていた。

ヨハネ・パウロ二世が、パウロ六世の回勅「人類の進歩」の二〇周年にあたる一九八七年に出した回勅が「ソリチトゥード・レイ・ソチャーリス(Sollicitudo Rei Socialis:真の開発とは)」である[34]。回勅には、パウロ六世の回勅を継承し、それを実現しようと試みてきて、成功した部分もあるが、上手くいかない部分もある。それはソ連などの共産主義ブロックと西側資本主義の対立が障害となっている、といった文言が見える。また新たなる貧困問題として、拡大している格差を指摘し、人間にとっての「進歩」や「発展」とは何かを改めて問いかけている。これに対し、一九七三～八九年までＩＬＯの事務総長として史上二番目となる在任期間を務めたフランシス・ブランチャードは、これを歓迎する意思表明を行い、労働に関する基本的な理念を再確認している。

6　国連レバノン駐留軍への関与

ヨハネ・パウロ二世が教皇となった翌一九七九年、ソ連がアフガニスタンに侵攻し、イラン革命が勃発する。一九七五年から続くレバノン内戦など、世界は新冷戦の時代を迎えた。こうしたソ連と米国の代理戦争について国連は機能をあまり発揮できなかったが、ＩＬＯやＷＣＣその他の組織を通じてバチカンと国際機関の協力的な活動は継続していた。パウロ六世が一九六四年一一月二一日に公布した「教会憲章（Lumen Gentium）」は、ヨハネ・パウロ二世も継承し、キリストの母としての聖母マリア、聖母マリアの教会や信仰、そして聖母が民の信仰として重要である、といった項目を強調する回勅を発表する。これは三位一体論を取らないが、同じ聖母信仰を持つロシア正教会とＷＣＣが協力関係を構築してきた実績から、特に意識されていた。ＷＣＣ内に「社会発展と平和委員会（Committee on society development and peace）」が設置されると、バチカンもこれと協力し、レバノン内戦においては、同地の信者たちがキリスト教東方典礼カトリック教会の一派であるマロン派であることから、米国の介入を仰いだ。

マロン派とは現在、教義はカトリック教会に属し、これと教会一致を図っているが、独自の組織や典礼の伝統を維持する東方典礼カトリック教会の一つになっている。東西教会の分裂で一〇五四年にカトリック教会と袂を分かった、ギリシアやロシア正教会に対し、マロン派は、聖人マロンの下、四一〇〜六八五年に独自の発展をとげ、その後十字軍期の一一八〇年にカトリック教会と交渉し、ここに帰属を決めた。祈祷書はシリア語やアラビア語を使用する独自の典礼を持ち、カトリック教会に属する点でギリシア正教会などよりもバチカンとは近い関係にあると言える。現在のレバノンでは、マロン派が人口の三〇〜四〇%存在し、増加するイスラム教徒との対立を深めつつある。また、その政治体制が教派に基づいた政党政治であることから、宗教的な対立がそのまま政治対立になる構図が存在する。

第五次中東戦争とも呼ばれ、一九七五〜九〇年にかけて数回にわたって繰り返されたレバノン内戦は、単に、キリスト教徒であるマロン派とイスラム教徒であるＰＬＯとの対立というだけではなく、イスラエル軍やシリア軍のレバノンへの侵略があり、複雑を極めていた。内戦の過程で起きたシリアによるレバノン侵攻について、一九八二年六月二八日、ヨハネ・パウロ二世はシリア大使の前で「レバノンの主権を尊重すること、暴力によるその侵害は次なる暴力しか生まない」と厳しく批判した[35]。マロン派右派(ファランヘ党)の政治家や民兵がイスラエル寄りであったことから、同派の政治リーダーであったバシール・ジェマイエルは同年八月に大統領に選出されると、翌月には暗殺される。ジェマイエル暗殺の二日後、これに対する報復行為としてマロン派の右派民兵が、レバノンのパレスティナ難民キャンプでイスラエル軍の監視の下、サブラー・シャティーラ虐殺事件を起こす。

国連安全保障理事会では多くの国から批難が巻き起こり、事件は「虐殺」と認定されたが、英米や欧州の一部はマロン派寄りであったことから投票を棄権した。バチカンはこの宗教的な対立と暴力の連鎖を北アイルランドの紛争と比較して、宗教の名において行われる暴力やテロについて厳しく糾弾した。この虐殺ではマロン派が加害者であったが、長期化し泥沼化した内戦では更なる報復によって、マロン派がターゲットにもなる。イランの軍事組織であるイスラム革命防衛隊がレバノンに送り込まれ、これはやがてヒズボラとして台頭するが、多国籍軍が撤退すると内戦は激化して、多くのマロン派が殺され亡命を余儀なくされた。バチカンは、典礼方法が異なるとは言えカトリック教会に属する教徒を守るために、米軍もしくは国連軍の軍事駐留を望んでいた。長期化によって多国籍軍は撤退したものの、後に国連軍が展開することになる。

ヨハネ・パウロ二世の教皇就任前の一九七八年三月、国連安保理決議四二五によって組織された国連レバノン駐留軍(UNIFIL)が、レバノンからのイスラエル軍の撤退を監視し、国内の治安を安定させるために派遣される。バチカンは、ヨハネ・パウロ二世就任後の一九七八年一二月上旬に、国連のレバノン介入を支持し、ポール・ベルトッリ(Paul Bertoli)枢機卿を特使として同地に派遣することを国連に伝えている[36]。

UNIFILは、国連緊急軍、国連兵力引き渡し監視軍の部隊を一部転用している。同軍の任務は、民兵を武装解除しつつ、レバノン軍のみによる軍事組織の再編成を助けるほか、ヒズボラとイスラエル軍の間の捕虜引き渡し、地雷撤去、難民保護などの活動であった。これらは、国連休戦監視機構監視員も加わった人道的な活動であり、バチカンはこれを承認してきた。

イスラエルはUNIFILがパレスティナ寄り、ヒズボラ寄りだと考えているが、国連はこれを真っ向から否定した。イスラエル軍が二〇〇六年七月に再度レバノンに侵攻すると、UNIFILは駐留を継続した。イスラエル軍に対しては国際連合平和維持軍（PKF）の派遣が必要との意見もあったが、イスラエルは停戦に合意した。しかしこのとき、UNIFILはイスラエル軍から攻撃を受けて死者を出している[37]。

レバノン内戦においては、レバノン政府、イスラム教徒のパレスティナ人、マロン派のキリスト教徒、ユダヤ教徒のイスラエル、米国、そして国連軍の狭間でバチカンは難しい立場を強いられた。

7　核兵器問題および国際原子力機関とバチカン

国連やWCCとの協力によるバチカンの活動は、宗教的・政治的・経済的な分野に関わるだけでなく、ヘルシンキ宣言以降はCSCEなどを通じ軍事・安全保障の分野にまで及んだ。バチカンは、これらの国際機関を通じて旧来の軍事的安全保障と、いわゆる人間の安全保障を融合させることを目指していた。人間の安全保障の概念は、冷戦終結後の民族・宗教紛争から出てきたものではなく、すでに冷戦時代の核の脅威や共産主義政権下における人権弾圧に対抗する動きの中に見ることができる。そして共産圏の出身である教皇だからこそ、説得力をもって信仰や信条の自由の獲得こそが人権問題であり、人間の安全保障の問題につながると主張することができたのである。

バチカンが国連の活動に積極的に関与している分野は社会経済理事会だけではない。本節ではその人間の安全保障と、伝統的な軍事的安全保障を繋ぐ役割をバチカンが、国連の専門機関との協力を通じて担おうとしていることを、ＩＡＥＡを通じて考察する。バチカンはＩＡＥＡの正式なメンバーであり、本部があるウィーンや、世界各地で開催されるＩＡＥＡの大会でスピーチを行うなど積極的に関与している。核の平和利用のみを認め、軍事的利用を防止する同機関に関与することは、安全保障の問題への強いコミットを意味している。すでに見たように欧州の枠組みではヘルシンキ宣言をめぐってカサロリ枢機卿が議長を務めるなどの役割を果たしているので、バチカンが安全保障や核問題の分野にコミットしてもそれほど驚くことではないのかも知れない。

一九七九年一〇月二四日に国連でスピーチした教皇は、軍拡競争を糾弾した。バチカンはＷＣＣ内に置かれた教会国際問題委員会（ＣＣＩＡ）のプログラムを通じて国連と協力し、人権だけでなく軍縮活動にも力を入れていた[38]。軍縮の促進がより広範囲で実現するように国連の平和構築機能と協力し、ＷＣＣは地域レベルでの活動を行っている。また、核保有国に対しては緊張が起こらない様に促し、もし事態が緊迫した場合には解決策を提案するなどの働きかけを行ってきた。一九八二年の国連総会では、軍縮関係の案件が採用されるよう、圧力団体的な役割すら担ったのである。

軍事国家、軍国主義国家に対してプレッシャーをかけるという過程で、ＷＣＣは新しい安全保障の概念や規範をつくり出した。それが戦争に関わる神学の研究や、経済や搾取の問題などを含め人間の安全保障の概念と結びついた。

すでに触れたように核拡散防止条約に調印するなど、核兵器問題に強い関心を持っているバチカンであったが、この条約に署名したのはカサロリ枢機卿であった。一九八三年一一月一八日に米国カリフォルニア州にあるイエズス会系のカリフォルニア大学から名誉学位を授与された。授与式で彼は核軍縮に関わる内容のスピーチを行った。

レーガン政権期に突入し、米ソの軍拡競争が再度激化する中で、米国ではカトリック教会の聖職者や信徒、またプロテスタントを含むキリスト教団体による反核や反原発運動が盛り上がっていた。当時副大統領であったブッシュ・シニアは、教皇の影響力を利用して米国内のこうした運動を押さえようと考えており、バチカンに対して苦言を呈していた。しかしそれを一蹴する様な内容の教皇メッセージを、カサロリは本講演会で述べた。

「科学者達も核兵器をめぐる対立に深刻な警告を発している。教会関係者もキリスト教者として核兵器が人類に及ぼす多大なるダメージについて懸念している。こうした核の脅威に対して今日大規模な反対運動が起きている。政府や政治家はこれに対する解決策を真剣に考えるべきである」[39]。

一九七二年の第一次戦略兵器制限交渉(SALTⅠ)で米ソの弾道ミサイルの保有数の制限が始まると、カサロリが深く関与したヘルシンキ宣言を経て、一九七九年六月には第二次戦略兵器制限交渉(SALTⅡ)が締結される。しかし同年一二月のソ連によるアフガニスタン侵攻で米ソの緊張が再度高まり、核兵器をめぐる国際合意は危機に瀕することになる。しかしバチカンはすでに触れたCSCEの枠組みで交渉が継続されることに全面的に協力しており、この講演会でカサロリは、一九八四年一月にストックホルムで欧州軍縮会議が招集される予定について言及している。

またヨハネ・パウロ二世は、アフガニスタン危機後、一九八一年の一一月にジュネーブで再開された戦略兵器制限交渉による、中距離核戦力全廃への希望を捨てていないというスピーチを八二年一〇月に国連で行った。それはやがて一九八七年の中距離核戦力全廃条約に繋がっていくが、ソ連代表団による中断など、困難な時期であった一九八三年を「世界平和年」とするなど、核兵器をめぐる米ソの交渉が少しでも進展するようプレッシャーをかけ続けた[40]。

バチカンは国連加盟前の一九五七年八月から、核の平和利用をめざすＩＡＥＡのメンバーであり、投票権も保持していた。一九八六年一月にウィーンで行われたＩＡＥＡの会合にバチカンは参加した。翌年七月のＩＡＥＡ設立三〇周年記念第三回大会でヨハネ・パウロ二世は、「国際原子力機関が設立されて三〇年間、核が軍事的な目的に使われることがなかったのは幸いである。ここにこの国連の専門機関を讃えると共に、平和が永続的であるために共に祈り、兄弟と共に協力して、全ての人類の進歩と発展を願いましょう」とスピーチした。

しかし冷戦の崩壊によって核の脅威は去るどころか、核不拡散条約の締結にもかかわらず、核拡散への不安が高まり、現在に至っている。一九九六年、フランスと中国が地下核実験を行いＷＣＣはこれに対する反対も表明している[41]。一九九八年にインドとパキスタンが核実験を行ったことを受けて、翌年九月二九日のＩＡＥＡ総会で教皇は以下の様な手順でスピーチを行った。最初にＩＡＥＡの新事務総長の選出に対して、バチカン市国の代表としての祝辞を述べて、前任のハンス・ブリックスの献身的な功績を称えると共に、着任したばかりのエジプト国籍のモハメド・エルバラダイ事務総長の仕事への感謝を述べた。

続いてＩＡＥＡが設立されて四〇年以上が経過し、この間、本機関の貢献によって核が戦争目的で使われることがなかったことを称えると共に、それでも「世界の平和、健康、繁栄」を世界に確立するには、今まで以上に国際協力を促進する必要があることを強調した。それには国家間に相互の信頼関係を築く必要があるが、それには未来において多くの課題に直面するであろうと述べた。

教皇のスピーチの内容を要約すると「その課題の一つは、バチカンの大きな関心事である。なぜなら、核問題における安全保障は、私たち全員が強く望む平和な世界のための前提条件だからである。原子力爆弾による紛争は当面は遠いと思われるが、核物質の不法取引や国際社会での闇取引だけでも、平和は著しく阻害されるかもしれない。核兵器の秘密生産の可能性についての恐怖と不安は、国際社会における互いの信頼関係を阻害してしまうからである」というものであった[42]。

バチカンは一九六三年に国連で採択され、七〇年に発効したNPTだけでなく、保障措置協定の追加議定書にも署名し、批准した。聖座の扉が広く世界に開かれていることを忘れないで欲しいと強調した。IAEAの保障措置協定および追加議定書が、真に遵守され、実施されれば、核の脅威に対する恐れと不安は軽減され、各国同士の信頼関係が回復し、最終的にはすべての核兵器におよぶ世界規模の軍縮に繋がるという主張であった。

核兵器問題に続いて教皇は「水」を取り上げた。「水」はカトリックやプロテスタント教会の礼拝の説教にもしばしば登場する、極めて宗教的でありながら普遍的なトピックである。これに原子力の平和利用という極めて科学的な文脈から言及した点が興味深い。

世界が大きな懸念を抱くもう一つの分野としては、最も貴重な資源である飲料水などの水の供給についてであった。二一世紀の中頃までに、世界人口の五〇%未満しか安全な飲料水にアクセスできなくなると推定されるので、人類に十分な水を提供することは極めて重要な課題である。淡水資源不足の問題を解決するための経済連携協定(EPA)と加盟国のあらゆる努力とイニシャチブを歓迎すると述べている。新たに水資源を探索するための水質学の利用と、海水の脱塩による飲料水の生産のための原子力技術の使用は、現実的な解決策をもたらす。水の世界的な需要に対応するために、この問題の緊急性は過小評価されるべきではない、なぜならそれは「持続可能な発展」の前提条件であるからだと教皇はスピーチを進めた。

実際に二一世紀に入り世界的な水不足は深刻化し、さらに地球規模での急速な砂漠化も進んでいる。その両者を解決するための方策として、海水の淡水化に原子力のエネルギーを利用することが検討されている。すでに一部では原子力発電所の水供給に利用されているが、水不足に悩む各国では、小規模な実証試験も計画、実施されている。地球の温暖化、飲料水不足、砂漠化の進行、酸性雨、熱帯雨林の減少、海洋汚染、オゾン層の破壊など、化石燃料による地球環境問題への懸念が指摘されている現在、原子力は大きな役割を果たし得る潜在的な可能性を秘めている[43]。

全世界にある飲料に適した水の量は、必要量および消費量をかなり上回っているが、その地理的分布は均等ではない。人口増加に見合う適切な飲料水を確保することの難しさは、地球規模での課題である。国連でも、UNESCO、WHO、世界気象機関（WMO）や世界銀行などが共同でこの問題に取り組んでいる。IAEAでは、北アフリカ諸国からの要望に応えて、一九九〇年代から本格的な検討が行なわれ、技術的にも経済的にも原子力による海水の淡水化には展望があるという結論を出している。最近では、実証プラント構想や各地域でのモデルプラント構想、経済性評価、個々の技術評価および検証のための共同研究作業、安全性の検討などが継続されている[44]。実際に中東地域では飲料水確保の手段として、以前から化石燃料による海水の淡水化を行なうとともに、サウジアラビアでは余った淡水を利用して小麦の生産も行っている[45]。

教皇ヨハネ・パウロ二世のスピーチ内容は、核不拡散問題から水資源の確保、二つのトピックを持続可能な発展の問題、つまり環境問題へと繋げている。IAEAの活動は、経済開発プロセスにとって最も効果的な貢献であると、環境にやさしい成果を目指して、技術協力プログラムを成功裏に実施し、自然生態のバランスを損なわないようにするために賞賛されるべきであるというのである。

教皇は、一九九一年五月一日の回勅「チェンテジムス・アンヌス」[46]にも触れながら、IAEAは「平和、健康、繁栄」への貢献をしているのだと締めくくっている。原子力の平和利用を目的とするIAEAの活動は、水資源などを通じて環境問題に関わり、それに伴いバチカンも、国連がかかげる持続可能な発展などと深くコミットすることとなった。次いでバチカンの関心は地球温暖化問題へ向かうことになるが、この問題については次章で詳細を論じる。

8 冷戦終結後の活動——ユーゴスラビア内戦

冷戦をほぼ無血のうちに終らせたヨハネ・パウロ二世だったが、その終結の先には次なる流血が待ち受けていた。ユーゴスラビア内戦である。ユーゴ（セルビア）とクロアチアの間で緊張が高まる一九九一年八月にハンガリーを訪問した教皇は、巡礼に来ていたカトリックのクロアチア人と会見し、正教会のセルビアとカトリックのクロアチアの対立を戦闘ではなく外交的手段によって解決するよう促し、メッセージを世界に発して呼びかけた。第五章で見たようにクロアチアはカトリックが多数を占めるため、冷戦期からバチカンとの関係は深かった。一九九二年、バチカンはクロアチアとスロベニアの独立を承認し、ボスニア・ヘルツゴビナについては国連に介入を求めた。またバチカンは米国にも介入を促し、これを受けてNATOや国連が介入することとなった。しかし一九九四年、独立したクロアチアを教皇が訪問した後、情勢は悪化し、内戦が勃発した。

民族・宗教紛争を背景にした大規模な内戦に世界が注目した。軍事的介入を含めて「人道的介入」という表現が使われるようになった最初の紛争でもある。

国際関係の研究分野では、「人道的介入」や「人間の安全保障」という概念は、多くの場合、冷戦終結後の民族・宗教紛争に対する対応策として言われることが多い。国際社会では冷戦終結後に市民権を得た用語であろう。しかし実際にはポル・ポト政権下のカンボジアや、ルワンダで行われた大虐殺は冷戦の終結前に起きている。本来、国際社会が介入すべき状況はすでにあったのである。冷戦終結まで、これらの紛争は全てソ連と米国の対立に起因し、いわば代理戦争的なものとして説明できると大雑把に捉えられていた。民族・宗教紛争に対する関心が薄かったことが理由であろう。ましてこれらの紛争に国際社会が「人道的」に介入を行うという概念が存在しなかった。

ヨハネ・パウロ二世は、例えばインドでのマザー・テレサの活動への支援(一九八六年)やチリとアルゼンチンでの民主的政治運動への支援(一九八七年)など、地道な活動をすでに行っていた。そして、一九九二年二月にセネガル、五月にスーダンを訪問している。特に後者では北部のイスラムと南部のキリスト教徒の対立を止めるよう呼びかけるなど、世界中の紛争地に出向いて停戦を呼びかけたが、これらは国連の活動と連動していた[47]。

「レールム」の一〇〇周年を記念してヨハネ・パウロ二世が発出した九一年の回勅でも、解放の神学に否定的なバチカンの立場は変わっていなかった。冷戦の勝者として「マルクス主義的解決策は完全に失敗に終わった」と言い切った。しかし続けて「世界における搾取や周辺化は続いており、その犠牲になっているのは発展途上国である」とも述べている。一九九一年一〇月のブラジル訪問では、解放の神学によってマルクス主義に毒されている急進的な聖職者同様、権威主義的な政府も批判した。政府に山積みの社会問題に真剣に取り組むよう圧力をかけ、リオのスラムを訪問して「貧しき者は神に近い」ことを思い出させた。解放の神学を、少しずつ理解しようという姿勢も見せた。マルクス主義で言われる「階級闘争」や「搾取」概念を認め、闘うことを呼びかけたが、それらの概念が必ずしもマルクス主義とは限らないという条件もつけた。ラテン・アメリカ訪問後、教皇の解放の神学に対する態度は軟化し、解放の神学者では最も穏健と言われるグディエレスを異端としなかったことはすでに紹介した通りである。翌九二年にはメキシコを訪問し、メキシコ革命以来国交を断絶していた両者は七〇年ぶりに正式に外交関係を回復するに至った。

9 変化するバチカンの役割——回勅「レールム」一〇〇周年と国連

一九九一年「レールム」一〇〇周年に寄せた教皇の回勅「チェンテジムス・アンヌス」は、国連にも少なからぬインパクトを与えた。具体的には、聖家族教会協会の協力を得て、国連が「レールム」一〇〇周年(Centesimus Annus)のセミナーを開催することを、教皇大使のマルティーノ大司教がバチカンに伝えている。国連のデ・クエヤル事務総長はマルティーノと相談の上、セミナーへの招待状を各所に発送した。折り返し、チリの国連代表、聖家族教会協会のメンバーや、その長であるアルフォンソ・ロペス・トゥルヒーヨ(Alfonso Lopez Trujillo)枢機卿(コロンビアの大司教)、マルタの国連大使であるアレキサンダー・ボルグ・オリビエー(Alexader Borg Olivier)、一九九三年に国連の中東和平交渉特使を務めたインドの国連代表、国連総会議長でサウジ国籍のシャミル・シハビ(Samir S Shihabi)なども、このセミナーに参加する旨を伝えてきた。史料には、このほかスロバキア共和国首相のヤン・カルノーグルスキー(Jan Carnogursky)、オーストリアの副首相へルベルト・シャンベック(Herbert Schambeck)、韓国前首相の姜英勲(Young-Hoon Kang)などがスピーチを行う予定であることが記されている[48]。この中ではスロバキアのカルノーグルスキー首相の出席が興味深い。冷戦崩壊の最前線であったチェコスロバキアのビロード革命に関わり、その後「ビロード離婚」と呼ばれたチェコとスロバキアの平和裏の連邦解消と双方の独立にも関わった人物である。一九九〇〜二〇〇〇年には欧州のキリスト教民主主義運動の指導者も務めている。そのほか、ザンビアの国連大使で国連総会の前議長ポール・ルサカ(Paul J. F. Lusaka)、カナダの国連代表イーブス・フォルティエ(Yves Fortier)、ニカラグアのビオレタ・チャモロ大統領なども招待され、都合がつかなかったポーランドのワレサ議長の代理として上院議員で外務アドバイザーのジウォコフスキー(Janusz Ziolkowski)がワレサの言葉を代読した。

この回勅「チェンテジムス・アンヌス」の内容は、冷戦の終結を受け、反共産主義をかかげてきたバチカンによる勝利宣言的な側面もあった。特に冷戦崩壊の最前線であるポーランドやスロバキアなどの代表が招待され、それらの諸国を国連の枠組みで再定義することを目指していた様である。ただ冷戦の終結直後にユーゴスラビアでの内戦が勃発し、湾岸戦争など国連が扱うべき国際問題はむしろ増大する傾向にあった。回勅は、西側諸国による共産主義への勝利を讃えながらも、これによって労働者や貧しい者の尊厳や権利を忘れてはならないと述べ、旧共産国で開始された土地や諸財産の民営化についても、「私有権」の重要性を強調しつつ、財産の再分配を慎重に行って不平等とならないよう警告することも忘れていなかった。

冷戦の終結と「レールム・ノヴァルム」一〇〇周年は、国連におけるバチカンの役割について、大きくはないが軌道修正をもたらした。ラテン・アメリカの解放の神学をめぐる論争では、反マルクス主義や反共産主義を強調し続けるものの、西側諸国など先進国に対しては、「冷戦の勝利」に酔って傲慢にならない様に諌めた。資本主義の行き過ぎが起きることへの警告であった。さらに物質主義の加速は信仰心を低下させることに繋がり、キリスト教にとどまらない普遍的規範の提示が必要であった。また旧共産主義国が、民主主義なり資本主義に移行するためのプロセスにバチカンは関与することになる。

そして冷戦後に顕著になる民族・宗教紛争への仲介的な役割である。冷戦時代もキューバ・ミサイル危機の仲介や、共産国諸国、特に東欧でのキリスト信者への弾圧緩和といった活動を行っていたが、冷戦後の国際問題において非国家主体がアクターとなるケースが増加するのに伴い、トランスナショナルなネットワークを有するバチカンの役割が、結果的に増大することになった。国連がこうした国際問題の解決に関与する中で、バチカンは協力関係をより幅広いものとしていったのである。

例えば「カリタス・インターナショナル」が、一九九一年に国連人権理事会の正式なパートナーNGOとなるためにバチカンは仲介的な役割を果たしている。同年五月一五日付けでバチカンから国連に送られた書簡では、カリタス・インターナショナルの仕事が増大していることから、国連による直接的な支援が必要であり、そのためには国連のアソシエーション（準成員）となる必要があることが述べられている[49]。またバチカンが主催する科学・技術や医療、薬学関係、エイズ関連の学会についても、国連との協力関係にあることがわかる。

その一方、湾岸戦争については、バチカンは一九九一年一〇月七日付書簡ではっきりと反対を表明している。イスラエルの占領地域では、キリスト教徒たちがミサに参加するためベツレヘムからエルサレムに移動することさえ許されない状況にあることを訴えている[50]。これらの地域では、東方教会や正教会を含むキリスト教徒同士の連帯が求められると共に、イスラム教徒と共存の道を模索することが述べられている。

国連には教皇からサダム・フセインとブッシュ・シニア双方に送られた書簡が残されており、戦争を行わないよう仲介を試みていたことがわかる[51]。一月一五日付けでヨハネ・パウロ二世はサダム・フセインに手紙を書き送っている。ブッシュ・シニアへの手紙には、国連の枠組みによるイラクへの介入が示唆されている。

教皇は前任者以上にアフリカ情勢にも敏感であり、一九九四年にルワンダの虐殺を止めるために祈りを捧げた。アフリカ的価値観とカトリシズムが融合することにも理解を示し、アフリカ人の聖職者にそうした解釈や、そうした方法で救いの道を説くことを許可した。それはすなわちカトリシズムがグローバル化することであった。この年、新たに三〇人の枢機卿を指名したが、彼らの出身は二四ヵ国におよぶ。それまでコレジオ（聖職者育成機関）のメンバーほとんどがイタリア人で占められていたが、その人数を一二〇人から二〇人に減らし、多様な国籍の枢機卿を起用することでグローバル化をはかった。九五年にはフィリピン、パプアニューギニア、オーストラリア、スリランカ、カメルーン、南アフリカ、ケニア、米国、ベルギー、ポーランドなどを訪問した。とりわけ同年一月一五日に訪れたフィリピンは、アジア最大のカトリック国であり、その首都マニラでの熱狂的な歓迎は特筆に値する。一〇月五日には再び国連を訪れ、「人権」や「人間の尊厳」「人間の道徳性」などについて演説を行った。国際社会がこれらのメッセージを真摯に受け取った瞬間であった。中国では、一九四九年の建国以来、共産党政府の承認を受けた司教が任命されているが、バチカンはこれを承認していない。九八年にはカストロ政権のキューバを訪問、九九年にはインドやルーマニアの初訪問も果たし、キリスト教離れの傾向が強いスカンジナビアの国々、ノルウェー、アイスランド、デンマーク、フィンランド、スウェーデンも訪れている。二〇〇〇年に開催された人権にかかわる国際会議に関与し、同年に行われたミレニアムの儀式でも「人権」や「人道」の問題について象徴的な発言を行っている。

バチカンは国連や米国と外交面で多くを共有していたが、民主党のクリントン政権期には妊娠中絶の合法化などをめぐって対立した。特にカイロで一九九四年に行われた人口問題と開発を議論する国際会議では、産児制限に強く反対するバチカンと米国が真っ向から衝突した。妊娠中絶を禁じ、体温測定による禁欲以外の方法での産児制限を認めないカトリック教会やバチカンにおいて、産児制限による人口問題の解決が貧困の解決であるとする立場は絶対に認められないのである。

10　「九・一一」への対応——宗教戦争回避の呼びかけ

冷戦終結後もバチカンと米国の協力関係は継続し、それは一九九三年にバチカンがイスラエルをようやく承認することでさらに強化された。パウロ六世はエルサレムを訪問し、ユダヤ教と和解していたが、イスラム教諸国、特にアラブ諸国との関係を配慮してイスラエルを承認していなかった。ヨハネ・パウロ二世は二〇〇〇年には教会が過去において反ユダヤ主義であったことを正式に認め、同年のエルサレム訪問に際して、嘆きの壁で祈りを捧げてから、ホロコーストの生き残り七名と会見した。これは「人権」問題の再確認であると同時に、ポーランドというホロコーストの被害にあった同国出身者として、彼らと苦しみを共有するということであった。しかし、それをもってエルサレムがユダヤ国家イスラエルの首都であることを承認することには繋がらないという姿勢でもあった。エルサレムはパレスティナの首都にもなるべきであり、パレスティナ人の国を認めることなしに、エルサレムの平和はないという信念からであった。パレスティナのためにPLO議長のアラファトとも会見し、エルサレムがキリスト教、ユダヤ教、イスラム教など複数の宗教の聖地であり、それらが共存すべきであることを改めて強調したのである[52]。

二〇〇一年七月二〇日に米国大統領のブッシュ・ジュニアがバチカンを訪問し、教皇に会見した。この時、民主主義や自由主義こそ、教会が唱える信仰の自由などと通ずるものであり、米国の価値観こそ、世界に未だ残る専制君主や共産主義国に対抗し、人権、自由、進歩を守るものであるという内容のやり取りが行われた。しかしその約一ヵ月半後に世界はまたたくまに国際的無秩序に包まれた。「九・一一」である。ブッシュが九・一一後、アフガニスタンとこれに続くイラク攻撃に際して用いた「十字軍」発言は、キリスト教対イスラム教という図式を作り上げ、教皇の想いに反し、これが一人歩きすることとなった。バチカンは確かに九・一一直後に、ジハードの名目でイスラムの神の名の下にテロが行われたことを激しく非難したが、決して反イスラムを意図したわけではなかった。

冷戦時代、どちらかと言えばソ連寄りであったアラブ諸国を西側につなぎ止めるため、バチカンにとって彼らとの良好な関係は重要であった。第二バチカン公会議で提唱されたエキュメニカルな活動は、正教会や国教会、プロテスタントの諸宗派との和解を経て、すでに異教徒との交流にまで及んでいた。バチカンにとってユダヤ教とイスラムは同根であり、同じ様に扱うべきであると考えていた。また共産主義との関わりでは、バチカンの最大の敵は共産主義、すなわち無神論者であり、異なる神とは言え、アッラーの教えを信じるイスラムに対しては一定の敬意を表していた。しかもアラブ諸国の中には、すでに見たとおりレバノンのように少数派とは言えキリスト教徒が一定数いる国もあり、こうした少数派のキリスト教徒を守る義務がバチカンにはあると強く認識されていた。中東においてはイスラム対ユダヤという構図が出来上がり、血で血を洗うような戦闘や紛争が繰り返されてきた。地域的にイスラム教徒が多数派を占める同地で、キリスト教対イスラムという対立構図はどうあっても回避しなければならなかった。ヨハネ・パウロ二世は、ユダヤ教から生まれたキリスト教、キリスト教から生まれたイスラム教という歴史的経緯において、キリスト教にこそイスラムとユダヤ教を仲介する役割が果たせるという使命感を持っていた[53]。

残念ながら九・一一以降、米国のメディアや保守的な知識人を中心にキリスト教対イスラム教という図式が作り上げられてしまった。特に原理主義的な聖書解釈を取る米国のプロテスタント福音派の幾つかの団体が、非常に好戦的なためである。彼らとバチカン、カトリック教会は立場を異にする。こうした米国の宗教保守団体の右派的傾向は、オバマ政権下で一時的に下火となったが、トランプ政権以降、息を吹き返し、反イスラム的な態度を強めている[54]。カトリックは、古代ローマ時代からその布教過程において異教を取り込み成長してきた教会である。プロテスタントに「キリスト教とは言えないほど、ほとんど異教」と批判されるのもそうした経緯に基づく。カトリックは、プロテスタントの一派であるピューリタンが純粋なキリスト教とは何かを追求するあまり、異質なものを徹底的に排斥するのとは根本的に異なる態度を持っている。確かに中世には異教徒を排斥する十字軍が存在したが、近現代のバチカンはイスラム教との対立は望んでいない。にもかかわらず、九・一一以後、そうした偏見と闘うことをバチカンは強いられた。

キリスト教対イスラムの対立を防ぐため、バチカンは多大な努力を払った。イラク戦争を阻止しようと、武力以外の交渉や国際法に訴えるなどの手段が模索された。そしてまさに国連という手段が、バチカンによって全面的にバック・アップされたのである。イラク戦争中、ヨーロッパで展開された「戦争反対運動」

は、バチカンの意図した平和（Pace）運動と近いものであり、国連や国際的コンセンサスを無視した米ブッシュ政権によるイラクへの単独軍事介入への非難は、バチカンの態度と連動していた。米国がかかげていた、サダム・フセインの放逐という目的には賛同するものの、その手段が戦争によるものではあってはならないとバチカンは考えていたのである。

第7章 教皇フランシスコの闘い

1 保守派から改革派へ――ベネディクト一六世の去就

二〇〇五年、ヨハネ・パウロ二世の後任に保守派のベネディクト一六世が就任した。彼は第二バチカン公会議が始まる一九六二年頃からすでに若き優秀な神学者として頭角を現していたが、同会議には反対の立場を取る保守勢力であった。

国連や国際機関に対するスタンスは前任者であるヨハネ・パウロ二世を継承しており、二〇〇八年四月一八日、ニューヨークの国連本部で行ったスピーチでは補完性の原則にもとづき国連のような国際機関が、より民主的な活動を行うことを慫慂し、「保護する責任」についても言及している[1]。

ベネディクト一六世もヨハネ・パウロ二世も、その指向は保守派に属すると言える。ただしヨハネ・パウロ二世は東西冷戦という時代性や、当時共産主義陣営に属したポーランドの出身であったことなどから、否応なく国際政治の最前線に立つ役回りを担わざるを得なかった。その点、ベネディクト一六世は偉大な神学者ではあったが、グローバル化する時代の最前線に立つことがもはや困難であることを自覚していたのではないかと推測する。

すでに見たように、ベネディクト一六世は「解放の神学」に強硬な態度を取り、ラテン・アメリカなどで信者を減らす一因を作った。ラテン・アメリカでは、二一世紀に入っても貧困問題は根本的な解決を見ることがなく、解放の神学への根強い支持は継続していた。これに対する批判的な態度は、カトリックからプロテスタント福音派への改宗者を増大させた。特に福音主義的なアプローチを行い、霊的な救済を唱えるペンテコステ派の台頭は目覚しく、いわゆるメガ・チャーチが米国だけでなく、メキシコやブラジルなどのラテン・アメリカでも勢力を拡大したからである。メガ・チャーチとは二〇〇〇人以上の信徒を収容できるスタジアムの様なチャペルを有しているプロテスタントの福音派教会で、米国を中西部や南部、いわゆるバイブル・ベルトや大都市の郊外に中心に展開しているが、その影響はラテン・アメリカにまで拡大していた[2]。

また、教皇自身に責任はなかったが、前任者の時代から隠蔽されてきた教会内での児童への性的虐待が表面化し、メディアに大々的に取り上げられたのもこの時期であった。対応を迫られた教皇は真摯に対応したが、保守的で頑迷なイメージを抱かれていたことから誠実でないとの批判を浴びることとなり、枢機卿団に亀裂が入った。

ベネディクト一六世に関しては今野元の優れた研究があり、神学者ラッツィンガーへの高い評価やキリスト教によるヨーロッパ防衛など賛同できる箇所が多い。本書では触れないが、すでに取り上げた国連訪問以外にも、ベネディクト一六世は二〇一一年にウィーンの国連薬物犯罪事務所（UNODC）で議論を行うなどの活動をしていた。他宗教との対話についても、ドイツ人である教皇はアウシュビッツの訪問などを通じてユダヤ教徒との和解をさらに推し進めたほか、正教会との接近などのエキュメニカルな活動は国連にも歓迎された。しかしベネディクト一六世のイスラム教に対する態度と発言はトラブルを引き起こした。誤解を招く表現は、世俗的なイスラム教国であるトルコからも警戒され、エジプトのスンニ派リーダーたちをはじめ、中東のイスラム教国から対話をボイコットされるなどの問題が起き、その対処に奔走しなければならなかった[3]。しかも、そうした努力の甲斐なく、イスラム教徒側はスンニ派もシーア派もバチカンとのコミュニケーションを断絶したのである。

かくしてベネディクト一六世は生前退位し、二〇一三年、教皇フランシスコが誕生した。彼は全面的な第二バチカン公会議肯定論者で、ヨハネ二三世とパウロ六世の直接的な継承者であると言える。フランシスコはその座に就くと、歴代の教皇の考えや発言を継承しつつ、清貧の聖人「アッシジのフランシスコ」に倣い、別荘をはじめ前任者が使用していた身の回りの贅沢品を廃するなど、独自のスタイルを確立した。またイスラム教徒との関係修復にも奔走し、それをある程度成功を収めたのである。

2　教皇フランシスコ——神の代理人の正体

初代聖ペテロから数えて二六六代目となる教皇フランシスコは、約二一〇〇年の長い歴史の中で生じた教会内の腐敗を一気に改革しようとしている。それは神の子イエスは救い主であり、貧しい人々に寄り添ったというキリスト教の原点に立ち返ることでもあった。清貧の聖人フランシスコを教皇名としたのも、そうした意思の表れであった。ローマ教皇は神の代理人だが、かつて王権を凌ぐ権力を掌握し、近代化の逆風で一度は衰退したものの、現在でも世界一二億人の信者を通じた影響力を持つ。しかし前教皇ベネディクト一六世時代、金融スキャンダルや子供への性的虐待などが表面化して信者は大きく減少し、教会は刷新を迫られた。その建て直しを期待され登場したのがフランシスコであった。

カトリック教会全盛期の教皇インノケンティウス三世の時代、十字軍の派遣などで権威主義に走った教会に対して、聖フランシスコは当時異端視されていた清貧をかかげた。その存在は教会に改めて謙虚さを思い起こさせ、教皇はフランシスコ修道会を公認すると共に、第四ラテラノ公会議を開いて教会の改革を行ったという歴史的なエピソードがある。現教皇フランシスコは、これを改革の指針にしている。

先にも触れたが、例えば教皇は就任直後から、送迎用の高級車を廃止してバスなどの公共交通を利用し、飛行機もエコノミー・クラスに切り替えた、贅沢な住まいや車を使用した司教を更迭するなど「貧しい者の味方」というメッセージを自身の行動で示してきた。

グローバル化に伴い、リーマン・ショックなどの経済危機が世界規模で波及する時代を迎え、先進国でも発展途上国でも貧困問題や格差問題が深刻化している。そうしたことを背景にしたフランシスコの言動は、強い説得力を持ち、離れた信者を取り戻し、信仰に無関心だった若者にアピールする力を持っている。地理的にも欧米重視の傾向から、ラテン・アメリカやアジア、中東・アフリカへとグローバルに働きかけ、特にアジアについては、フィリピンや韓国といったキリスト教国のみならず、社会主義国であるベトナムやイスラム教の大国インドネシアとの関係強化にも努めている。結果、二〇一五年には、米国の経済誌『フォーブス』の「世界で最も影響力がある人々トップ5」に、米大統領オバマ、ロシア大統領プーチン、中国国家主席習近平に次ぐ四番目に挙げられた。これは独首相メルケルの五位を上まわる評価である。

貧しい者や庶民に向けられる教皇の眼差しは、繰り返し取り上げてきた教皇レオ一三世の回勅「レールム」の伝統を引き継いでいる。労働組合の結成など労働権を主張し、貧富の格差を是正する義務が国家にあるとした福祉国家論の理念を提唱したことから、歴代の教皇たちは「レールム」の周年にはそれを思い起こすための回勅を出し、節目の行事を行ってきたが、フランシスコは周年にかかわらず、この理念を日常的に実践すると宣言した。

就任直後の二〇一三年のイースターにはローマ郊外の少年院を訪問し、収監されているイスラム教徒一人を含む少年少女一二人の足を洗い接吻した。教皇は二〇一八年にも刑務所に出向き同様の儀式を行っているが、これはキリストが磔刑の前日、最後の晩餐を前に弟子一二人の足を洗い接吻したことに倣って行われるものである。従来は司教などの聖職者を対象とし、囚人、まして女性やイスラム教徒を対象としたことは異例である[4]。二〇一四年九月末、サルデーニャ島の鉱山に近い貧困地域を訪問した際には、鉱山労働者のヘルメットを被って「労働とは人間の尊厳にとっても、家族にとっても、世界平和にとっても重要である」と発言した。その背後には、教皇の母国アルゼンチンの隣国チリで、二〇一〇年八月に起こったコピアポ鉱山落盤事故が意識されていた。三三人もの鉱山労働者が二ヵ月以上坑道内に閉じ込められながら、奇跡的に全員が生還した事故を踏まえ、改めて経済的発展にまさる人命や労働の重みを訴えたのである。

フランシスコはカリスマ的な宗教指導者でありながらサッカー好きで、母国アルゼンチン代表の有名選手メッシとの会見ではファンとして熱狂したりもする。喜怒哀楽を表現するラテン気質の人間味溢れる教皇である。人懐っこい人柄で人々を魅了し、優れたコミュニケーション力を備えている。神の代理人とは天上人ではなく、社会の底辺に降りてこそ、そこにいる人々を救う資格があるとアピールしている。

自らの経験を含む労働への強い関心は、ＩＬＯの活動に対するフランシスコのコミットメントに繋がっている。第三章で紹介したように、創設時から一貫するＩＬＯの特徴は、加盟は国家単位であるものの、各国政府などのエリート的な代表だけでなく、労働組合など労働者の代表を送り込むシステムがあることで、これは他の国際機関には見られない特徴である。また発展途上国への支援に関しても雇用の創出や技術・技能支援などに主眼が置かれ、経済的な自立を促す持続可能な支援である点で教皇の理念と合致している。教皇は事務局長のガイ・ライダーとも会見し、全面的な協力を表明している。

国連や国際政治に関わるフランシスコの政策には、宗教紛争やテロ緩和のための宗教間対話、移民・難民問題、貧困格差是正のための環境問題への本格的な取り組み、民主主義の重視、人権重視による離婚経験者、シングルマザー、同性愛者に対する寛大な姿勢などが見て取れる。むろん国際的な仲裁や仲介にも関与している。

二〇一五年九月二六日、ＩＡＥＡの首脳は、国連総会で世界首脳陣が講演している間に、教皇フランシスコがイラン核合意を支持したことを評価すると語った。ＩＡＥＡの事務局長である天野之弥は、「核拡散防止に関する教皇の演説は非常に喜ばしい」と語り、「我々は、核兵器協定の履行を進めるために多くの作業を行っている」と続けた。

教皇は、ニューヨークの国連本部で、イランと六つの大国との間の原子力協定は、「誠意、忍耐と恒常性をもって行使されるべき政治的決断と国際法の可能性を証明するものだ」と述べ、「関係するすべての関係者の協力を得て望む果実を生み出す」という永続的な合意に希望を表明した。そして「核兵器のない世界のために緊急の必要性がある」と指摘した[5]。

イラン政府はウラン濃縮活動の規模を縮小し、核爆弾を建造していないことを保証するため行動を約束した。イランはまた、原子力の研究と生産に特化した施設の徹底的な検査を許可することに合意したのである。米国とその同盟国はイランに対する経済制裁を解除することに同意し、二〇一五年七月、イラン核合意が米国を含む主要六ヵ国で達成された。

しかし、二〇一七年に米国でイランとの核合意を徹底的に批判、糾弾してきたドナルド・トランプが大統領に就任すると状況は悪化する。二〇一八年四月、マクロン仏大統領が、トランプの意見を取り入れて核合意の内容を見直す代わり、合意そのものは破棄しない方向で説得することに成功した様に思われたが[6]、しかし会談の翌月、トランプはイラン核合意からの米国の離脱を宣言した。

3　キリスト教民主主義と欧州統合

教皇フランシスコは、プロテスタント諸教会や国教会、さらには正教会や東方教会、そして近年ではムスリムとの宗教間対話にも積極的である。前任者に比べると欧州外での活動が目立つように思われがちだが、EU諸国との関係強化にも努めている。特に移民・難民問題や地球環境問題については、カトリックのトランスナショナルなネットワークを通じて、キリスト教系NGO、また欧州司教団協議会（COMECE）や欧州プロテスタント教会協議会（CEC）などの組織と協力し、EUへの働きかけを成功させている。

そうした動きの背景には政治的な側面があり、フランシスコ就任後の二〇一四年に行われた欧州議会選挙で欧州人民党（EPP）グループが二二一議席を獲得したことも無関係ではないだろう。欧州人民党には四〇ヵ国から七四政党が参加しており、カトリック及びプロテスタントのキリスト教民主主義政党も多数含まれている。これらの諸政党はキリスト教民主主義の影響を受けつつも、実際の活動は世俗的で、宗教的な要因はほとんど表に出てこない。しかし、国境を越えるバチカンのネットワークが、EU統合に少なからず貢献したことを思い返せば、キリスト教民主主義をキリスト教的な見地から検討する必要はあろう。

バチカンの存在はヨーロッパ、戦後の特に英仏の和解に始まる欧州統合過程や拡大過程において重要な役割を果たしてきた。バチカンそのものというより、キリスト教民主主義の理念とするべきであろうが、キリスト教民主党、特にイタリアのそれは歴史的にバチカンとの関係が深い。政党政治の世俗化に伴い、七〇〜八〇年代の終りまでにはかなり薄まっていたその宗教的な側面であるが、冷戦崩壊後は東欧を中心に再び拡大に転じた。二〇〇七年一二月に署名されたリスボン条約では補完性原則（Subsidiarity）が規定されると、各国の権限が最大限に保持されたことで、EUへの権限移譲は抑制的になったと理解され、制度的・組織的な面での議論が高まった。

この補完性原則は、「レールム」四〇周年にあたる一九三一年に教皇ピウス一一世が発した回勅「クアドラジェジモ・アンノ」に起源を持ち、政治学や社会哲学では自治権やコミュニティ論、中間団体論、労働組合論など基礎となる重要な概念とされてきた。元となった社会回勅「レールム」は、繰り返し見てきたように労働者の権利、労働者の尊厳、人間としての尊厳を強く打ち出しており、これもリスボン条約でさらに拡充された人権の尊重、労働における人間の尊厳といった人権規範の再確認へと繋がっている。こうした流れは二〇〇八年に採用された欧州移民難民協定によってさらに強化されてきている[7]。

カトリック教会は上層エリートと市民を媒介し、またグローバルだが中央集権的な制度と教区単位のローカルな組織を繋ぐ、「ヒエラルキー制度」を基盤とする。ヒエラルキーの観点から国際機関の姿を振り返ると、例えば第一章で見た様に「赤十字」は、スイスのプロテスタント、カルヴァン派教会の活動に端を発するが、教皇ベネディクト一五世が関与したこともあり、グローバルな展開にあたってカトリック教会のネットワークを利用した可能性がある。垂直的なカトリックと水平的なプロテスタントの組織が、交差することで、キリスト教的な規範に基づいた活動をより良く機能させることができるはずである。国連がそうした側面を持つかどうかは次節で論じるが、ここではまずEUについてその状況を考察する。

第二バチカン公会議以降、現在までに推進されてきたカトリックとプロテスタントの間のエキュメニカルな活動が、その垂直性と水平的な側面の交差に繋がっているかどうかである。欧州人民党の内部に、各国のキリスト教民主党系の政党が多く含まれることはすでに紹介した。カトリック系政党はそれなりの存在感を持つが、ドイツやオランダではプロテスタント系の政党も含んでいる。ＩＬＯの中核的労働基準と原則を批准するなど、ＥＵでは労働・環境規範が整備され、規範面でもカトリックやバチカンとの関係は強化されているると言える。一九九二年のマーストリヒト条約で発足したＥＵが、その後の拡大過程で、東欧の旧共産主義国や北欧諸国を加盟させるに際して、欧州人民党は枢要な役割を果たしている[8]。キリスト教民主主義には元来三つの基本的理念が存在する。第一にトマス主義的な自然法、第二に資本主義の批判と富の再分配である福祉政策、そして第三が国際主義である。新トマス主義的な国際法の在り方は、現在EUだけでなく米国でも移民・難民規制問題とからんで論争が巻き起こっている重要な論点である[9]。キリスト教民主主義と社会民主主義との関係や、福祉政策などによる社会民主主義の実現については本書でもすでに見てきた。キリスト教民主主義における国際主義は、国連などの国際機関やEUの姿のなかに見いだせよう。それは人道主義などの規範を基盤にした民主主義の希求である。

本書では歴史を振り返りつつバチカンと国連や国際機関との関わりについて検証してきたが、EUについても欧州石炭鉄鋼共同体(ECSC)や、さらにはその起源とも言うべき戦前・戦中のジュネーブ・サークルまで遡って、考察することが必要だろう。

バチカンとEU統合の歴史を通観するにはキリスト教民主主義の変遷による時代区分が存在する。ジュネーブ・サークルを起源とした戦前から戦後にかけての時代、そして第二バチカン公会議期、冷戦終結後一九九二年のマーストリヒト条約から旧共産圏諸国のEU加盟、そして二〇〇七年のリスボン条約である。EPPについて言えば、ジュネーブ・サークル、新国際エキップ(NEI：Nouvelles Equipes Internationales)、欧州キリスト教民主連合(EUCD)、欧州人民党グループ、そして欧州人民党という歴史的流れが見えてくる。

キリスト教民主主義やこれと関わるEU統合の先行研究では、一部を除いて世俗的な研究が主流であった。それは当然、欧州政治が戦後世俗化したことの反映であるのだが、リスボン条約第一七条でEUと教会などの宗教組織や団体との関係が規定されたことなどを受け[10]、欧米ではキリスト教民主主義の宗教的な側面に注目する研究も進みつつある[11]。欧州諸国の統合を推進してきたEUのトランスナショナルな連携の基盤には、すでに国連との繋がりで考察したWCCの存在がある。ゆえに、そこから派生したCECやCOM

ＥＣＥといった宗教団体のＥＵに対する政治活動を確認することも欠かせない。

◆ジュネーブ・サークルの起源と戦後の発展

ジュネーブ・サークルは戦前から存在した、欧州内のキリスト教民主主義による、国境を越えたネットワークである。国境を越えるその連携を考察するために、戦前のジュネーブ・サークルの起源に遡り、戦後に至る展開を見る必要がある。

ジュネーブ・サークルは、ナチス支配下にあったドイツやフランスのほか、オランダやベルギーから、中立国スイスのジュネーブに流れ込んだ亡命者たちが、キリスト教的理念にもとづいて行ったレジスタンス運動の活動拠点であった。同時期には、ロンドンに設立された国際キリスト教民主同盟（ＩＣＤＵ）、また米国ではノートルダム大学などがリベラルなカトリック社会運動の拠点となっており、反ファシズム運動に関わるヨーロッパからの亡命者も活動していた[12]。ジュネーブは亡命レジスタンス運動の中心地というだけでなく、国際連盟のほか、ＩＬＯ、そしてＷＣＣの前身であり一九二九年に設立された国際宣教協議会（ＩＣＭ：International Missionary Council）など、多くの国際的機関の本部が置かれていた[13]。広義のジュネーブ・サークル（ジュネーブ・ネットワークとも呼ぶ）とは、これら国際機関との関わりを持って活動していた、聖職者も含むキリスト教民主主義者たちのことを指す。

スイスの人民保守党は、リーダーのジョセフ・エッシャーが、キリスト教民主主義の国際的なヨーロッパ統合推進組織であるＮＥＩの結成に関与したことで知られる。スイス・カトリック保守党を前身とする同党は、第一次大戦期には赤十字とバチカンの間のリエゾン役、国際連盟設立以降の戦間期には、連盟とバチカンとのリエゾン役を担っていた[14]。

キリスト教民主主義の政党を定義するにあたっては、教派利益に基づいた政党を起源とすること以上に、党が教会の組織から自律性を持つこと、また民主主義の促進にとって重要な労働組合運動などの組織との関わりなども大きな意味を持つ。労働についてはレオ一三世の社会回勅があるが、これがプロテスタントを含むキリスト教全体に対して大きな影響を与えたことはすでに見てきた通りである[15]。

戦後欧州のキリスト教民主主義は、超教派的であることが自明の如く扱われてきたが、実際には克服すべき両教会の壁が存在した。二者の教会組織や思想上の隔たりはけして小さいものではなく、それだけにキリスト教民主主義政党が教会組織から一定の自律性を持つことが重要であった。むろん国ごとの事情もあり、イタリアの様にカトリック教会組織と密接な関係の政党もあれば、ドイツやオランダの様に超教派の政党である場合もあったが、ヨーロッパ統合という観点からは、後者の方がより重視されるのではないかと考えられる。ピウス一一世の回勅に基づく補完性原則についても、プロテスタント教会、オランダのカルヴァン派の社会教説であった「領域主権論」という、補助性の原理に相当するものである[16]。

歴史的に長らく敵対関係にあった新旧教会の組織や理念が、どの様に歩み寄り、いかにして普遍的なキリスト教民主主義の理念を構築したかは、丁寧に検証されてきたとは言いがたい。政党組織が世俗的であるがゆえに、キリスト教的な要因が薄められたと言うだけは説明として不十分であろう。

◆欧州人民党の起源としてのNEI

欧州人民党の起源とされるNEIは創設に当たって「キリスト教諸政党のヨーロッパ大の協議」「ヨーロッパの統一と世界平和」を目標に掲げた。一九四七年に開催された第一回大会（ルシェルン会合）に参加したのは、主にカトリック系のキリスト教民主党であったが、翌年には超教派であるドイツのキリスト教民主同盟やオランダのカルヴァン派の反革命党も参加した[17]。どちらの教会も反共産主義で一致しており、冷戦が深化する中でそれは両者を結びつけるための重要な要因であったことは疑い得ないものの、二者の歩み寄りについては教義的側面からの検討も必要である。

戦後、両教会が本格的に歩み寄り、またキリスト教民主主義がある意味、公式に認定される契機となったのは、第三章と四章で見た第二バチカン公会議（一九六二〜六五年）であった。同会議では教皇ヨハネ二三世の回勅「プリンチェプス・パストリューム（Princeps pastorum：羊飼い主イエス）」によってエキュメニカル（教会一致）が唱えられると共に、プロテスタント教会の代表も正式に招聘され、神学的議論が本格化した。これがカトリック教会側からのエキュメニカルの開始であり、プロテスタント教会内では第一次大戦前、さらに一九一〇年のエジンバラ宣言の前からこうした活動が始まっていたことはすでに述べた通りである[18]。

◆トホーフトの「政治的」役割——IMCからWCCへ

第四章で見たように、一九一〇年、エジンバラ宣教会議での宣言を経てWCCの前身となるIMCが立ち上がる。そのリーダー的存在で、戦前のYMCA活動から出発し、一九二九〜一九三九年にかけて世界キリスト教学生連盟（WSCF）が発行する『学生世界』の編集と発行にあたっていた[19]ヴィッセル・トホーフトの役割は、オランダ改革派教会などを通じたエキュメニカル運動にとってはもちろん、超教派的なキリスト教民主主義にとっても重要なものであった。しかし彼はアクティビストのプロテスタント牧師にすぎず、政治家でも、また偉大な思想家でもないことから、その「政治的」な役割はこれまであまり注目を浴びず、ヨーロッパ統合運動への貢献についても、ようやく指摘される様になったにとどまる[20]。

トホーフトはジュネーブ・サークルの成員であり、戦後、母国に帰還すると、欧州各国でキリスト民主主義系政党の設立や活動に関与したドイツのヨーゼフ・ヴィルトや、ヨハン・ヤーコプ・キーファーといった「亡命政治家」たちの活動の場として、ジュネーブの彼のアパートを提供し、共に活動していた。オランダのハールレムに生まれ、ライデン大学で教育を受けた彼の戦間期の活動拠点はジュネーブであり、欧州ネットワークの反ナチスのレジスタンス運動にも関与していたからである[21]。

トホーフトは戦後WCCの設立に伴い、その初代所長となり、一九四八〜六六年まで二〇年近くその座にあった。

WCCの活動はプロテスタント諸教会同士の一致やカトリック教会との歩み寄りを目指していたが、特筆すべきは東方教会とのエキュメニカル運動であった。一九五七年に欧州経済共同体(EEC)が設立されると、WCCのECC版としてCECがブリュッセルとストラスブルグに設立される。カトリック教会よりも積極的に、鉄のカーテンの向こう側、すなわち東欧諸国の主要なキリスト教である東方教会との対話を通じ冷戦の緊張を少しでも緩和しようと試みた同組織のシンボル・マークは船である。それは互いの往来が困難だったため、バルト海の船上で会合を持ったことに起因する。CECはWCCの所長であったトホーフトの発案で設立され、その後しばらくジュネーブのWCC内にオフィスが置かれていた[22]。

◆エキュメニカル運動を牽引した諸組織

第二バチカン公会議とそれ以降のエキュメニカルな活動は、おのずとキリスト教民主主義やヨーロッパ統合政治に直接的な影響を及ぼした。具体的には、バチカンのお膝元であるイタリアのキリスト教民主党書記長で、後に首相になるマリアーノ・ルモールを媒介としていた。彼は、ジュネーブ・サークルを起源とし、NEIとなったキリスト教民主主義者のインフォーマルな集まりをヨーロッパ統合と結びつけるべく、一九六五年にEUCDを発足させた。経済的に安定した状況を築くことで、宗教や文化的な対立や紛争を回避するという考え方を組織化しようとしたのである。EUCDは一九七六年にEPPが設立された後も存続し、カトリックだけでなく、プロテスタントに属するキリスト教民主党系政党も、西ドイツとオランダから参加していた[23]。

ＥＥＣがＥＣに発展改組され、冷戦終結後はＥＵとして加盟国を東方へ拡大させていくなか、ＥＵＣＤはキリスト教に基づく民主主義の復活に大いに貢献していくことになる。特にカトリック大国であるポーランドについては、それが顕著であったが、プロテスタント諸国、そして東方正教会教徒が少なくない中欧・東欧諸国で、ＷＣＣやＣＥＣが重要な役割を果たしたことは容易に想像できよう[24]。

◆オランダとドイツのキリスト教民主主義政党

ヴィッセル・トホーフトの母国であり、プロテスタント国であるオランダは、プロテスタントとカトリックのエキュメニカルに積極的であった。ただし、これを通じたヨーロッパ統合に最初から肯定的であったかと言えば、決してそうではなかった。プロテスタント系の政党であるキリスト教歴史的統合党や反革命党などは、当初、欧州統合に消極的であった。第二次大戦直後のキリスト教民主主義は、明らかにカトリック系の政党に主導権があり、それは彼らにとって容認できるものではなかったのである。オレンジ公ウィリアムによる「ハプスブルクの呪縛」からの解放の歴史を持つオランダでは、カトリック主導のキリスト教民主主義によるオランダ「再征服」はあり得ないことだと考えられていた。

しかし時代が下がり、プロテスタント系キリスト教民主主義政党の立ち上げに失敗するという経験を経た反革命党は、主権への脅威ではなく、正義や公正さの観点からキリスト教民主主義を捉えるようになった。その結果、プロテスタント系の二党とカトリック人民党（ＫＶＰ）が協力し、一九八〇年にキリスト教民主アピールが結成された[25]。第二バチカン公会議以降、教会の組織に依存し過ぎていたＫＶＰは支持率の低下に悩まされており、「聖書に基づく正義や社会的責任」に基づいた両教会の結束による政党政治を必要としていた[26]。

野口昌吾によるとドイツの事情はさらに複雑である。ナチスの台頭にあたってカトリック系の中央党が果たした役割や、バチカンとナチスの間のコンコルダートへの同党の関与といった歴史的経緯から、カトリック教会に対する糾弾はもちろん、カトリック側にも罪の意識があったという。そのため、カトリックが戦後再出発するにあたり、プロテスタント教会や、その関係の政治団体と協力することは不可欠であり、また冷戦による東西分断という現実の影響から[27]、おのずとエキュメニカルが宗教的にも政治的にも重要性を帯びざるを得なかった。実際、第二バチカン公会議の準備にあたって教皇ヨハネ二三世に神学的なアドバイスを行った聖職者には、既出のベア枢機卿以外にも、ラーナーやコンガールなど、ドイツ人のエキュメニカル積極派が多くいた。結果的に、一九六〇年代の危機や冷戦終結を経てなお、コンスタントに政権の座に関わり続けているドイツのキリスト教民主同盟は、欧州におけるキリスト教民主主義政党の一大成功例と言えるかも知れない。

◆ドロール委員会とEU政策への影響力

欧州の共同体機構に参加するカトリックの代表としては、一九五六年に設立され欧州の問題を取り扱うイエズス会の組織OCIPE（The Catholic Office of Information and Initiative for Europe）が存在したが、一九八〇年にカトリックの聖職者の組織である欧州司教団協議会（COMECE）が設立されると、活動が本格化する[28]。

一九八五〜九五年までの一〇年間、欧州委員会の第八代委員長を務めたジャック・ドロールが欧州統合の推進に果たした貢献は良く知られる。自身がトップを務めたドロール委員会で、彼は「欧州の心と魂を形成するために、キリスト教会は貢献するべきである」と述べ、エキュメニカルを推進すると同時に、キリスト教会の組織であるCECやCOMECEに発言権を与えてきた[29]。このプロテスタントとカトリックの二組織は、欧州委員会を通じて教育や経済、環境問題など科学・技術に関わる分野での一定の役割を行使した。一見関わりが薄いように見える経済・貿易・科学の分野では「倫理的な貿易」や「責任ある科学・技術の発展」など、また環境問題については、後に教皇フランシスコが二〇一五年の回勅「ラウダート・シ」で取り上げる「地球はひとつの家」といった規範を[30]、各条約や取り決めに盛り込むことに成功している。すでに触れた二〇〇七年のリスボン条約第一七条の挿入は、「宗教的な組織・団体」の項目が入る様、CECとCOMECEが共に協力して交渉を重ねてきた結果であると彼らは考えており[31]、実際、この二組織の最も大きな功績の一つと言ってよい。またリスボン条約六条と一〇条に信教の自由、宗教の尊重、両親による子供の宗教教育の自由の項目が挿入されるにあたっても、これら二組織の貢献が言われている。

その前段として、二〇〇四年五月、第五次EU拡大の一環でポーランドを含む主要東欧諸国がEUに加盟した際、COMECEとCECは、教皇ヨハネ・パウロ二世の下バチカンの国務省と協力し「神」についての条項を欧州憲法に入れることを提案したが、拒否されるという経験があった。以降、特に両組織は協力関係を強める。リスボン条約の締結に向け、リスボン大学神学部教授らからの協力も取り付け、そうした努力は同条約一七条第三節の「諸教会の存在とその一定の役割を承認する（recognizes the identity and specific contribution of the church）」という一文に結実する。これをもとに貧困問題や移民・難民問題について、聖職者と世俗組織の代表がEU理事会とEU議会の場で議論する場が設けられた。リスボン条約発効後の二〇一〇年一二月一日、メンバー諸国の外務省と外交官の連合体が組織されると、COMECEとCECもここに常設事務局を置くことになり、貧困撲滅、援助や難民救済に関するEU理事会の政策決定過程に影響力を行使するようになった[32]。

貧困や難民問題については、「欧州の移民・難民救済のエキュメニカルな教会（Ecumenical Churches Commission for Migrants in Europe）」や「欧州開発基金（EDF：European Development Fund）」などと共に活動に関与し、アフリカへの援助金の拡大などに努めている。欧州委員会に参加する宗教機関など、信仰を基盤とするNGOの数は一九九九～二〇〇〇年に一四だったものが、二〇〇二～三年には四五、リスボン条約締結後の二〇〇八年には七四と増加傾向にある。アフリカや中東諸国への援助活動では、カトリック教会、国教会や聖教会を含むWCCやCECのネットワークが活用されている。二〇〇八年に採用された欧州移民難民協定についても、EUの難民の受け入れ問題をはじめとする実際の政策においては、両教会の組織を使い、キリスト教系NGOであるカリタスなどとも連携している[33]。

ジュネーブ・サークルからNEI、それらに根ざしたキリスト教民主主義やその政党の形成には、従来論じられてきたトランスナショナルなネットワークに加え、聖職者などを含む宗教的な繋がりが重要な役割を果たした。本論で論じたカトリックとプロテスタント、そして東方正教会を含むエキュメニカルな宗教的な運動が、聖俗の欧州政治、つまり欧州統合の推進に与えたインパクトもまた然りである。

皮肉なことに第二バチカン公会議以降、エキュメニカルが推進されるにつれ、特にカトリック系のキリスト教民主主義政党が支持率を下げ、停滞するという側面も生じてきた。理由としては、移民を通じてイスラム教徒がEU圏内に増加していることを指摘する必要があろう。キリスト教においては、とりわけ二一世紀以降、世俗化が進み、その宗教性の顕現をEU政治に見出すことが困難である一方、イスラムにおいてはキリスト教ほどの世俗化が起こっていないという実情がある。これが欧州におけるイスラム教徒の摩擦の原因と言われるが、リスボン条約一七条や、信仰の自由を述べる六条や一〇条の条項には、イスラム教徒の権利も含まれており、宗教的な多元主義が謳われていることは注目に値しよう[34]。

COMECEやCECの関係者へのインタビューから感じられたのは、イスラム教の影響に対するカウンターアクションが、行き過ぎた世俗主義への反省というかたちで認識されているのではないかということであった[35]。

米国のキリスト教右派や、欧州のキリスト教保守・右派系のグループが扇動する、キリスト教対イスラム教という構図[36]を打破するためにも、キリスト教民主主義については再評価の余地がある。元来のエキュメニカルは、すでに述べたようにカトリック、プロテスタント、東方正教会といった、キリスト教会同士での「教会一致」の思想として欧州統合に一定の役割を果たしてきた。しかし現在では、エキュメニカルは、ユダヤ教やイスラム教など、非キリスト教徒との対話を指しても使われる。オバマ政権下の米国では、国務省の委員会にカトリックやプロテスタントの神学者や聖職者がメンバーとして招かれ、イスラム教徒との対話によってカウンター・テロリズムが議論され、政策に反映された[37]。欧州では現在COMECEとCECがそうした役割を担おうとしていると言えるかも知れない。

4 米国とラテン・アメリカの仲介

二〇一六年三月二〇日、バラク・オバマは米大統領としては八八年ぶりにキューバを訪問し、その一週間後にはアルゼンチンでタンゴを踊り、メディアの注目を浴びた。この約一ヵ月前、キューバの首都ハバナでローマ教皇が約一〇〇〇年ぶりにロシア正教総主教と会談した。その五ヵ月前に教皇はキューバと米国を訪問し大歓待を受けていた。これら一連の出来事からは、教皇フランシスコの戦略と影響力が垣間見える。

米国とキューバの国交回復には、フランシスコが仲介役を果たした。核戦争勃発の寸前だったとされる一九六二年のキューバ危機で両国は国交を断絶、その関係は冷戦終結後も回復しなかった。バチカンは冷戦期もキューバを含む東側との関係を維持し、当時の教皇ヨハネ二三世の仲介でキューバ危機は回避された。またポーランド出身の教皇ヨハネ・パウロ二世は一九九〇年の冷戦終結に貢献。二〇一四年四月、教皇フランシスコはこの二人の元教皇を聖人とする列聖式をおこなった。聖人になるまでには多くの審査があり、奇跡を起こしているかなど、宗教的霊的な評価も重要である。しかしながら核戦争の回避や冷戦終結への貢献といった世俗的な国際政治への貢献度が高い教皇をあえて選んでいるのは、バチカンが国際平和秩序を強く意識していることの現れと見て相違ない。

この列聖式について『新生バチカン――教皇フランシスコの挑戦』は、多数の若者が寝袋を持ち込み、ロックフェスティバルさながら八〇万人が集結したと記述する反面、システィーナ礼拝堂での伝統儀式のように、キリスト教二〇〇〇年の歴史を感じさせる写真も掲載されるなど、その伝統的イメージを維持しつつ、現代的かつスターさながらの教皇の人気を強調することにも躊躇はない[38]。フランシスコは、二〇一三年の就任以来、貧困、労働、環境、難民、中絶、同性愛などの社会問題や国際問題に関与し、聖職者による子供への性的虐待や金融スキャンダルに真摯に取り組む姿勢を見せてきた。教会内改革も行い人気がある。ブラジル訪問の際、教皇がリオのビーチを埋め尽くす三〇〇万人の人々にミサを行う写真には目を見張る。ブラジルは総人口二億人弱のうち、その六〇%にあたる一億二〇〇〇万人ほどがカトリック信者であり、一国で一億人以上のカトリック人口を誇る世界最大のカトリック大国である。

一方で、その伝記『教皇フランシスコの挑戦』でフランシスコ、本名ベルゴリオは「汚い戦争」への関与が取沙汰されている。彼の母国アルゼンチンでは、一九七六年三月にクーデターが起こり、以降一九八三年まで、右翼政権によって左派とみなされた労働組合、学生・政治運動家や記者など約三万人以上が誘拐・拷問・殺害された。これが、いわゆる「汚い戦争」である。軍部を公然と批判したり、行方不明者の家族を支援する教会関係者も容赦なく殺害された。ラ・リオハ州のアンヘレジ司教は、貧困層や先住民を支援するなど、それまでも軍部とは緊張関係にあったが、クーデター後、ラ・リオハで聖職者たちの行方不明が続き、ついにはアンヘレジ司教も不審な事故死を遂げる。保守的なカトリック教会内には教会関係者や市民を軍部の攻撃から守ろうとする者もいれば、軍のスパイ同然の密告者となる者も現れるなど、教会内は真っ二つに分裂した[39]。

この右翼政権を米国のCIAが支持し、また反共産主義の立場からカトリック教会も協力したとされ、教皇はその責任を追及されているのである。オバマはアルゼンチンでタンゴを踊っただけではない。「汚い戦争」の犠牲者の墓に参り、これに関与した米国の実態を明らかにするためCIA史料の公開を命じた。アルゼンチンの場合は、エルサルバドルやニカラグアと異なり米国のカーター元大統領による人権外交が展開されたことで、アルゼンチン軍部の人権侵害に対する非難が集まり、囚人の釈放や行方不明者の数の激減に繋がった[40]。冷戦期、南米の多くの国では左翼と右翼の間で内戦が勃発し、米国はもっぱら右翼の軍事政権に肩入れしたが、アルゼンチンには左翼ゲリラが存在せず、右翼政権に対する民主的な反対運動や労働運動が拷問や虐殺の対象となったことから、これにカトリック教会が加担したとすれば申し開きの仕様がない。ベルゴリオは首都ブエノス・アイレスのイエズス会の管区長に弱冠三六歳で就任していたことから、彼にも責任があったのではないかと追求されることとなったのである。

カトリック教会内においても保守とリベラルの対立があるが、スラムでの救貧活動など一般信者に身近な活動を行うイエズス会は左派的傾向にあった。南米では不平等な土地所有制度による極端な貧富の格差があり、こうした社会状況から「解放の神学」が生まれた。司教などの教会内上層部は保守的で右翼政権に協力していたが、一方で解放の神学を擁護する者もいた。イエズス会内では左派と保守が激しく対立し、スラムで救貧活動をしただけで聖職者が右翼政権に殺害された事例がある。ベルゴリオが管区長だったイエズス会では修道士二人が誘拐・拷問され、結局は釈放されるものの、ベルゴリオが右翼政権に密告したのではと、イエズス会彼が教皇になる際に激しい非難が起こった。このベルゴリオの「汚い戦争」への関与をついてはバレリーが独自に調査を試みている。関係者へのインタビューなどから、彼はある程度右翼政権と繋がりがあり、誰が誘拐・殺害されるかの情報を事前に把握し、彼らの大半を亡命させたが、連行された二人とは対立関係にありあえて逃がさなかったという。二人は拷問されたが生還した[41]。そしてこの恐ろしい過去を罪と認め、それと向き合い克服して生まれ変わることで、教皇フランシスコが誕生したとしている。

石川明人は『キリスト教と戦争』で、宗教だけが戦争やテロの原因ではなく、人間の内面の矛盾が愛する者を守るための暴力を生むのであり、イスラム教と同様キリスト教も武力行使を正当化してきた歴史があると述べている[42]。教皇がロシア正教の総主教と和解したのは、二〇〇〇年代半ばから急速に勢力を拡大し、欧州や中東でテロを起こし世界を震撼させた「イスラム国（ＩＳＩＳ）」の犠牲となる中東の少数派キリスト教徒たちを守るためであった。実際、教皇もＩＳＩＳに命を狙われることもあった。長引くシリア内戦など、テロが横行する世界に立ち向かおうとする意思は、「汚い戦争」で生身の暴力を体験した宗教指導者だからこそ持ち得る強さなのかも知れない[43]。

二〇一五年九月、フランシスコは設立七〇周年を目前に控える国連に招待され、初めてとなる本格的なスピーチを行った（スピーチの全体像については後述）。そこで「パウロ六世が一九六五年に、ヨハネ・パウロ二世が一九七九年と一九九五年に、ベネディクト一六世が二〇〇八年に国連を訪問したように、私もこれを継承している」と述べたことは、一九六五年に国連設立二〇周年を記念してパウロ六世が国連を訪問したことを思い起こさせた。スピーチの内容は、国連の人道的活動がバチカンの価値観と一致しており、協力関係にあることなどを挙げて賛辞を送るものであったが、国際通貨基金（ＩＭＦ）の活動については批判的な口調であった。一時的な金銭的な援助では持続可能な発展には繋がらない。貧しい国に金銭を貸し付けるだけでは、依存体制から脱却できないことから、技術支援などより良い援助の方法を取るべきであるとの主張であった。それは、かつて母国アルゼンチンが金融危機に見舞われた時にＩＭＦの資金援助を受けたものの、それらの資金は結局、経済回復には何ら役に立たず、人々は経済的な窮地に追い込まれ、貧困のうちにあったという実体験に基づいている。フランシスコは、福祉をカットするような弱肉強食的な経済競争や新自由主義について警告を発する回勅を出し、バチカニスタ（バチカン専門記者）たちの取材による書籍『This Economy kills:

Pope Francis on Capitalism and Social Justice』[44]でも、一貫してそうした主張を行っている。

同書には、中東でキリスト教徒が命の危険に晒されている問題について、オバマ政権の国務長官だったジム・ケリーがカトリックであることからバチカンと国連が米国務省と協力して問題解決のために動いていることなどが述べられている。それはバチカンと米国、そして国連が協力して宗教間対話を本格的に推進する内容であった。著者はこのオバマ政権下の国務省の宗教間対話の委員会のメンバーだったイエズス会のトマス・リーズ神父にインタビューする機会を得て、教皇と米国国務省の間の利害の一致によってこのプロジェクトが推進されていた詳細を知る機会に恵まれた。それはバチカン側にとっては、中東でのキリスト教徒の命の安全であり、米国側にとってはテロ抑止である[45]。特にイスラム教徒との宗教間対話についてフランシスコ教皇は熱心であり、イランの宗教リーダーや、エジプトのスンニ派の宗教リーダー、また同じエジプトのキリスト教コプト教徒のリーダーなど、また英国ではイスラム、ユダヤ、キリスト教のそれぞれのリーダーに同時に会見するなど、努力を重ねてきた。

アルゼンチン出身であるフランシスコは解放の神学に理解を示し、ラテン・アメリカで横行する暴力と麻薬問題、特に麻薬が貧困層に入り込んでいることの悲劇を強調している。そうした影響からフランシスコが教皇に就任した二〇一三年以降、解放の神学や、その殉教者ロメロ神父に関する書籍の出版が再び活発になっている。ロメロの列福(列福とは聖人になる前段階で聖人になる候補者リストに載ったことを意味する)をめぐってはヨハネ・パウロ二世、ベネディクト一六世時代にその動きが遅滞した経緯もあり、二〇一五年に列福が決まると彼をめぐる議論も活発化した。その後、ロメロは二〇一八年に列聖され、米国などでは英語による出版物の刊行が続いている[46]。

5　マルタ騎士団との対立――女性の立場をめぐって

解放の神学との関係以外にも、バチカンが直面していた大きな課題として、カトリック教会内部で起こった子供への性的虐待の隠蔽問題がある。一九八九年頃から九七年にかけて少しずつ表面化し、子供の権利をめぐってバチカンが正しく対応していないと批難を受ける一因となった。この問題が表沙汰になって以来、カトリック教会やバチカンの信頼は失墜し、現在も子供の人権問題に関与することに抵抗があると糾弾され続けている。教皇フランシスコは虐待の被害者への謝罪や直接面会することなどで信頼の回復に努めているが、二〇一八年にアイルランドを訪問した折にも、同国でカトリック教会が長らくこの問題を隠蔽してきたことへの非難が激化した。

また妊娠中絶問題でも、コンドームの使用を認めないカトリックの立場には議論がある。かつてはエイズ予防の理由でも認めていなかったコンドームだが、バチカンも二〇一〇年以降は避妊目的以外、つまりエイズウイルスの感染予防に限って黙認することになった。それ以前はカトリック系NGOのなかには産児制限を推進する国連の活動を妨害する立場を取るものもあったのである。ただし、エイズ予防目的でもコンドームの使用を認めていないカトリック団体も多く、論争になっている。フランシスコ自身はエイズ予防のためならコンドームの使用を認める立場である。しかし地域によっては産児制限による人口抑制が、貧困を抑えることが出来るという国際機関の立場と、人工的な方法による産児制限を認めないカトリック教会が対立する場合もある。バチカンは現在でも避妊目的でのコンドーム使用は認めておらず、この点では保守的なイスラム教が支配的なリビアやイランの宗教団体とも協力している。

この問題については二〇一七年にマルタ騎士団によるミャンマーでの救貧活動をめぐり、同騎士団の幹部が更迭される問題が起きて論争を呼んでいる。マルタ騎士団は比較的保守的なカトリック団体で、従来貧困地域でもコンドームの使用を認めていない。しかし現場で救貧活動にあたっていたメンバーがコンドームの配布を行い処罰されたことに対して教皇が現場を擁護する立場に回り、大論争に発展したのである[47]。

米国の国連代表の一人であるキャサリン・シェーファーは、カトリック系女性団体の代表で、すでに触れた「キリストの平和（Pax Christi）」での活動経歴を持つ。この団体は比較的若い世代が中心となって運営されているカトリック団体で、国連の経済社会理事会の主要NGOというステイタスを持っている。この団体は、他のいくつかのカトリック団体やNGOと協力して、国連人権理事会の一九九八／七七などの決議を通すのに影響力を発揮してきた[48]。一連の出来事を背景に、フランシスコはカトリック教会の聖職者（司祭）が男性にのみ認められてきたことも見直そうと動き始めており、実際に女性の助祭が任命されているが、一部保守派からは反発がある。

避妊と人口調整の問題をめぐっては、カトリック教会と国連などの関連機関が対立する場合もあるが、近年、国連人権理事会や国連難民高等弁務官事務所では、カトリック系や他の宗教系のNGOとのパートナーシップ締結にあたって、国際機関側と理念や方針を共有する団体を選択するようになっている。フランシスコが教皇に就任してからは、リベラルな立場で活動するカトリック系NGOも増加し、国連との協力関係が強化されている。

6　地球環境問題への挑戦——回勅「ラウダート・シ」の意義

次に気候変動問題におけるバチカンと国連の協力を具体的に見ていこう。二〇一五年九月二五日にフランシスコが国連で行ったスピーチは、同年五月一八日に出した地球温暖化に関する二四五項目にわたる回勅「ラウダート・シ」を引用していた。そして同年一二月一二日に「気候変動に関する国際連合枠組条約」第二一回締約国会議（COP21）で「パリ協定」が採択された。産業革命前からの世界の平均気温上昇を二℃未満に抑えることに合意した画期的協定であった。また今世紀後半に、人為起源の温室効果ガスの排出量と吸収量のバランスを維持させることにも合意したのである。以下では、教皇の地球温暖化に関する回勅と国連の環境問題の報告書との関係性を明らかにする。

国連が環境問題に取り組む起源は一九七〇年代にさかのぼるが、冷戦終結後にスタートした地球規模での取り組みは、一九九二年にリオ・デジャネイロで行われた環境と開発に関する国連会議をもって嚆矢とする。この一〇年後の二〇〇二年には南アのヨハネスブルグで、いわゆる「持続可能な発展に関する世界首脳会議」[49]が、そして二〇一二年六月には再度リオ・デジャネイロで国連環境開発会議（持続可能な開発会議）が開催されている。

こうした国連の環境問題への取り組みは一九七二年のストックホルム会議で国連環境計画（UNEP）が設立されて以来、一〇年ごとに行われ、とりわけ一九九二年の国際会議は、国連に招かれた産業・市民団体、そして国連とのパートナーシップを持つNGOの代表者など、のべ四万人が参加するという、国連関係の会合としては空前の規模となった。

この気候変動枠組条約は、第一回締約国会議（COP1）が一九九五年三月にベルリンで、第二回締約国会議（COP2）が一九九六年七月にスイスのジュネーブで、そして第三回締約国会議（地球温暖化防止京都会議、COP3）が一九九七年一二月に京都で行われた。このとき採択されたのが京都議定書として知られる文書である。この実現にあたっては、途中、米政権が推進の立場であったクリントンからブッシュ・ジュニアに交代して批准が見送られるなど、危機的な状況に直面しながらも、議長国であったスウェーデンを中心とするEU諸国に助けられ、二〇〇五年に発効した。それ以降は具体的なCO_2量の削減だけでなく、エレルギー政策全般と連動する方向にむかう。二〇〇一年一〇月には第七回締約国会議（COP7）がマラケシュで行われ、ここで本格的に途上国を視野に入れた後発開発途上国基金（LDCF）などの運用が合意された。その後、二〇一〇年の第一六回締約国会議（COP16）では緑の気候基金（GCF：Green Climate Fund）の設立が決定され、リマで開催された第二一回締約国会議（COP20の期間中にGCFへの拠出額が一〇〇億米ドルを超えたことが報告されるとともに、これを歓迎するCOP決定が採択された。すでに触れた二〇一五年のパリ合意を経て、二〇一七年一一月に再びボンで行われた第二三回締約国会議（COP23）では、温室効果ガス排出量削減目標の上積みを目指す会議を二〇一八年に行うことが決議された[50]。

国連の経済社会理事会に持続可能な発展委員会（CSD：Commission on Sustainable Development）が設立され、生物多様性、非経済的成長、国連砂漠化対策協定などその活動は拡大している。CSDはその後、SDGs（持続可能な開発目標）としてさらなる革新を遂げて現在に至り、これについては日本の企業や大学などの諸団体でも取り組みが始まっている。

UNEPの本部はケニアのナイロビに設立され、発展途上国との連携が強化された。GEO（Global Enviroment Outlook）はUNEPが発行する地球環境問題に関する報告書で、一九九七年に第一次レポートが発表されて以来、何千人もの科学者やその組織が関わってきた。その第五次レポートとなるGEO5（二〇一二年）は、世界の六〇〇人の科学者が三年の月日を費やして作成した。GEO5は温暖化を含む環境問題全てを扱い、「駆動（根本）原因、大気、陸、水、生物多様性、科学物質と廃棄物、地球システム」として、現状と展望、問題点を分析している。翻訳に時間を要した日本語版は二〇一五年一〇月に刊行された[51]。

バチカンはGEO5に呼応する形で教皇の回勅を発した。報告書の内容をふまえ、宗教的でありつつ、し

気候変動に関する国際連合枠組条約会合

会合	期間	開催地
第1回締約国会議(COP1)	1995年3月28～4月7日	ベルリン(ドイツ)
第2回締約国会議(COP2)	1996年7月8～19日	ジュネーブ(スイス)
第3回締約国会議(COP3)	1997年12月1～10日	京都(日本)
第4回締約国会議(COP4)	1998年11月2～13日	ブエノスアイレス(アルゼンチン)
第5回締約国会議(COP5)	1999年10月25～11月5日	ボン(ドイツ)
第6回締約国会議(COP6)	2000年11月13～24日 2001年7月16～27日	ハーグ(オランダ) ボン(再会合)(ドイツ)
第7回締約国会議(COP7)	2001年10月29～11月10日	マラケシュ(モロッコ)
第8回締約国会議(COP8)	2002年10月23～11月1日	ニューデリー(インド)
第9回締約国会議(COP9)	2003年12月1～12日	ミラノ(イタリア)
第10回締約国会議(COP10)	2004年12月6～17日	ブエノスアイレス(アルゼンチン)
第11回締約国会議(COP11)	2005年11月28～12月9日	モントリオール(カナダ)
第12回締約国会議(COP12)	2006年11月6～17日	ナイロビ(ケニア)
第13回締約国会議(COP13)	2007年12月3～14日	バリ(インドネシア)
第14回締約国会議(COP14)	2008年12月1～12日	ポズナニ(ポーランド)
第15回締約国会議(COP15)	2009年12月7～18日	コペンハーゲン(デンマーク)
第16回締約国会議(COP16)	2010年11月29～12月10日	カンクン(メキシコ)
第17回締約国会議(COP17)	2011年11月28～12月9日	ダーバン(南アフリカ)
第18回締約国会議(COP18)	2012年11月26～12月7日	ドーハ(カタール)
第19回締約国会議(COP19)	2013年11月11～22日	ワルシャワ(ポーランド)
第20回締約国会議(COP20)	2014年12月1～12日	リマ(ペルー)
第21回締約国会議(COP21)	2015年11月30～12月11日	パリ(フランス)
第22回締約国会議(COP22)	2016年11月7～18日	マラケシュ(モロッコ)
第23回締約国会議(COP23)	2017年11月6～17日	ボン(ドイツ)
第24回締約国会議(COP24)	2018年12月3～14日	カトヴィツェ(ポーランド)

かしカトリック、あるいはキリスト教信者だけでなく、非信者、無神論者、非エリートにも分り易い言葉を選んで発信したのが、環境問題についての回勅「ラウダート・シ」であった(二〇一五年五月二四日、メディア発表は六月一八日)。二四六項目にわたる回勅は、専門家たちのアドバイスを基礎情報に、実際の地球温暖化を証明するデータに基づいて書かれたものである。もちろん神学研究の蓄積も内包されているが、カトリックだけでなく、ギリシア正教会やイスラムのスフィー教団からの引用もある。

WCCも回勅を歓迎する意向を示し、「今こそ人間としての私たち共通の責任を自覚し、必要な変革を行う用意がある人たちを、教会として支えるあり方を考える時だ」と、WCCの事務総長オラフ・フィクセ・トヴェイトはコメントを発表した。さらにWCC関係者は「この回勅は、これらが私たちの信仰の中心的問題であること、そして私たちキリスト教徒が、共通の未来を気遣う全ての人々と共にある教会として、正義と平和の観点からそれらに取り組むべきであること、を全ての人々に証明している」と付け加えた。

東方正教会のコンスタンチノープル総主教バルソロメオス一世も、米タイム誌(電子版)の六月一八日付の記事で、共通の関心とビジョンを共有していることは真の恵みだとして、回勅を積極的に評価した。同日、アングリカン・コミュニオン・ニュース・サービス(ACNS)も、国教会(聖公会)のアングリカン・コミュニオン環境ネットワーク議長であるケープタウンのタボ・マクゴバ大主教が、信仰者は急速な気候変動によってもたらされている危機が持つ道徳的・霊的な要素に注目する必要があるとして、この回勅を歓迎したことを伝えた。さらに、プロテスタントの福音派を代表するローザンヌ運動の一部である「ローザンヌ被造物保護ネットワーク(LCCN)」も、気候変動への教皇の関心に賛同し、この回勅に期待と感謝を表していると発表した[52]。この様に「ラウダート・シ」は、宗派や教派を超えてエキュメニカルな賛同と称賛を受けた。

原典はラテン語で書かれているが、英語、イタリア語、ドイツ語、スペイン語、フランス語、ポーランド語、ポルトガル語、アラビア語でも発表された。フランシスコは二〇一七年三月と七月に国連に招待され、スピーチを行っており、特に国連と規範を共有するものとして、「持続可能な発展」と「環境問題」を挙げた。

回勅「ラウダート・シ」は以下の様に構成されている。

序章「私の主よ、あなたはたたえられますように」
一章「ともに暮らす家に起きていること」
二章「創造の福音」
三章　生態学的危機の人間的根源
四章　総合的なエコロジー
五章　方向転換の指針と行動の概要
六章　エコロジカルな教育と霊性

フランシスコは、第一章で環境問題について最新の科学的研究を基に、気候変動や水問題、生物学的多様性の保護、環境的負債など、現在の環境危機の状況を、地球を一つの家に例えて考察した。「汚染、無駄と使い捨ての文化」の項目では、公害や農薬、炭素や水問題、大量の産業廃棄物をめぐる使い捨ての意識などに対する警告を発している。

第二章では、ユダヤ教とキリスト教的伝統の視点から、聖書を通して自然への人類の責任、全ての創造物の間の親密な関わり、共通の財産である環境について考えるよう宗教的な見地を示す。その上で、「宇宙は相互にやり取りする開放系によって形成されており、その無数の関わり方やあずかり方を認識することができます」と述べている[53]。そして次の項目では聖トマスの言葉を引用し、「自然はある種の技芸、すなわち、ものに刻み込まれ、ものを明確な目的へと動かす、神の技芸にほかなりません。それはまるで、造船技術が材木に自己形成能力を授け、船の形が自動的にできあがるようにすることができるかのようです」と言っている[54]。

第三章では、現在の環境問題の原因を、哲学や人間科学との対話を通じて分析し、テクノロジーや人間中心主義の弊害にはじまり、人間の労働や生物多様性の損失、遺伝子組み換えの問題にまで言及する。そこでフランシスコは「技術発展を否定するのではなく神からの恩恵としつつ、技術万能・技術優先の支配的パラダイムを見直すように」と主張する。それはかつてレオ一三世が回勅で語った、人間の尊厳の源である労働の概念を思い起こさせ、テクノロジーの進歩がもたらす労働機会の喪失に暗に警鐘を鳴らしている[55]。

第四章では前章を踏まえ、世界における人類の位置と、それを取り巻く現実を包括した「総合的なエコロジー」を提示している。環境・自然を、経済や政治、文化、日常生活といった、人類が生きる上で密接に関わる様々な問題として認識し、環境問題と社会や人間問題を切り離すことはできないものと主張する。

第五章では、人類は何をすべきか問いかけ、社会や経済、政治のあらゆるレベルでの誠実で透明性のある対話を提案し、その理念を実践してきた国連の環境に対する取り組みを具体的に評価している。そしていかなるプロジェクトもそれが責任ある行動と良心を伴なければ、決して効果を発揮しないと指摘する。

最後の六章では「環境的回心」のための教育と育成の重要性を強調している。文化をめぐる紛争から起こる危機の根源は深く、習慣を改めることは容易ではないが、それゆえに全ての教育環境を巻き込んだ行動が重要になるとしている。その上で、異なる生活スタイルを選択することによって、政治や経済、社会により良い影響を及ぼすとともに、小さな日常の態度、簡素な生活から、世界と環境に対する責任と、弱い人々への配慮を持った「総合的なエコロジー」を目指すよう誘っている[56]。

教皇はアッシジの聖フランシスコの名を自らの教皇名としたが、これはすでに議論してきた貧困問題への取り組みや清貧だけにちなむものではない。聖フランシスコは、小鳥や動物たちに説教したことでも知られている。また神の被創造物を賛美し、それは太陽、月、風、水、空気、大地への賛美であり自然と一体であることを説いた[57]。「ラウダート・シ」の序論には聖フランシスコとその弟子、聖ボナヴェントゥラ[58]の言葉や行いが引かれている。

「聖フランシスコは、地球が私たちの共通の家であることを思い出させます」。「私たち人間が哺乳類の動物であること、つまり自然界の生態系と一体である必要性についてです」。「聖フランシスコは太陽、月、または動物の最小のものに注視し、彼は歌を歌い、他のすべての生き物を賞賛しました」。「彼はすべての創造物とコミュニケーションを図り、植物や小鳥に説教して、『彼らがこの世に存在しているのは神のお陰で、その主を賞賛する』よう説いたのです」。「我々人間の知的な活動や、それによる経済的な活動もこうした自然界の恵みによってもたらされ、それぞれの生き物は愛情の絆で結ばれた姉妹であるのです。そうしたことから、彼は自然界に存在するすべての生き物の世話をするよう神から言われたのです」。「聖ボナヴェントゥラは『すべてのものは主によって創られ、より豊かな敬虔さで満たされ、どんなに小さな生き物でも兄弟または姉妹という名前で呼びなさい』と述べた」[59]。

どれほど小さな生命でも神の創造物として敬うこと、人間が他の生命体に比べて優れているという考えは「無慈悲な搾取者に成り下がる」危険性を持っていること、他者を敬うように他の生物や自然環境に敬意を抱くことなどの必要性を強調するためである[60]。

この回勅の準備は、フランシスコが教皇になった二〇一三年の末からすでに開始され、最初のドラフトは、「バチカン正義と平和協議会」の議長であるピーター・タークソン枢機卿を中心に、同協議会によって執筆された。「バチカン正義と平和協議会」は第二バチカン公会議最中の一九六四年に、パウロ六世が外部の意見を吸い上げるためにバチカン外で活動する一部俗人も含む聖職者を中心に設立した組織である。タークソン枢機卿[61]は、ガーナ人の大司教であり、オバマ大統領などとの交流で知られている。ドラフトはその後、ポツダム気候変動研究所とドイツ連邦地球変動諮問機関の所長を兼任するハンス・ヨアヒム・シュルヌーバー(Hans Joachim Scellnhuber)ら科学者たちの精査を受けた。そして二〇一五年四月二八日、バチカン内で「ラウダート・シ」の発表を前に事前のシンポジウムが開催され、ここに当時の国連事務総長潘基文やエクアドルの大統領ラファエル・コレア、米国の開発経済学者ジェフリー・サックスらが招待された。エクアドルのコレア大統領はガラパガス諸島の保護やアマゾンの熱帯雨林の保護に努めたことで知られる。経済学者サックスはUNDPのミレニアム開発目標の議長を務め、国際機関を通じた貧困対策、債務削減、エイズ対策に取り組んでいる人物で、世銀やIMF、WHOなどの国際機関を利用した、途上国のいわゆる「持続可能な経済発展(SDGs)を目指したプロジェクトに関わっている。

そしてシンポジウムの約三週間後に、「ラウダート・シ」は正式に発表された。回勅は、世界の主要メディアを集めた記者会見の場で発表され、タークソン枢機卿、シュルヌーバー、そしてギリシア正教会の聖職者ジョン・ジジオーラス(John Zizioulas)が回勅を読み上げるスタイルを取った。この発表のタイミングは、同年末に行われる国連の社会経済理事会での途上国への援助や、一二月一二日にパリで開催された「パリ協定」に先駆けるものであり、国連気候変動枠組条約第二一回締約国会議(COP21)の採択に影響を及ぼすことを意図していたと、後にフランシスコはインタビューで明らかにしている[62]。世界的な気象・環境学者の権威と、カトリックと正教会の聖職者による発表という、まさに宗教と科学の融合であった。

「ラウダート・シ」は瞬く間に世界中の関心を集め、スペイン語やポルトガル語圏の欧州やラテン・アメリカ、またドイツの環境研究所のアドバイスもあることからEU加盟国の関心、そして英米を中心に英語圏を代表する知識人やメディアによっても大きく取り上げられた。それはカトリックやキリスト教信者の枠を超え、「無神論者」を自称する環境保護活動家やリベラルな有名作家たちの強い賛同にまで広がった。その中の一人、英国の有名作家ポール・ヴァレリーは、一九八四〜五年のエチオピア大飢饉の時からミュージシャンのボブ・ゲルドフと共にアフリカの飢餓を救う「バンド・エイド」[63]や「アムネスティ・インターナショナル」などの国際人権活動団体に関与していた。また彼は、英国最大のNGOであるオックスファムや、フェア・トレードを推進するNGOトレードクラフト(Tradecraft)、カトリック国際関係研究所(CIIR ICL、通称プログレシオ：Progressio)、クリスチャン・エイド、カトリック開発援助基金(CAFOD：Catholic Agency for Overseas Development)などに関与し、英国の主要新聞にも定期的に記事を書いている。そのため、これらの組織や媒体を通じて「ラウダート・シ」の理念や活動は広く知られるところとなった。ポール・ヴァレリーの活動は英国政府や国際機関やNGOとの協力だけでなく企業に対しても及び、「倫理的なビジネス」によって大手スーパーなどがフェア・トレード食品を扱うなどの広がりをみせた。それは日本のスーパーであるイオングループなどにも浸透しつつある。

このようにフランシスコの回勅は、世界中のカトリック教会に肯定的に受け止められ、その社会的な活動を刺激することとなった。多くのカトリック系NGO、例えばオーストラリアをベースとする「カトリック・アース・ケア」は「ラウダート・シ」の「地球と貧者の叫びを聞きなさい」という一文に強く感銘を受け、「二〇%の先進国のために八〇%を犠牲にしてはならない」と主張している。ただし、カトリック・アース・ケアに関して言えば、特にオゾン層の破壊が顕著なオーストラリアでは、環境問題に対する意識が他の先進国より元々高いという背景もあろう。バチカン研究者も、「ラウダート・シ」はレオ一三世の「レールム」以来唱えられてきた労働者の尊厳、第二バチカン公会議以来のヨハネ二三世とパウロ六世の経済的正義、カトリック社会回勅の集大成であると賞賛している[64]。

アナン元事務総長や潘基文前事務総長などの国連関係者、気候変動に関する国連枠組条約委員長でコスタリカ国籍のクリスティーナ・フィゲレス(Figueres)も強い歓迎の意思を示し、「この回勅は気候変動についてのモラル・ボイスとなり、世界で最も弱い人たちの立場に立っている人達の言葉を代弁し、コミットメントは国際的な同意に大きなインパクトを与えた」と語った。

また科学者たちからの賞賛も得ている。

気候変動と環境グランサム研究所(Grentham Research Insitutue)所長ニコラス・スターン(Nicholas Stern)は、科学的なものと宗教が矛盾しないと評価し、環境経済学者であり『持続可能な発展の経済学』で知られるハーマン・デイリー(Herman Daly)も、宗派で分断されていたキリスト教徒を神の一つの家である地球という概念で集結させた、この回勅は大きなインパクトをもたらすとコメントした[65]。

デイリーは環境マクロ経済学を理論立て、自由貿易とグローバリゼーションの死角を探り、GNPの代替案、人口問題、取引可能な汚染許可など、問題の本質を論じている。その著作は、成長至上主義の経済システムの矛盾や欠陥への鋭い批判であり、そこから問題解決への具体策を引き出そうとするもので、フランシスコも影響を受けたとされる。

すでに触れたオックスファムはプロテスタントのクエーカー教徒に起源があるが、「教皇が地球温暖化問題とこれによる貧困格差問題の深刻さについて直接的に語ったのは史上初、我々はこれに賛同し貧困問題に取り組む」[66]との声明を発表し、日本を含む世界九〇ヵ国での活動に反映された。英国ベースのカトリック系NGO、CAFODは、「我々はラウダート・シと共にあり、そのメッセージであるCO_2削減への呼びかけは我々の活動を通じて英国政府に届き、CO_2削減のための新しい法を導入するに至った」と二〇一七年の年次報告で明らかにしている[67]。

その一方、「ラウダート・シ」は批判にも晒された。米国のメディアや、とりわけ共和党系の政治家や石炭や石油関係の大企業からの批判は論争を招き、かえって「ラウダート・シ」が注目を集めたことで、その重要性がより強調されることにもなった。しかし環境経済学者による「私たちの共通の家である地球、公共財を守ることの重要性を説いた点では評価できるが、環境破壊の原因である人口増大について人口抑制に必要な家族計画への言及がないのが残念」との批判は的を射たものであり、バチカンやカトリック教会の最大の弱点を指摘していると言えるだろう[68]。

米大統領選挙期間中の二〇一六年七月下旬、共和党の党大会で、ジェブ・ブッシュ、リック・サントラム、マルコ・ルビオという米国カトリック保守に属する三人のベテラン政治家が顔を揃える機会があった。石炭や石油関係の大企業は共和党の大口スポンサーであることから、ブッシュとサントラムは地球温暖化否定論者でもあった。二人が「我々はカトリック信者なので教皇を敬っているが、それは宗教的にであって、環境問題について説教される覚えはない。環境問題についてはその分野の専門家に任せばいいのであって、教皇といえども環境問題については素人の筈だ」と語ったことを受け、フランシスコは「この回勅は環境問題の専門家である多数の科学者のアドバイスを受けており、私自身も化学の修士号を持っている」と反論した。やり取りは米国のメディアに大きく取り上げられ、地球温暖化否定論者である二人のカトリック保守をやり込めた教皇を、「科学を解する宗教指導者」と絶賛して話題を呼んだ[69]。

二〇一七年五月、教皇はバチカンを訪れたトランプ大統領と会見してパリ協定に留まるように説得も行ったが、同年八月、結局米国は協定から離脱することを表明した[70]。国際協調を重視するティラーソン国務長官は、パリ協定の維持を求めたものの、更迭されてしまった。米国のリバタリアンで、ユダヤ・キリスト教組織であるアクション研究所（Action Institute）など、キリスト教保守・右派系団体の中には、パリ協定を、教皇による陰謀と言う者すらいる。この様に連邦政府レベルでは冷遇されている環境問題であるが、州政府のレベルで見れば、「ラウダート・シ」はカトリック団体や宗教とは関係のない無神論者の環境団体をも活動に駆り立てている。後述するが、実際にカリフォルニア州などでは、連邦政府が国際的な環境合意を批准しないにもかかわらず、合意に従う政策などを展開している。

7　国連創設七〇年目のスピーチ

二〇一五年九月二五日にフランシスコが国連で行ったスピーチは「ラウダート・シ」を要約したものであった。国連創設七〇周年とバチカン加盟五〇周年を記念するスピーチは、この間の国連の功績を以下の様に讃えている。

「この国家共同体の歴史は、激しい時代の変化に晒されてきた国際情勢と共にあって、重要な成果をあげてきました。国際法の成立と発展、人権に関する国際的規範の確立、人道法の進歩、多数の紛争の解決、平和維持と和解の活動、国際的な活動と努力によるすべての分野での成果です。止まるところを知らない野心・欲望や利己主義によって引き起こされた多くの問題の暗闇を、かき消してきた光なのです。多くの重大な問題が解決されるには、国際レベルでの介入が必要です。これらは人類の可能性に対する挑戦でもあり、こうした努力なしに我々は生き残ることができないのです。これらの政治的、法律的、技術的進歩のすべてが、人間の兄弟姉妹の理想を実現するための手段、そして道となり得るのです。以上のような理由から私は、過去七〇年間に、忠誠心と自己犠牲により人類全体に利益をもたらしてきた男性と女性に敬意を表します。とりわけ、ダグ・ハマーショルドをはじめ、人道的使命の中で殺されたあらゆるポジションの多くの国連職員、平和と和解の使命を達成するために命を捧げた人々を思い出してください」

航空機事故で殉職したハマーショルドなど歴代の事務総長の功績や安全保障理事会の具体的な活動について賞賛する一方で、フランシスコは国際情勢の変化に対応した改革や、より迅速な意思決定のプロセスについて注文することを忘れなかった。また、金融・経済危機に対処するために特別に創設されたグループやメカニズムなど、特に開発途上国へのIMFの介入が、必ずしも良好な結果をもたらしていないと批難したことはすでに紹介したとおりである[71]。IMFの途上国に対する債務、貸付けのあり方によっては、貧困国がさらなる貧困に陥る危険性があるからである。ブレトン・ウッズ体制の崩壊といった歴史的経緯を踏まえての発言であり、こうした内容には、すでに触れた環境経済学者ハーマン・デイリーからの影響を見てとることができる。

国連憲章は序文の第一条において同憲章が「国際司法裁判所規程と不可分」であることを謳っており、その原則に従う国連の活動においても司法が不可欠な条件であるという認識に基づいている。それは法の支配の発展と促進であると同時に、普遍的な兄弟姉妹の理想の達成を意味するのである。そのため憲章の文脈には、権力の乱用は法によって制限されているという暗黙の理解があることを思い起こすことは重要であると、フランシスコは指摘した。

「(政治的、経済的、防衛的、技術的な)複数の主要機関の効果的な分権体制と、その利害を調整するための法制度の整備は、権力の乱用を制限する具体的な方法の一つです。しかし、今日の世界では、多くの偽りの権力が存在し、その犠牲になっている脆弱な人々、社会から排除された多くの人たちが存在します。政治的な支配が経済的支配関係に繋がり、またその逆もしかりで両者は相互に密接に関わり、これら脆弱な人々をより弱体化させているのです。そうした理由から、彼らの権利や環境を保護し、彼らに対する排除を終わらせることが必要で、その達成には、強制力が必要です」

回勅は、人間は「環境権」を持つが「人間もまた環境の一部」であることを忘れてはならないと述べる。そして人間は「物理学と生物学の領域を超越する唯一の現象」であり[72]、同時にこれらの連環の一部であり、人間は物理的、化学的、および生物学的要素によって形作られた体を持ち、環境条件が整った場合にのみ生き残り発展することができる。環境に害を及ぼせば人類にも危害が及ぶ、つまり環境破壊は自身の破壊に繋がりかねないという主張であり、それは、すべての生き物が、様々な意味で他の生き物と相互依存的な関係にあるという、人間と環境の相互依存論である。そしてキリスト教では宇宙は神の愛によって創造され、創造主はその栄光のために私たちを創造したので、人間に神の創造物を乱用する権限はないと結論付ける。

フランシスコはさらに、環境の乱用や悪用が、社会問題との関わりにおいて排除のシステムに繋がると議論を展開する。

「環境の悪用と破壊には、絶えず排除のプロセスが伴います。事実、権力乱用と物質的繁栄のための利己的利益の無限なる追求は、利用可能な天然資源の枯渇と弱者や恵まれない人々の排除につながります。彼らは専門的知識がないために、決定的な政治行動を取れないからです。経済的および社会的排除は、兄弟姉妹の人権を完全に否定するだけでなく、環境に対する重大な犯罪行為なのです。最も貧しい人々は、三つの重大な理由から、そのような犯罪に最も苦しめられている人であり、彼らは社会から打ちのめされ、廃棄され、環境の悪用に苦しみ、そうした環境下で生きるよう強制され、今日世界に広がっている『人間を廃棄物の様に扱う』、そんな仕打ちを受けているのです」

だからこそキリスト教徒だけでなく、全世界の人々は、こうした排除や不平等への解決策を講じるために迅速かつ効果的に対応する必要があり、教皇自身もまたそうした問題解決への重大な責任を負っている、と述べたフランシスコは、世界サミット（国連持続可能な開発サミット）での「持続可能な開発のための二〇三〇アジェンダ」の採択は問題解決に向けた希望の兆候であり、気候変動に関するパリ協定が、基本的かつ効果的な合意を得ることが出来ると確信している、と強調した[73]。

国連憲章や国連の過去の活動を賞賛すると共に、環境問題への取り組みを含め、国連が掲げる、極貧の撲滅、食糧供給で飢餓をなくす、五歳未満の死亡事例をなくす、全ての子供に初等・中等教育、女性や少女への差別撤廃、全ての人に安全な飲料水の確保、再生可能エネルギー利用率の向上、自然災害に強い生活環境の整備、子供への虐待、搾取、人身売買撲滅といった、二〇三〇年アジェンダの内容を確認している。

これらを実現するためには、条約の締結だけでは不十分であり、教皇は世界の指導者に、正義のために闘うべく、「効果的、実践的、一定の意志をもって、自然環境の維持と改善のための迅速な対処と具体的な措置を講じること」を求めている。そして「社会経済的な問題に起源がある、人身売買、人間の臓器売買の組織や闇市場、男女の性的な搾取、売春、薬物や武器売買、テロリズム、国際的な組織犯罪による奴隷労働などを排除するために、良心を守る宣言を引き出す必要」があることから、国連に対しても「これらの惨状に対する闘いを行うためにも十分に効果を発揮するように努力し、それを確実にする」様に求めた。「政治的・経済的活動は、賢明な活動として理解されますが、公平性が永続的な概念として意識されてこれらに実際に取り組んでいる場合のみにおいて、意味がある」との言は、世界に強い印象を与えた。

フランシスコは、実際に起こっている不正を取り除いた上での社会的・経済的環境の改善を訴えるとともに、組織の肥大化によって陥る「官僚的な努力」の危険性を警告している。困難に直面している人々には迅速な救援策が必要であるからだ。

「彼ら（貧困に苦しむ人たち）には、個人、家族、他人との交わり、そして友人、地域社会、町や都市、学校、企業、社会など、人間の社会活動が関わるすべての分野において改善が必要です」。「最優先されるべきは子どもたちの教育であり、そのためには家族も支援されるべきであり、彼らを支援するために教会や社会集団が持っている力が有効なのです。そのために考案された教育プログラムは、二〇三〇年のアジェンダの実施と環境の維持の基礎となるものです」

持続可能な開発を実践するための最良の方法は、貧困に苦しむ人々に住む場所と尊厳を維持するのに適切な報酬にアクセスする手段を即座に与えることである。手段とはつまり雇用と適切な食物と飲料水、そして精神的な自由と教育である。これらは人間が生きる上での柱であり、生命の権利であり、人間の本質的な権利である[74]。

国連が掲げるＳＤＧｓこそが二〇三〇年アジェンダの理念であることから説き起こし、先進国では当たり前とされる、衣食住や教育や雇用を、途上国にもたらすことが基本的な人権、存在権に関わると言うのである。

また回勅は、国連が取り組んできた環境問題についても、一九九二年に遡って功績を称えている。すなわち、すでに触れたリオ・デジャネイロで同年に開催された地球サミットで共有された「人間は、持続可能な発展に関わる中心にいる」という価値観にも言及し、一九七二年のストックホルム宣言を基礎にリオで発出された「全ての地球汚染はその原因になる人々が経費を負う義務があり、環境への悪影響を検討する義務がある」ことを確認している。それは、地球温暖化緩和を目指す温室効果ガスの制限を目標とする行動計画、生物多様性や森林保護のための条約が、その後、締結されたにもかかわらず、定期的な違反のチェックと罰則規定が欠如しているため、十分な成果をもたらさなかったことに由来している[75]。フランシスコのスピーチは、地球温暖化問題だけでなく、有害廃棄物に関する国際条約など具体的な取り組みの詳細にも及んだ。

「この問題について有効な効果をもたらした協定としては、有害廃棄物に関するバーゼル条約があげられます。そして絶滅の危機にある野生の動植物に関しては、拘束力のある国際貿易条約もあります。その実効性を確かめるために（国連は）現場への訪問を行っています。また、オゾン層保護のためのウィーン条約とその改正のためのモントリオール議定書を通して、オゾン層の破壊問題は解決段階に入ったようです」[76]

世界的な共通善より自国益を優先する国のせいで、環境問題に関する国際議定書は進展が遅い。問題を先送りすれば苦しむのは次世代である。フランシスコは、こうした良心と責任感の欠如を批判し、回勅の準備中にそうした議論があったことを明らかにしている[77]。

生物多様性の保護については、まだ効果が発揮されていない点を指摘し、そうした無責任な態度は自身の破壊に繋がると警告する。また　大気汚染物質の排出を減らすための経費負担を国際的に分配する協定は、開発途上国には不利であり、さらなる不正が行われる危険性がある。貧しい国がより大きな犠牲を払うことは不公平であり、その国の経済発展を阻む可能性が高いので、何らかの支援が必要であるというのである。フランシスコは、「自分たちが引き起こした問題に解決を提供する大きな責任は、高度な工業化から利益を得た国ですが、温室効果ガスの非常に大きな排出は彼らがひきおこしたのです」というボリビアの司教の言葉を紹介している[78]。

当初炭素や大気汚染物質の排出量を迅速に減らすために行われた戦略であった「炭素クレジット」を売り買いするシステムは、所期の目的を離れ、投機や投資の対象となることで、汚染物質の放出量を削減するところか新たなる競争を生み出しており、貧困国へのさらなるダメージになりかねない状況が危惧されていた。これらの環境対策を実践するのにかかるコストは、先伸ばしして被るリスクを考えると、とても低いものであるため、これを実践するにはすべての国の連帯が必要だと教皇は強調する[79]。

しかし貧困国にとっての差し迫った課題は、極端な貧困を取り除くことである。そのためには最低限の開発は必要である。これに必要なエネルギーは、なるべく地球を汚さない方法が望ましいが、そのためには、すでに地球を汚染して大きな成長を遂げた国の援助を必要とする。したがって途上国が大量の太陽エネルギーを直接利用できるように、先進国が途上国に技術的、金銭的な援助をすることは当然である[80]。

生態学的危機と生物多様性の大規模な破壊は、人間の存続を脅す可能性さえあり、無限に思われる自然に対して節度をもって接するために、開発や援助についてのルール作りが緊急の課題である。あらゆる虐待や腐敗の隠蔽、人々にリスクをもたらす植民地的な支配、そして無責任で間違った経済発展のモデルやライフスタイルは、人間そのものを破壊に向かわせる。これらを回避するためには、国連憲章が唱える「戦争の惨害から次世代を救」い、「大きな自由の中で社会的進歩と生活水準の向上とを促進する」必要がある。戦争はすべての人間の権利を否定するものであり、環境に対する悲劇的な攻撃なので、「私たちが一体的かつ全面的な人間開発を望むならば、国家間や国民間の戦争を避けるために、しっかりと努力しなければなりません」と、自然界の問題と国連憲章を結び付けたフランシスコの主張は、説得力を持って国連の役割を改めて振り返った。

教皇は続けて、バチカンが長らく取り組んできた核兵器廃絶問題や核をめぐる国際的な合意への評価を述べている。

「この目的のため、基本的な法的基準を構成する国際連合憲章で提案されているように、法によって無秩序な世界に秩序をもたらし、調停や仲裁というこれを可能にする頼りになる手段を確保する必要があります。国際連合の創設以来の七〇年の経験、特にミレニアム後の最初の一五年間の経験は、国際規範の有効性を明らかにする一方、強制力の欠如によってこれらの努力を無効にしてしまったのです。国連憲章が偽りの意図を隠す手段としてではなく、司法の義務的基準点として、透明性と誠実さをもって、かつ不当な動機なしに尊重され、適用されるとき、初めて平和的な結果が得られるのです」

国際連合憲章の序文と第一条は、国際法の枠組み、すなわち平和のための理念、世界大戦回避や紛争解決のための国家間の友好関係の構築が基礎となっている。憲章の声明に反対し、これを否定することは、大規模な紛争や、兵器、特に核兵器拡散の可能性を助長し、相互破壊の脅威やすべての人類を破壊に導く可能性を高める。国家間に「恐れと不信」があるなら、諸国の連合体である国連という枠組み自体が無意味なものになる。核兵器のない世界を目指すには、核兵器廃絶条約を全面的に適用し、その手続きを推進することが急務である。

すでに述べた様に、二〇一五年七月のイラン核合意をフランシスコは高く評価している。「中東地域での核問題に関する合意(イラン核合意)は、誠実、忍耐と恒常性をもって行使される政治的意思と法の可能性を証明しました。私は、この合意が永続的かつ効果的であることを希望し、関与するすべての関係者の協力を得て希望の果実が生み出されることを希望します」[81]と実際の国際合意にも言及している。一方で、現在、国連が取り組みながら達成できていない目標については、その限界に言及している。

各国間の話し合いや利害の調整によって解決できない問題については、国連は軍事介入も行っている。教皇は、国連の軍事介入については、「正義と平和への絆を強化するため」という条件を付けつつ集団的安全保障の観点からむしろ肯定的である。しかし米国の単独主義的な軍事行動については、紛争や対立を悪化させるとして糾弾している。介入による中東、北アフリカ、その他アフリカ諸国においては、特にキリスト教徒たちは、宗教や文化・民族が異なる人たちの憎悪の対象とされ、礼拝所、文化的・宗教的遺産、家屋、財産などを破壊され、生活を脅かされ、場合によっては奴隷となるなどの状況がある。スピーチが行われたのが、米国が軍事介入を行ったイラクを中心とする中東地域で、ＩＳＩＳが猛威をふるった時期であったため、キリスト教徒が虐殺されたり、女性が奴隷になるなどの被害を受けていた状況を反映して、フランシスコは以下の様に述べている。

「これらの現実を国際社会は注視し、一人ひとりが解決に向けて役割を果たすべきです」。「宗教的または文化的迫害の場合だけでなく、紛争のあらゆる状況において、人間の生命の安全が政治的な利害より優先されるべきです。戦争や紛争は、個々人、兄弟姉妹、男性と女性、老若男女、泣く苦しみと死の少女たちを生み出します。彼らを見捨てず救うためには、私たちがその戦略や、意見の不一致で議論している暇はないのです」[82]

国連の決断が遅いことへの苛立ちすら込められた表現である。バチカンの「国益」とも言うべき、中東のキリスト教徒への迫害、「信仰の自由」の危機が関わっているだけになおさら深刻な問題であったのだろう。スピーチの中でフランシスコは、二〇一四年八月九日、自ら国連事務総長に宛てて手紙を書き、「人間の尊厳に関する最も基本的に守られなければならないこと、国際法の規範と仕組みを通じて、国際的に支配的になっている、少数民族や宗教の対する構造的・組織的な暴力を防止し、無実の人々を保護するために介入を懇願した」ことを明らかにした。

そして現在起こっている「何百万人もの人々を黙って殺している別の種類の紛争」として、薬物取引、人身売買、マネーロンダリング、武器貿易、児童搾取、その他の腐敗などを挙げ、これらが紛争の結果起きている現状を指摘した。腐敗については「さまざまなレベルの社会的、政治的、軍事的、芸術的、宗教的な生活に浸透し、多くの場合、私たちの共同体の信頼性を脅かすような問題を引き起こしかねない構造的なもの」としている。

フランシスコは、パウロ六世が一九六五年一〇月四日に国連で行った「私たちが共通の起源、歴史、共通の運命を考え直すためには、立ち止まって考える瞬間が必要です。それは祈りであり、過去を振り返り反省することなどが絶対に必要です。人間の道徳的良心への魅力が、今日ほど必要とされている時代はあません。（中略）科学の進歩そのものが危険をもたらすわけではありません。これらをうまく使うことができれば、人類が抱える重大な問題の多くを解決することができます」[83]というスピーチを引用し、つまり科学や技術の進歩が問題なのではなく、それを悪用することが人間の破壊に繋がると警告を発した。

さらに、近年深刻さを増している宗教的少数者への虐待や虐殺、中東のカトリックに限らず、東方教会などのキリスト教徒保護の必要性を訴えている。フランシスコによれば、バチカンにとってこれらの問題に立ち向かうことは、パウロ六世による国連への加盟の伝統を引き継ぐことだと言う。それは冷戦時代、キリスト教徒たちが共産党政権に弾圧されていたのと同じく、現在は急進的なイスラム過激派によって弾圧されているという指摘である。

教皇は、全ての人類に分け隔てなく課された、将来のための「共通の議題」を先送りする暇はなく、一刻も早く解決策を見つけることの重要性を喚起する。「共通の課題」は国境を越える。ゆえに、共通の財産や利益を守るための創造性には敬意を払う必要があろう[84]。

「私たちの共通の家を守るための緊急の課題には、人間の家族全員が持続可能で不可欠な発展を追求する必要があります。創造主は私たちを放棄しません。(中略)人類は今でも共通の家を建てるために一緒に働く能力を持っています。ここで私が共有する家の保護を保証するために無数の方法で努力しているすべての人々を認識し、励まし、感謝したい。特に、世界最貧国の人々の生活に環境悪化の悲劇的な影響が及ばぬよう努力している人たちには、特に感謝の意を表します」として、フランシスコは、地球を「家」に見立てて環境問題を論じたスピーチを締めくくったのであった[85]。

本章のはじめにも取り上げたように、二〇一五年一二月一二日、パリで開催されていた第二一回気候変動枠組条約締約国会議(COP21)で、二〇二〇年以降の地球温暖化対策を定めた「気候変動抑制に関する多国間の国際的な協定(パリ協定)」が合意に至った。二〇一六年九月三日に温室効果ガスの二大排出国である中国と米国が同時批准し、同年一〇月五日にEUが批准することによって一一月四日の発効が決まった。二〇一六年一一月末の批准国・団体数はEUを含め一一〇にのぼる。

環境問題と国際政治の関係については、グローバル・ガバナンスやレジーム論などの分野で多くの研究成果がすでに出されている。周知の通り、国連などの多国間協調でなければ解決できない問題だからである。さらに国家の集まりだけでは不十分で、企業やNGOといった非国家主体(ノン・ステイト・アクター)の役割抜きにはもはや議論すら出来ない。それどころか、米国連邦政府がパリ協定から離脱したことを受け、米国では州政府や企業の方がむしろ積極的にパリ協定に関与するという逆転現象が生じている[86]。さらにフランシスコの回勅にあるように、自然環境の汚染による、森林や農地あるいは水産資源の破壊は、社会的弱者をさらなる貧困に陥れ、人間同士の対立や紛争という結果をもたらすことが十分に考えられるからである。

人為的に排出される二酸化炭素や温室効果ガスが地球温暖化を招き、気候変動による洪水などの自然災害を引き起こしていることは、UNDPやフランシスコの回勅においても自明とされ、グローバルなネットワークで形成された科学者の政府間パネル（IPCC）で確認されている。この組織は国際機関だけでなく、各国への影響力も絶大である。にもかかわらず、フランシスコが批判するように十分な対応が為されない。そこには、いわゆるパワー・ポリティックス的な大国間の政治的駆け引きがあり、リアリズムの権力関係が存在する。

排出削減や排出権の売買、炭素クレジット・プロジェクトなどにおける非政府あるいは準政府アクター、そしてNGOに期待するなら、すでに触れた、米国の州政府や企業によるCO_2削減のための取り組みを見るまでもなく、グローバルガナバンスとしての国連の重要性は再確認できるであろう[87]。

フランシスコの回勅は、地球環境を国際公共財として位置づけつつ、コモンズの悲劇が繰り返されないための公共財管理の議論、すなわちグローバル・コモンズの概念とも捉えられる。共通の安全保障とは、①戦略論や抑止論にとらわれない概念、②諸国家の国民にまたがる利益、③他国を犠牲にして自国の安全は実現できない、④敵対でなく協力の中に解決方法がある、⑤グローバル化時代にはその分野は多岐にわたる、⑥国家間協力だけでなく多主体による多方面・他分野での協力、となろう[88]。

フランシスコの回勅「ラウダート・シ」は、まさに共通の安全保障であり、グローバル・コモンズの主張そのものと言える。それはトマス神学的な自然法の解釈とも捉え得るだろう。カトリックに限らずキリスト教には自然権や環境権に関わる思想が根強くあり、近年の研究ではそうした点が強調される場合もある。宮守の研究によれば、ボリビアの憲法には、①生命への権利、②生命の多様性の権利、③水への権利、④清浄な大気への権利、⑤均衡への権利、⑥回復する権利、⑦汚染から自由に生きる権利が定められているという[89]。それは、宗教と科学が矛盾しない、むしろ一体化の中で、人間の安全保障が確保される可能性を示唆している。

環境問題、特に気候変動や地球温暖化に対する取り組みは一九七〇年代から、国連加盟国の大きなコンセンサスとしては一九九二年以降、本格的に行われてきた。しかしパワー・ポリティックスの影響でその成果は十分とは言えない。そうした現況に、「ラウダート・シ」は、宗教指導者が聖書と科学的根拠に基づいて示した指針として、多くの人たちに訴える力を発揮している。それは一面で宗教を超え、より普遍的な規範となったのである。

8　「ラウダート・シ」から三年を経て

回勅が公布されて三年が経過した二〇一八年七月五、六日、バチカンのシノドスホールでは三周年記念イベントとして、国際会議「わたしたちの共通の家と地球上の未来の生活を守る」が行われた。

教皇は本会議で、「消費と無駄遣いによる環境悪化のリズムは、もはや持続不可能な状態にある」と警告し、「未来の世代に荒廃し汚染された地球を残さないためにも、統合的エコロジーを考慮した組織化された具体的な行動が必要だ」と述べた。

そして二〇一八年一二月にポーランドのカトヴィツェで開催された国連気候変動枠組条約第二四回締約国会議（COP24）で、教皇は二〇一五年のパリ協定に示されたプロセスをさらに推し進めるとして注目を集めた。この会議には若者や先住民など、環境問題の取り組みに鍵を握る人たちが招待された。

ヨハネ・パウロ二世の出身国であり、カトリック大国としてバチカンとも関わりの深いポーランドではあるが、フランシスコが積極的なCOPがカトヴィツェで開催されることについては皮肉な側面もある。ポーランドは、豊富な石炭の産出量を誇る石炭大国であり、EU単位もしくは国連単位で温暖化ガスの排出量を定めるCOPに同意しているわけではないのである。

ほぼ毎年国際会議を開催してきたCOPだが、二〇一三年にワルシャワで開催されたCOP19で、ポーランドは厳しい立場に立たされた。国際的には米オバマ大統領を中心に脱石炭化が進められ、米国内での火力発電によるCO_2排出削減が強化された時期のことである。これは、ほぼ同時に進行したシェール・ガス革命とも関係している。シェール・ガスの方が石油よりCO_2排出量がかなり低いとされていたからである。世界銀行もこれに連動して同年七月、CO_2を多く排出する新規事業を支援しない方針を打ち出した。その一方で、石炭利用を増大させているのがEUのメンバーでもあるポーランドであった。折しもCOP19の議長国であったポーランドは、結果的に国際的な孤立を招くことになる。ポーランドの環境相であったコロレツは、「環境問題は左派の陰謀」という失言もあり会議後解任される[90]。

市川の研究によれば、ポーランドはCOP19の議長国という立場を利用して石炭によるエネルギー政策を正当化し、EU内での批判をかわそうとしたという。こうしたポーランドの態度に対するオックスファムや環境NGOからの失望や落胆は大きく、これらの関係者八〇〇人がCOP19の会場から退席するという事態に至った[91]。

この「事件」を、カトリック教会やバチカンは複雑な思いで眺めていた。かつて共産政権下のポーランドで起こった労働者による民主化運動「連帯」の中心は、グダニスクの造船所で働く労働者たちであったが、炭鉱労働者もその活動の重要なメンバーであった。共産党政権が推し進めた、豊富な石炭を使用した工業化政策の進展によって公害が発生し、環境悪化の中で巻き起こった政権への激しい批判が、連帯の反政府運動を下支えし、体制の崩壊に一役買ったと言われる。教皇ヨハネ・パウロ二世は、母国の大気汚染による人体への害を懸念し、環境問題と民主化運動を結び付けた張本人であった。

しかし共産党政権崩壊後も石炭産業は以前より減少したとは言え、引き続きポーランドの経済を支える基幹産業であり続けた。もしCO_2排出量を制限する国際的ルールを守るために、石炭の産出量を大幅に減らせば、炭鉱労働者の失業に繋がる。共産主義体制ならともかく、冷戦終結後資本主義体制となったカトリック大国ポーランドで、失業することは、労働を基軸とした人間の尊厳を失いかねない、つまり教皇レオ一三世の回勅「レールム」に矛盾することになる。

騒乱のうちに会議の幕を閉じたCOP19を立て直すには、より普遍的な環境問題に対する規範の提示が求められた。この会議が終了して約三ヵ月後に教皇となったフランシスコは環境問題に強い関心を寄せ、翌二〇一四年一一月にペルーのリマで行われたCOP20の準備やその開催に協力を惜しまなかった。

そして二〇一五年のCOP21(パリ)に先立って(準備できる国は二〇一五年の第一四半期までに)提出を求められている約束草案に示す情報の内容などを定めるCOP決定「気候行動のためのリマ声明」が採択された。また「新たな枠組みの交渉テキスト案の要素」について議論が行われ、「気候行動のためのリマ声明」の別添とされた。

こうして周到に準備されたCOP21でのパリ協定に先立って、フランシスコは「ラウダート・シ」を発表したのである。

炭鉱労働者の労働の尊厳を、国連気候変動枠組条約とどう両立させていくかは、ポーランドだけでなく、石炭に回帰しつつあるトランプ政権以降の米国の利害も絡んで複雑化している。米国のパリ協定離脱によって、バチカンと国連が協力して推進してきたリベラルなインターナショナル・オーダーを維持できるかどうかが[92]、未来に向けて問われることになる。

終章 バチカンと国際機関・組織
――宗教と国際政治研究の意義

国際政治における宗教問題の重要性については、とりわけ九・一一以降、強く指摘されるところであったが、日本では未だ十分な議論が為されているとは言いがたい。そうした思いが本書執筆の動機である。

もっとも英語圏(米国)においても、九・一一以前(一九八〇〜二〇〇〇年)は国際関係に関わる主要四大雑誌に掲載された約一六〇〇本の論文のうち、宗教に関するものはたった六本であった。しかし二〇〇〇年以降は約一六五〇本中数百本にまで急増し、現在は論文全体の五分の一近くが宗教と国際政治に関わるテーマとなっている。

リーマン・ショック以降一〇年のうちに進展した急速なグローバル化も、九・一一以上に、宗教を重視する研究の動機になっているように見受けられる。直接的に宗教という表現が用いられるか否かは別にして、国際関係研究において従来のリアリズムやリベラリズムと互するように、コンストラクティビズムが台頭したことは、一面でそれを裏付けるのではないだろうか。

また、ジハードの名目の下、ムスリムによって行われるテロリズムの増加も、宗教と国際政治に関する論文の増大の要因の一つであるが、それは必ずしもイスラムに関わる論文ばかりではない。そのカウンターパートとしてのキリスト教や、その他の宗教と政治に関わる研究にも領域は広がっている。本書で繰り返し取り上げた宗教間対話の拡大によって関心が高まっているのである。

社会構築主義の進展にともない規範やアイデンティティが重視されるようになるにつれ、規範研究や価値の研究が進み、特にイデオロギーや文化的アインデンティティ、そして宗教が「価値」の問題にカテゴライズされるようになった。国際的な道徳性や国際法を規範だと考えれば、これらに宗教が入り込む余地は小さくない。本書が規範研究やグローバル・ガバナンス論の文脈の中に宗教を位置づけようとするのは、キリスト教が常に西欧文明の基底にあり、その価値観こそが国際法などの規範を形成してきたからである。

著者は、宗教を単に文化的なものと捉えるのではなく、連盟や国連をはじめとする国際機関との関わりの中で、より本質的な国際政治のアクターとして論ずる重要性を提示したいと考えている。また日本では、国連研究に比べて、国際労働機構（ＩＬＯ）や世界プロテスタント教会協議会（ＷＣＣ）などへの関心がいちじるしく低いことから、これらについての記述に多くの紙幅を費やした。バチカンとの関わりで示したように、「労働」は極めてキリスト教的価値観が反映されるテーマであり、と同時に、今日の日本で関心を集める「ワーク・ライフ・バランス」「働き方改革」などからも理解できるように、きわめて普遍的な社会問題でもある。

国際関係論において、その出発点に位置づけられ、今日的な意味での国民国家形成の端緒となったウェストファリア体制の問題についても指摘しておきたい。フォックスによれば、宗教戦争に辟易した欧州諸国はウェストファリア条約の締結で宗教から暴力が隔離されたと思いこんだが、これは大きな誤りであった。欧州諸国は、なぜその様な誤りをおかしたのであろうか。著者はその根底に、政教分離と近代社会をめぐるデモクラシーの「神話」があったと考える。すなわち、政教分離が近代化の一過程として行われたとする考え方を自明とすることに疑問を呈したいのである。「政教分離＝近代化」ではないし、さらに言えば「政教分離＝デモクラシー」でもない。

二〇一〇年代も終わりに近づく現在、米国でのトランプ大統領誕生や英国のＥＵ離脱、欧州大陸でも移民の増大に反発する右派政党の台頭など、ポピュリズム政治への危惧は広がるばかりである。これはデモクラシーの危機であり、リベラルな国際主義の後退である。こうした状況に直面して、バチカンはどのような役割を果たすことが出来るのであろうか。

かつては強権主義的な体制であったバチカンは、歴史の変遷の中で領域国家としての地位と主権を剥奪された。再び主権を奪回するものの、領域国家としての地位を回復することは容易でなく、代わりに国際連盟、国際連合や関連する国際機関、その他の国際組織との連携の中で自身の役割を拡大させ、再び国際秩序におけるプレゼンスを獲得しようとしてきた。それは、一九世紀の共産主義の誕生と二〇世紀のソヴィエト社会主義共和国連邦創設がもたらした、共産主義のトランスナショナルなネットワークと闘うカトリック教会のネットワークによって可能となった。冷戦終結後の二一世紀は、人道主義や人権、救貧活動、紛争仲裁、和平仲介、戦争回避といった、旧来カトリック教会が行ってきた活動を現代にリファインするかたちで、存在感をアピールしてきた。それは単にキリスト教的な価値観にとどまらない、普遍的でグローバルな規範の提示であった。

本章の内容について改めて振り返っておきたい。

第一章では第一次世界大戦前、つまり国際連盟の設立前にバチカンが行った「国際仲介」について具体的に検証した。ハーグ平和条約によって常設仲裁裁判所が設立される前に欧州列強同士やラテン・アメリカ諸国の国境をめぐる争いを仲介して、戦闘を回避した事例がそれにあたる。第一次世界大戦に際しては、戦争の勃発後に行った和平仲裁や、一九一六年にイタリアが連合国側から参戦することを阻止しようと試みたことが、戦後ドイツ寄りと見なされ、パリ講和会議で発言の機会は殆ど与えられなかった。しかし教皇ベネディクト一五世が戦時中に赤十字として協力して行った、行方不明兵士の捜索、負傷兵の救援、捕虜交換、戦死者の埋葬などは、その後の人道的活動の基礎を形作った。またパリ講和会議によって設立された国際連盟の基礎になる理念は、教皇が一九一七年八月に提示した「平和の方程式」と一部共通する項目があり、ウィルソン米大統領を通じて連盟規約に反映されたと考えられる。また敵国との戦後和解や、連盟の委任統治制度やセーブル条約への批判など、教皇は国際情勢に積極的に関与することとなる。

第二章ではバチカンがイタリア王国から主権を奪還するラテラノ条約に至る過程を、キリスト教民主党系の人民党の誕生やファシズムとの対峙、ファシスト党の台頭とその政権樹立など、イタリア国内政治の文脈に沿って説明した。ラテラノ条約締結後のバチカンは、非カトリック国との外交関係も重視し、米国と接近を図ることになる。それは第二次大戦勃発前夜にルーズベルト米大統領の個人特使マイロン・テーラーのバチカンへの派遣に端的に表れている。中立国であるバチカンは（結果的に実現はしなかったが）、開戦以降、機能を停止した連盟に代わり、米国の特使を介して枢軸国であるドイツやイタリア、日本との和平交渉を行った。イタリアは一九四三年春、南部のバドリオ政権が連合国側と休戦協定を締結し、またテイラー特使の仲介を受けたことから、連合国救済復興機関（UNRRA）による援助の対象となった。UNRRAは一九四九年に活動を停止するが、組織や余剰金は国連の設立と共に国際難民機関（IRO）、食料農業機関（FAO）や国連児童基金（UNICEF）などに引き継がれる。戦後イタリアでキリスト教民主党が正式に設立され、イタリアでは共産党が力を持つ可能性があったが、バチカンの影響力がそれを抑え、米国からのマーシャル・プランの受給国となることを可能にした。

第三章では、最古の国際機関である国際労働機関（ILO）とバチカンの関係を論じた。レオ一三世の回勅

「レールム」との関係でバチカンにとって国際的労働機関との協力は重要であった。ＩＬＯは大戦や終戦に伴う大量の移民・難民問題に対処するＩＲＯと連携し、後者は国連設立によって後に国連難民高等弁務事務所（ＵＮＨＣＲ）に吸収された。ＩＬＯは英国の旧植民地やコモンウェルスと、バチカンを頂点とするカトリック教会のネットワークの繋がりで機能するようになる。ヨハネ二三世からパウロ六世の時代にかけて行われた第二バチカン公会議によって、バチカンは正式に国連への加盟を表明し、国連貿易開発会議（ＵＮＣＴＡＤ）などの諸国際機関との連携を深めていく。またカリタスをはじめとするカトリック系ＮＧＯなどを通じた、途上国への教育や技術援助などもＩＬＯの重要な活動であった。こうしたバチカンとＩＬＯの共同活動には米国のカトリック教会やその諸団体が重要な役割を担う。冷戦期には、パレスティナ難民問題を扱う立場上、ＩＬＯはイスラエルに批判的になりがちで、それに反発する米国がＩＬＯから脱退する危機に直面するが、事務総長の迅速な対応とバチカンの仲介で脱退の期間を最低限に止め、米国の復帰を実現する。またＦＡＯの起源として、アグリ・ミッションというカトリック系ＮＧＯとの関わりも考察した。

第四章では、ヨハネ二三世が提唱し、一九六二〜六五年に開催された第二バチカン公会議を舞台に、バチカンとＷＣＣとのエキュメニカルな連携や活動を明らかにした。ピウス一二世の時代までカトリック聖職者や信者はプロテスタントの典礼に参加することを禁じられていたので、画期的な変革であった。ただしバチカンが国連の正規メンバーになることをめぐっては、それが「国家」かＮＧＯかというステイタスの問題で、ＷＣＣとの間に論争をもたらす。結局、両者が効果的な国際援助の活動を協力して行うことで合意し、ＷＣＣは「聖座」としてのバチカンの国連加盟を認めることになる。

両者の協力関係はバチカンの「教会一致推進評議会」のベア枢機卿とＷＣＣ事務総長のヴィッセル・トホーフトの連携により深まっていく。バチカンはＷＣＣを通じて正教会や東方教会とのエキュメニカルな活動を推進するが、これは冷戦期にあっては東側諸国とのコミュニケーションを意識していた。国際紛争の解決を目指し、WCCが関わるコイノニア運動では、北アイルランドの紛争解決や北朝鮮への食糧供給などにも関与した。またWCCの正規のメンバーでないクエーカー教徒も、NGOや企業の社会的責任（CSR）活動などでバチカンと連携し、一九七九年、イランの米国大使館人質事件でも協力関係があった。

第五章では、冷戦時代のバチカン外交を、特に欧州安全保障協力会議（CSCE）との関わりを主に論じた。この時期バチカンのリアリズム外交を導いたアゴスティーノ・カサロリによる東方外交、ハンガリー、ポーランド、ユーゴスラビア、チェコスロヴァキア、そしてソ連との具体的な交渉の内容を検証した。バチカンの東方政策は、西ドイツのヴィリー・ブラント首相のそれと連動していた。ブラントは、一九七五年のヘルシンキ会談における宣言の「憲章七七」に「信仰の自由」の項目が挿入された背景に、バチカンの代表であるカサロリが貢献していたことを明らかにしている。

他方、第二バチカン公会議以降、ラテン・アメリカでは解放の神学の運動が開始され、パウロ六世はこれを評価しつつもマルクス主義的な側面があることから正式に承認できずにいた。しかし教皇は、ペルーのメリダ市で開かれたラテン・アメリカ司教公会議（CELAM）に参加するなど、非暴力の範囲で協力し、グローバル・サウスの問題と相まって、後にUNCTADの設立に至る国連の活動を引き出した。

第六章では、CSCEから欧州安全保障協力機構（OSCE）への移行過程、東西冷戦の終結に貢献した教皇ヨハネ・パウロ二世の外交政策、冷戦後に頻発した宗教・民族紛争への人道的介入などにバチカンが果した役割などを検証した。ポーランド出身の教皇は母国の民主化運動である「連帯」を精神的に支え、また米国にレーガン大統領が誕生すると、その政権から「連帯」への支援を引き出した。自らの暗殺未遂事件を乗り越え、戒厳令下の母国訪問でその武装解除を行った教皇の活動は、四章で見たカサロリによる地道な東欧諸国との「信仰の自由」をめぐる交渉と連動し、やがて母国での民主化運動の勝利をもたらし、他の東欧諸国への民主化の伝播、さらにソ連の崩壊へと繋がっていく。その他、ヨハネ・パウロ二世によるILOやW

CCを通じた国連との協力関係や、国連レバノン駐留軍（UNIFIL）や国際原子力機関（IAEA）との関わり、また冷戦終結後のユーゴスラビア内戦や九・一一への対応などについても検証した。

第七章では、リスボン条約に至るバチカンとEUとの関係を、欧州のキリスト教民主主義系政党との関わりで論じ、特にドイツとオランダにおけるカトリックとプロテスタントのエキュメニカルな活動が、欧州各国の民主主義とEU統合の推進に繋がった点を明らかにした。また現教皇フランスコの就任で、バチカンの対ラテン・アメリカ政策が最重要視され、それが解放の神学の承認や、さらに米国とキューバの国交回復に繋がったことなどを見た。一方でフランシスコのリベラルな立場は、保守勢力との対立をもたらし、マルタ騎士団との確執といった問題も生じている。そしてフランシスコが進める宗教間対話や地球温暖化問題についての国連との協力なども論じた。あわせて二〇一五年の最重要回勅「ラウダート・シ」が、地球環境を国際公共財として位置づけ、コモンズの管理の議論を想起させることで、国連環境計画（UNEP）との協力や多国間協調だけでなく、非国家主体による多方面・多分野での協力の新たな出発点となったことなどにも言及した。

国連メンバーとしてのバチカンのステイタスが「聖座」である点についても本書はたびたび取り上げてきた。例えば二一世紀以降、今日に至るまで深刻化の一途をたどる国際的な移民・難民問題においては、非領域国家であり非国家アクターである「聖座」にこそなし得る国際的な役割があろう。勿論それをめぐっては、必ずしも一義的な解決を見い出すわけではないので、肯定的な評価ばかりではない。国際法と神学のせめぎあうこの論点については、本書では十分な議論に至らなかったことから、今後の課題としたい。

政教分離については、今日の国際情勢を見るとイスラム教圏だけでなく、キリスト教諸国でも宗教性の高まりが見られる。キリスト教保守派が米国のトランプ政権を強く支持していることは周知の通りである。トランプ大統領は、米国の在イスラエル大使館をエルサレムへ移転したほか、二〇一八年一二月一四日には、中東、特にイラクとシリアのキリスト教徒を過激なイスラム教徒の攻撃から守るための法案に署名し、これはプロテスタントだけでなくバチカンからも歓迎された。それは、在バチカン米国大使や米コロンブス騎士団のメンバーなどもこの「署名式」に参加したことからも明らかである。

最後に今一度、今日的な規範形成にとって最も重要と思われるバチカンの回勅を二つ取り上げたい。それは「クアドラジェジモ」と「レールム」である。前者は二一世紀に入って盛んに議論される地域統合や国際関係における相互依存論、そして後者はＡＩ時代の到来を前に「労働」をどう捉えるかという問題に深く関わってくる。

本書が、こうした現代の国際政治の課題だけでなく、規範の問題を理解する一助として少しでも貢献することが出来れば、著者の目的は達成されたと言える。

註

序章

1――松本佐保著「ミャンマー訪問法王の思惑は　中国けん制も狙いか」『朝日新聞』二〇一七年一二月三日。ロヒンギャ問題については、国連が人道的問題として訴えていると報道されるが、内実は仏教とイスラム教の間の紛争であり、ミャンマーだけでなくタイ南部など東南アジアの他の地域でも発生している。この教皇によるミャンマー訪問はあくまでもキリスト教が関わらないかたちでの宗教紛争の仲裁であった。

2――入江昭、篠原初枝著『グローバル・コミュニティ――国際機関・ＮＧＯがつくる世界』早稲田大学出版部、二〇〇六年、マーク・マゾワー著、依田卓己訳『国際協調の先駆者たち――理想と現実の２００年』ＮＴＴ出版、二〇一五年。

3――*Journal of Global History*, (Cambridge Core) や Mark Mazowe, JohnDarwin, James Belich など。James Belich, John Darwin, *The Prospect of Global History*, Oxford University Press, 2016, Sebastian Conrad, *What is Global History?* Princeton University Press, 2016, 北村厚著『教養のグローバル・ヒストリー――大人のための世界史入門』ミネルヴァ書房、二〇一八年。

4――松本佐保著『バチカン近現代史』中公新書、二〇一三年。

5――二〇一八年二月一三日インタビュー。Ms Sakura Atsumi (Senior Policy Advisor Development & Solutions：開発支援政策上級政策顧問) United Nations High Commissioner for RefugeesNew York Office. ニューヨークの国連難民高等弁務官事務所（ＵＮＨＣＲ）におけるインタビューへの協力に謝意を表したい。

6――教皇を立憲君主にする考えは、カトリック系の学術雑誌『カトリック文明』を創刊したトマス神学者ルイジ・

タパレッリ・ダゼリオの思想からの影響が大きい。詳細は次を参照。Saho Matsumoto, *Britain and the Papacy in the age of revolution, 1848-51*, Royal Historical Society, 2003, pp.71-90

7——松本『バチカン近現代史』四五頁。

8——村上信一郎著『権威と服従——カトリック政党とファシズム』名古屋大学出版会、一九八九年、四九～五〇頁。

9——柴田平太郎著「神と人間の調和——トマス・アクィナス」中谷猛、足立幸男編著『概説 西洋政治思想史』ミネルヴァ書房、一九九四年、六七頁。またレオ一三世はトマス神学研究促進のためにバチカン図書館を公開した。松本『バチカン近現代史』六七頁。

10——新トマス主義は新スコラ哲学と同意語として使用される。

11——佐々木亘、村越好男著「トマス・アクィナス公正価格論の展開」『鹿児島純心女子短期大学紀要』三一号、二〇〇一年、一～五頁。

12——山内進著「グロティウスははたして近代的か」『法学研究』八二巻一号、二〇〇九年、九六三～九九四頁。日本のカトリック信者には、国際法学者として国際人権裁判所の判事を務めた田中耕太郎がいる。ジャック・マリタン著、稲垣良典ほか訳『人間と国家』創文社、一九六二年。

13——柳原正治著『ヴォルフの国際法理論』有斐閣、一九九八年。

14——福音宣教省の文書館はスペイン階段の近くにある。Archivio Storico della sacra Congregazione per l'Evangelizzazione dei Popoli, Via Urbano VIII, 16-00120 Citta del Vaticano

15——松本尚子著「カール・シュミット」山内進、勝田有恒編著『近世・近代のヨーロッパの法学者たち——グラーティアヌスからカール・シュミットまで』、ミネルヴァ書房、二〇〇八年、三九四～四一一、四〇八頁。

16——牧野雅彦著『危機の政治学——カール・シュミット入門』(講談社選書メチエ、二〇一八年)の第二章「シュミットにおける教会と国家」は、「一八七〇年以前までは教皇は教会国家の元首であったが、一九二九年の政教条約以降は、教皇は主権的都市バチカンの長である。教会国家とバチカン市はそれ自身が国際上の主体なのである」としている。kindle版より引用1300～1352/5812

17——Robert John Araujo, SJ, "The Catholic Neo-Scholastic Contribution to Human Rights: The Natural Law Foundation," *Ave Maria Law Review* 1, 159-174 (2003). バチカン代表としての、アラウホ博士の国際刑事裁判所ローマ規定作成にあたっての貢献は高く評価できるが、バチカン外交への評価は客観性を欠く傾向にある。

18——遠藤乾著『統合の終焉』岩波書店、二〇一四年、二九三～三二三頁、安江則子著『欧州公共圏——EUデモクラシーの制度デザイン』慶應義塾大学出版会、二〇〇七年、若松隆、山田徹編『ヨーロッパ分権改革の新潮流——地域主義と補完性原理』中央大学出版部、二〇〇八年。

19——安江則子著「EUの原則および政策に関する改革」鷲江義勝編著『リスボン条約による欧州統合の新展開』ミネルヴァ書房、二〇〇九年、六一～六五頁、森井裕一著「序論・転換期のヨーロッパ統合」『国際政治——転換期のヨーロッパ統合』一八二号、二〇一五年一一月、五～六頁。

20——神田健次編著、村瀬義史訳『宗教間の対話と共生のために——エキュメニカルな指針』NCC宗教研究所双書、二〇〇六年、世界教会協議会世界宣教・伝道委員会『いのちに向かって共に／教会——現代世界エキュメニカル運動における二大重要文書』キリスト新聞社、二〇一七年、Oliver Ramsbotham and Tom Woodhouse, *Contemporary conflict resolution, Fourth edition*, Polity. Georgetown University, Berkley Center for Religion, Peace&World Affaris を訪問し、Inter-faith and Inter-religious dialogue について、所長の Professor Drew Christiansen へのインタビューにより宗教間対話の実践と研究について最先端の情報を得ている。

21——ここではキリスト教的な規範に基づくガバナンス概念の意味で使用されている。

22——Lucian N Leustean, *Representing Religion in the European Union*, Routledge, 2013

23——Roman A. Melnyk, *Vatican diplomacy at the United Nations*, 2009, Bernard J O'Connor, *Papal Diplomacy, John Paul II and the Culture of Peace*, 2005, Andre Dupuy, *Pope, John Paul II and the challenges of Papal diplomacy, Anthology, 1978-2003*, 2003

24——*The promotion of Human Rights and John Paul II*, Libreria Editrice Vaticano, 2011, Andre Dupuy, *Pope, John Paul II*, 2003

25——Ivan Santus, *Il Contributo della Santa Sede al diritto Internzaionale*, CEDAM, 2012

26——第二バチカン公会議文書公式訳改訂特別委員会編『第二バチカン公会議公文書　改訂公式訳』カトリック中央協議会、二〇一三年、六〇〇頁。

27——Patrick W Fuerth, *The Concept of Catholicity in the Documents of the World Council of Churches 1948-68*, 1973 Editore Anselmiana, pp. 138-9

28——バチカンが行った冷戦期の対ソ連及び東欧外交における最重要人物であるにもかかわらず、かろうじてバチカン国務省の文書館で一部の個人文書を閲覧できるに過ぎない。彼の出身地のピアチェンツァに所蔵されていた文書も国務省文書館内に移された。

第1章

1——三牧聖子著『戦争違法化運動の時代』名古屋大学出版会、二〇一四年、四九〜五〇頁。同書によれば、ハーグ常設仲裁裁判所は「常設」とは呼べないものであった。

2——Project of an International Declaration concerning the Laws and Customs of War (Brussels, 27 August 1874)

3——ピウス九世がイタリア王国と対立する中で一八六八年に出した「ノン・エクスペディト(Non Expedit)」は信者たちの政治活動および社会運動への参加を禁じた教令で、その意図するところは、新イタリア王国初の総選挙のボイコットであった。同教令が正式に撤回されたのはピウス一〇世の「イル・フェルモ・プロポジト(Il Fermo Proposito)」(一九〇五年)による。

4——Christopher Duggan. *Francesco Crispi 1818-1901: From Nation to Nationalism*, Oxford University Press, 2002, 2010

5——Ibid., Chapter 12

6——Archivio Segreto di Vaticano, Segreteria di Stato, La nunziatura apostolica in Spagna, 22 October 1885

7——ハイチやドミニカ共和国の様に旧スペイン領の地域は、独立後もスペインのバチカン使節を通じて外交交渉が行われる場合が多かった。Archivio Segreto di Vaticano, Segreteria di Stato, La nunziatura apostolica in Spagna, Anno 1895

8——アルゼンチンとチリの間には継続的に国境紛争が存在したが、教皇レオ一三世の仲介で和解が成立し、和平の象徴に紛争中に使用された銃や大砲の鉄を溶かし、両国の国境であるアンデス山脈の山頂にキリスト像が建設された。一九〇四年に完成。鉄や鉛を使用したことで肌が浅黒く見えるため、先住民インディアンのキリスト像とも言われる。John Eppstein, *The Catholic tradition of law of Nations*, London, 1935, pp. 192-3, Robert John Araujo, SJ, *Papal Diplomacy and the quest for peace*, Sapientia Press, p. 68

9——Archivio Segreto di Vaticano Centrale, Pos. 238 f 66 year of 34-44

10——*The New York Times*, 10 June 1907, De Martens has hope for Russia

11——Robert, John Araujo, "The International Personality and Sovereignty of the Holy See," *50 Catholic University Law Review*, 291 (2001.)

12——David Stevenson, *Armament and the coming of war, Europe, 1904-1915*, Oxford University Press, 2000

13——Archivio Segreto di Vaticano, Segreteria di Stato, Sacra Congregazione degli Affari ecclesatici Straordinari, America Latina, anno 1910, Pos. 1-3, fac 2

14——松本佐保著「イギリスのピウス九世への対応」『西洋史学』一九〇号、一九九八年、五七〜七〇頁。

15——Carlo Falconi, *The Popes in the twentieth century, from Pius X to John XXIII*, 1967

16——斎藤直樹著『国際機構論——二一世紀の国連の再生に向けて』北樹出版、二〇〇一年、佐藤哲夫著『国際組織法』有斐閣、二〇〇五年。

17——バチカンと友好的な関係にあり、かつてジェントローニ協定を締結したジョリッティ第五次内閣期では可能性はあったものの、ジョリッティはファシズム台頭を抑えるために奔走していた。松本『バチカン近現代史』七三〜七四頁。

18——Archivio Segreto di Vaticano, Centrale, periodo di Benedetto XV, April 1916

19——Archivio Segreto di Vaticano, Centrale, periodo di Benedetto XV, 1 August 1917

20——National Arcvhvies (UK), Cabinet Papers, CAB 24/23/12 A letter from the Pope to Lloyd Geroge, on 7 October 1917

21——National Arcvhvies (UK), Cabinet Papers, CAB23/3/63〜68, 72, 74

22——井口文男著「近代イタリアにおける政教関係」『岡山大学法学会雑誌』五四巻四号、二〇〇五年三月、一〜二九頁。

23——*Tablet* 1917 July Vol. 65

24——John Araujo, SJ, *Papal Diplomacy*, 2004, p.102

25——マーク・マゾワー著、池田年穂訳『国連と帝国——世界秩序をめぐる攻防の20世紀』慶應義塾大学出版会、二〇一五年。

26——Manela, *Wilsonian moment, self-determination and international origins of anticolonial nationalism*, Oxford, 2009

27——Susan Pedersen, *The League of nations the controversial history of failed organization that preceded the UN*, Charles River Editors, 2016

28——松本佐保著「「ラウンド・テーブル」運動とコモンウェルス」山本正、細川道久編著『コモンウェルスとは何か——ポスト帝国時代のソフトパワー』ミネルヴァ書房、二〇一四年。

29——大津留厚著「ハプスブルク帝国とコモンウェルス」山本、細川『コモンウェルスとは何か』二九〜一三九頁。

30——Archivio Segreto Vaticano, Segretaria di Stato, Guerra, 1914-18, Rubbrica 244, fasc.63/64

31——John Pollard, *The unkoun Pope: Benedict XV and Pursuit of Peace*, Bloomsbury, 2014, Idem, *The Papacy in the age of Totalitarianism, 1914-58*, Oxfortd, 2014, G. Rumi (ed), *Benedetto XV e la Pace*, 1914-18, Brescia, 1990

32——Archivio Segreto Vaticano, Segretaria di Stato, Guerra, 1914-16, Inghilterra, fasc.63/64　英国公使サー・ヘンリー・ハワードは第一次大戦中の和平交渉のためにバチカンに特別に派遣される。一八九九年ハーグ平和条約の英国代表として派遣された経歴を持ち、これらの功績により英国王から勲章（ＫＣＭＧとＫＣＢ）を受け、サーの称号を得た。

33——John F Hutchinson, *War and the rise of the Red Cross*, Westview Press, 1996, p.293-5

34——National Archives (UK), FO7671/cl5334/8227/22, *The Times*, 8 August 1917

35——Archivio Segreto Vaticano, Segreteria di Stato, Guerra, 1916-18, Germania, fasc. 65/72

36——*Washington Post*, June 1917

37——Archivio Segreto Vaticano, Segretaria di Stato, Guerra, 1914-16, Rub.244 Fasc79

38——http://www.asianews.it/news-en/-Papal-letter-for-the-100th-anniversary-of-Maximum-Illud-on-the-activity-of-missionaries-in-the-world-42120.html

現教皇フランスコはこの回勅の一〇〇周年記念行事を二〇一九年一〇月に計画し、準備に着手した。

39——John Pollard, *Benedict XV*, 3142/4857

40——「パチェム・デイ・ムニス (Pacem dei Munus Pulcherrimum：平和とキリスト教徒の和解のために)」は、ベネディクト一五世による一九二〇年五月の回勅から引用。

41——桝居孝、森正尚著『世界と日本の赤十字——世界最大の人道支援機関の活動』東信堂、二〇一四年、一五頁(第二版、二〇一八年)。

42——日本は一八八六年に第一次ジュネーブ条約に加盟している。この第一次条約にすでに「戦時の捕虜への人道的な扱いの必要」の内容が含まれているが、同内容が正式に条項となったのは第三次条約であり、これを日本が批準しなかったことをめぐって、第二次大戦中の日本軍による捕虜待遇について戦後論争となった。

43 北野進著『赤十字のふるさと、ジュネーブ条約をめぐって』雄山閣、二〇〇三年、三二～三頁。

44 John F Hutchinson, *Champions of Charity, War and the rise of the Red Cross*, Westview Press, 1996

45 黒沢文貴、河合利修編著『日本赤十字と人道支援』東京大学出版会、二〇〇九年。

46 Archivio Segreto di Vaticano, Segreteria di: Stato, Guerra, 1915-18, Germania, B106, 574

47 Günter Müller-Stewens and others, *The Professionalization of Humanitarian Organizations: The Art of Balancing Multiple Stakeholder Interests at the ICRC*, Springer, 2018 日本語では桝居、森『世界と日本の赤十字』などが参考になる。

48 Red Cross International Office Archives, Geneva, Files on Vatican, GI A27

49 桝居、森『世界と日本の赤十字』一七一頁。

50 Red Cross International Office Archives, Geneva, CG1A27-04, 25/03/1915-31/07/1918「ドイツの捕虜収容所におけるフランス兵の物理的・衛生的状態について」Comité international de la Croix-Rouge, agence international des prisonniers de guerre

51 Archivio Segreto di Vaticano, Turkia, b106, 570 24 Marzo 1917, Gaspari to Maria Dolci

52 桝居、森『世界と日本の赤十字』一七〇頁。

53 Archivio Segreto di Vaticano, Turkia, b106, 571 5 Maggio 1918

54 オスマン帝国によるアルメニア正教徒の虐殺については、一八九四年頃から徐々に増加し、一九〇九年にアダナの虐殺が起こっている。大戦中にも虐殺は続いたとされるが、この虐殺と大戦の直接的因果関係はバチカン秘密文書館の史料を見る限り強く意識されていない。戦闘による死者数が膨大であったためか「キリスト教徒への虐殺」としての記述は戦時中には見られず、アルメニア人虐殺が国際問題化するのは第二次世界大戦を経て国連が設立された後である。現在バチカンはアルメニアのキリスト教徒虐殺を認定している。

55 Archivio Segreto di Vaticano, Turkia, 2 Ottobre 1917, Gaspari to Maria Dolci, Papal Nunzio in Svizzera

56 PTSD（心的外傷後ストレス障害）として帰還兵の精神的トラウマが病理として正式に認知されたのは、ベトナム戦争期以降である。ただし第一次世界大戦中の塹壕戦の経験から、戦後英国で社会問題化し、米国でも治療研究が開始されていた。またキリスト教会はその信仰による救済に関与した。

57 Archivio Segreto di Vaticano, Turkia, 25 Aprile and 8 May 1919, Gaspari to Maria Dolci, Papal Nunzio in Svizzera

58——A. Ricaardi, *Alleati no amici, Rapporti fra l'Italia e L'Intesa durante la prima Guerra mondiale*, Brescia, 1992

59——池内恵著『サイクスピコ協定　一〇〇年の呪縛』新潮選書、二〇一六年。

60——マーク・マゾワー著、中田瑞穂、網谷龍介訳『暗黒の大陸——ヨーロッパの20世紀』未來社、二〇一五年、五十嵐元道著『支配する人道主義』岩波書店、二〇一六年。

61——Archivio Segreto di Vaticano, Swizz, B38, 4 July 22 Gaspari to Maria Dolci, Bern

62——Donald M. Lewis. *The Origins of Christian Zionism: Lord Shaftesbury and Evangelical Support for a Jewish Homeland*, Cambridge University Press. 2009.

63——Donald M Lewis, *The Origin of Christian Zionism, Cambridge*, 2010, 松本佐保著『熱狂する神の国アメリカ』文春新書、二〇一六年、第六章。

64——Donald M. Lewis, *Zionism*, 2009, p.246

65——Archivio Segreto di Vaticano, Segteria di Stato, Nunziatura Parigi 6 March 1922

66——Ibid, 1 June 1920

67——Archivio della Congregazione per l'Evangelizzazione dei Popoli "De Propaganda Fide" 31 January 1921

68——松本佐保著「近代国家と博物館・美術館——大英博物館とナショナル・ギャラリーのコレクションを中心に」福井憲彦監修『世界の蒐集——アジアをめぐる博物館・博覧会・海外旅行』山川出版社、二〇一四年、一二三〜一五二頁。

69——Archivio Segreto di Vaticano, Nunziatura Svizzera, August 1925

第2章

1——板橋拓己著「西洋の救済（1）」『成蹊法学』七七号、二〇一二年、二四頁、一七〜四八頁。伊藤武著『イタリア現代史』中公新書、二〇一六年、一一頁。

2——村上『権威と服従』八八〜一〇〇頁。

3——Gabiele De Rosa, *L'Azione Cattolica. Storia politica del 1905 al 1918*, Collana Libri del tempo n.19, Bari, Laterza, 1954, Idem *Giolitti e il fascismo in alcune sue lettere inedite, Roma*, Edizioni di Storia e Letteratura, 1957

4――村上『権威と服従』二二九頁。

5――村上『権威と服従』二五三～二五八頁。

6――Archivio Storico di Banco di Roma, Familia di Pacelli, Guerra di Libia, 1911-12, Numero 82

7――松本『バチカン近現代史』九〇頁。

8――村上『権威と服従』二七六頁。

9――牧野『危機の政治学』kindle版1312, 1326, 1339,1354/5812より引用。

10――Archivio Segreto Vaticano, F5 6 Lateran Pact in 1929 Roman questions Letter from Gaspari to Nunzio Berna, 7 Feb 29 1929

11――マイロン・テイラーのルーズベルトや他の政治・外交・宗教関係者との取りの個人ペーパーは、米国議会図書館の文書館にある。出版物としてはEnnio Di Norfo, *Vaticano e Stati Uniti, 1939-52, Delle carta di Myron Taylor,* Milano, 1978 日本語では豊下樽彦著『イタリア占領史序説――戦後外交の起点』有斐閣、一九八三年、一〇六～一〇七頁の註二三で触れられている。

12――高光佳絵著「戦間期の民間外交と国際政治の民主化」『歴史評論』七八九号、二〇一六年、五九～七三頁、白鳥潤一郎著『「経済大国」日本の外交』千倉書房、二〇一五年、井口治夫著『誤解された大統領』名古屋大学出版会、二〇一八年など多数。

13――フレデリック・テイラーが編み出した科学的管理法の原理で、労働者の賃金上昇と生産高増を実現した新しい労務管理方法として知られる。

14――雇用主が労働者の権利を認め労働条件改善を交渉する手段を提供すること、そうすることは労働力の安定的で長期的な供給を齎し、結果的には会社の収益の増大に繋がると唱えそれを実践し注目を集めた。日本語で書かれたものとしては以下を参照。黒川博著「一九二九年恐慌とマイロン・C・テイラー「近代化計画」をめぐって」『岐阜経済大学論集』三三巻二号、一九九九年九月、二五～五四頁、黒川博著「USスティール社の従業員代表制とマイロン・C・テイラー」『岐阜経済大学論集』三五巻四号、二〇〇二年三月、二五～五四頁。

15――エビアン会談についての研究は多数あるが、ユダヤ系の研究者の「ユダヤ難民をもっと助けていればホロコーストは回避できた」という論調が主流。民間外交の視点からはJacques Semelin, *Unarmed civil resistance against Hitler in Europe, 1939-43,* Praeger, 1993, pp. 98-104を参照。

16——プロテスタント国である米国の反カトリック世論に配慮して、バチカン内常駐を回避したこともあったが、こうした非公式スタイルは柔軟な外交を可能にした。

17——Library of Congress, Myron Taylor Papers, (3392) years of 1940-45, No.3 Taylor to the President 10 November 1944

18——Ennio Di Nolfo (ed.) Vaticano e Stati Uniti, 1939-1952, dalle Carte di Myron C. Taylor, Angeli, 1978, p.21

19——一九三七年三月一九日、ソ連やメキシコ、スペインなどで拡大する共産主義に対して社会秩序や社会基盤を破壊しかねないとの警告を発した社会回勅である。

20——Library of Congress, Myron Taylor Papers, years of 1940-45, 1 September 1941

21——Library of Congress, Myron Taylor Papers, years of 1940-45, 4 October 1944 米国のイタリア救援（American Relief for Italy）は元々イタリア系米国人団体を母体としていた。イタリア系米国人にはニューディール政策によって経済的な恩恵を享受した労働者が多数おり、彼らはテイラーの経営方式に賛同し、終戦末期の母国への食糧援助にも協力した。

22——Library of Congress, Myron Taylor Papers, years of 1940-45, November 1943

23——オルランド首相は第一次大戦後のパリ講和会議のイタリア代表として名をあげたが、その後エチオピア侵攻をきっかけにファシスト政権に加担した。しかしムッソリーニ失脚に伴いボノーミ政権に関与したことから、戦後も政治家として生き残った。オルランドはボノーミ政権下でイタリア赤十字など国際機関への関与を望んだものの、結局、反ファシストのフィランソロピストで考古学・環境学者であったビアンコが、イタリア赤十字の代表となり米国赤十字の指導の下、終戦末期から戦後にかけて一九四四～四九年のイタリア赤十字の代表となった。Library of Congress, Myron Taylor Papers, years of 1940-45, 8 August 1944

24——Library of Congress, Myron Taylor Papers, years of 1940-45, 14 August 1944

25——Harold Hilgard Tittmann Jr. 1893-1980, Chargé d' Affaires to Holy See, 1941-1944

26——Library of Congress, Myron Taylor Papers, years of 1940-45, 10 November 1944

27——Susan Butler, *Roosevelt and Stalin: Portrait of Partnership*, Knopt, 2015はルーズベルト図書館や西側だけでなくロシアの文書館の史料を使用した最近の研究で、この二者は多少の意見の相違はありながら親近感を持ち、特にルーズベルト側がスターリンを戦後秩序の形成のための「重要なパートナー」と見なしていた。

28——Anna Dickinson, 'Domestic and Foreign policy considerations and the origins of post-war Soviet Church-State relations,

1941-6', D. Kirby, *Religion and the Cold War*, Palgrave Macmillan, 2002, 2013, pp.23-36

29——Library of Congress, Myron Taylor Papers, (3392) years of 1938-47, No.4, March 1946

30——油井大三郎著『戦後世界秩序の形成——アメリカ資本主義と東地中海地域　一九四四〜一九四七年』東京大学出版会、一九八五年。

31——Library of Congress, Myron Taylor Papers, (3392) years of 1938-47, No.4, 5 March 1946

32——Library of Congress, Myron Taylor Papers, (3392) years of 1938-47, No.4, 3 December 1946

33——ＵＮＲＲＡについては板垣與一編、佐藤和男訳『アメリカの対外援助——歴史・理論・政策』(日本経済新聞社、一九六〇年)や川端正久編『一九四〇年代の世界政治』(ミネルヴァ書房、一九八八年)などに詳しい。

第3章

1——http://www.ilo.org/global/lang--en/index.htm
日本ＩＬＯ協会編『講座ＩＬＯ(国際労働機関)——社会正義の実現をめざして』上巻、日本ＩＬＯ協会、一九九九年、五九〜六〇頁。

2——日本ＩＬＯ協会『講座ＩＬＯ』上巻、一七九〜一八一頁。
Hector Bartolomei de la Cruz, Geraldo Von Potobsky, and Lee Swepston, *The International Labor Organization*, Westview Press, Harper Collins, Oxford, 1996, pp.258-288

3——Harold K Jacobsonによる学術誌*International Organization*, Cambridge University Pressなどへの寄稿やSandrine Kott and Joëlle Droux, *Globalizing social rights, the international labour organization and beyond*, International Labour Organisation, 2013
Daniel Maul, *Human Rights, Development and Decolonization: The International Labour Organization, 1940-1970*, Palgrave, 2013

4——James T Shotwell (ed.), *The origin of the International Labor Organization*, vol. 1 History, New York, Morningside Heights, Columbia University Press, 1934, pp.6-12

5——日本語でのＩＬＯ情報は『講座ＩＬＯ』上下巻を参照されたい。

6――南部やシチリア島にはラティフォンディムという古代ローマ時代から続く大土地所有制度が存在し、大変裕福な地主と農奴的に貧しい小作人の格差が近代以降も改革されず、トスカーナの様な中部では折半小作制度という比較的民主的な農業土地政策であり、また北部イタリアはナポレオン法やハプスブルク法などにより近代的な土地所有制度が存在し、イタリアは国内の南北問題に長らく苦しめられてきた。

7――シモーナ・コラリーツィ著、村上信一郎監訳『イタリア20世紀史――熱狂と恐怖と希望の１００年』名古屋大学出版会、二〇一〇年、五頁。

8――イタリアは北部、中部、南部で土地所有制度が異なっていたことから、農民の貧困についても地域格差があった。トスカーナ地方は折半小作制、南部は大土地所有制度などだが、教皇領であったエミリア・ロマーニャ州にもブラッチャンティと呼ばれる貧農層が存在、過激な労働運動や革命思想の巣窟とも言われた。Steven C. Hughes, *Crime, Disorder, and the Risorgimento: The Politics of Policing in Bologna*, Cambridge, 2002を参照。

9――マンチェスター学派の指導者ゴブデンは教皇ピウス九世に謁見し、自由貿易について議論した。Anthony Howe (eds.), *The letters of Richard Cobden: volume I, 1815-1847*, Oxford, 2007, Saho Matsumoto, *Britain and the Papacy in the age of revolution*, 2003, p. 23

10――働き方改革などの議論はあるものの、日本では現在ＩＬＯに関わる条約の四分の三が未批准であり、そのことが長時間労働をはじめとする労働条件の改善を阻んでいると言われる。途上国では児童労働などの問題も深刻である。

11――政治活動全般としてはすでに触れたピウス一〇世の「ノン・エクスペディト」の撤回と、続く一九〇五年の回勅「イル・フェルモ・プロポジト」が直接的には重要である。村上『権威と服従』七六頁。

12――ジャック＆ライサ・マリタン著、須賀敦子訳『典礼と観想』エンデルレ書店、一九六七年。

13――International Labour Organization（ILO）Archives, Geneva. 国際労働機構内にある公文書館の史料は非常に整理されており使い勝手が良い。アーキビストのジャック・ロドリゲス氏にはこの場を借りて謝辞を述べたい。バチカンの秘密文書館は、そもそも一九三九年以降の史料を公開していない。そのため、既に公開された資料について厳しいルールがなく、二〇〇〇年以降の史料も閲覧可能なＩＬＯやＷＣＣの史料に本書は大きく依存している。

14――Mary A. Glendon, *A World Made New: Eleanor Roosevelt and the Universal Declaration of Human Rights*, Random House, 2002, pp.31-33

15——国際労働機構は、政府、労働者、雇用主という三層の各々から代表者を送ることが出来る唯一の国際機関といわれている。

16——ILO Archives, ILO director's file, 1952-53

17——https://www.caritas.jp/ カリタス・ジャパンの活動は途上国や諸外国での難民への救援活動以外に、地震や水害など自然災害への支援活動については日本国内も対象とする。

18——https://www.caritas.org/who-we-are/history/ 日本のカリタス学園はカナダ・ケベック州にあるカリタス女子修道院に起源を持つ。

19——Hector Bartolomei de la Cruz, Gerald von Potobsky, and Lee Swepston, *International Labour Organization*, Westview Press, 1996, pp.3-15

20——日本ＩＬＯ協会『講座ＩＬＯ』下巻、一八一頁。
ILO Archives, Holy See, Vatican Migration Bureau 143-1-4, 1951 February 24

21——ILO Archives, his holiness Pope Pius XII at special audience for the governing body of the International Labour Organization, 10 Feb. 1958

22——Leon Hopper, SJ, *Murray Biography from American National Biography* edited by John A Garraty and Mark C. Carnes, New York, Oxford University Press, 1999 高橋裕史著『イエズス会の世界戦略』(講談社選書メチエ、二〇〇六年)で述べられるイエズス会像も偽りではないが戦後は言及せず。宣教、教育、貧者や少数派に寄り添う社会派としては一貫性があり、南米では特に解放の神学への同調などかなり左派的傾向にある者もいる。

23——フラマン語圏ベルギーを代表する労働組合運動の大物で戦前はナチスへのレジスタンス運動を行い、戦後はＩＬＯに関与 *The International Labour Organisation; lecture delivered to the I.L.O. Internship Course, 11 June* 1965 を出版。ルーヴェン・カトリック大学のレオ一三世が設立したトマス神学研究所に学び、カトリック組織との関係を構築した。

24——今野元著『教皇ベネディクトゥス一六世——「キリスト教的ヨーロッパ」の逆襲』東京大学出版会、二〇一五年、一一五~六頁。今野氏は同書において、ラインツィンガーが必ずしも反自由主義ではなかった点について指摘しており、神学的な論争において単純に改革派対保守派には分類できない側面もある。

25——https://www.nytimes.com/2018/03/16/opinion/pope-francis-vatican-disaster.html?smid=fb-share 現教皇フランシスコ

はイエズス会出身のリベラル派で、その改革が教会組織にとってダメージになるという議論は二〇一八年においても同様である。

26——二〇一六年の米国大統領選において、カトリック保守派は第二バチカン公会議に反対する立場で、共和党支持にまわった。ケネディ家は第二バチカン公会議支持でリベラルの民主党。松本『熱狂する神の国アメリカ』第三章も参照。

27——一八四八年革命前後のゼランティについてはSaho Matsumoto-Best, *Britain and the Papacy in the age of revolutions, 1846~51*, chapter 1, 2003を参照。

28——http://www.vatican.va/archive/hist_councils/ii_vatican_council/documents/vat-ii_const_19651207_gaudium-et-spes_en.html, CHAPTER III ECONOMIC AND SOCIAL LIFE 63

29——ILO Archives, Holy See, a report from Gerald Mahon on 3 September 1964

30——ILO Archives, Holy See, a report from Aulta on 4 October 1964

31——Saho Matsumoto, *Britain and the Papacy in the age of revolution, 1846-51*, Royal Historical Society, 2003, Chapter5 高教会とは典礼がカトリック的な英国国教会のこと。

32——有名なウィリアム・モリスによるアート&クラフト運動もユートピア的なキリスト教社会主義の先駆的な形態とも言われ、またその後のラファエル前派芸術運動も強くキリスト教に傾倒した。Stephen Williams, 'Morris, Christianity and Socialism': An Episode 38, VOL. XXI, NO. 3, 2015, *The Journal of William Morris Studies*

33——ILO Archives, a letter from father Joblin, 12 December 1966

34——ILO Archives, report on 22 September 1966

35——Paul Houée, Louis Joseph Lebret, Paris, Éditions de l' Áltelier, 1997

36——http://www.lebret.irfed.org

37——ハンバーガーのマクドナルド創業者であるレイ・クロックの三番目の妻で億万長者にしてフィランソロピスト。救世軍、サンディエゴ大学の平和と正義研究所や、ノートルダム大学の国際平和研究所に多額の寄付を行い「クロック国際平和研究所」と命名された。

38——ILO Archives, a report in October 1966

39——ILO Archives, Secretariat report in 1966

40——Ibid.

41——http://www.catholicculture.org>libraryとhttp://www.cmsy.orgを参照。

42——二〇一八年二月一三日インタビュー。Ms Sakura Atsumi (Senior Policy Advisor (Development & Solutions) United Nations High Commissioner for Refugees, New York Officeによる。

43——Jeremy Carrette and Hugh Miall, *Religion, NGOs and the United Nations: Visible and Invisible Actors in Power*, Bloomburg, 2017, Chapter 8, Verena Beittinger-Lee, Catholicism at the United Nations in New York

44——https://chrissmith.house.gov/news/documentsingle.aspx?DocumentID=55631
http://www.ncregister.com/site/article/congress_to_defend_vatican_un_status

45——教皇パウロ六世の実兄Lodovico Montiniは戦前のＩＬＯでのキャリアを経て、戦後、イタリアのキリスト教民主党の議員となる。

46——ILO Archives, Holy See, report on 31 July 1968

47——ILO Archives, Report from More on March 1975

48——米国の最大の労働組合、アメリカ連邦労働組合の指導者を五七年間にわたって務め、戦後アメリカ労働総同盟・産業別組合会議を設立し、一九五五～七九年までその議長であった。強硬な反共産主義者でケネディやジョンソンなどの民主党政権と緊密な関係を築いた。

49——ILO Archives, regarding US quit of ILO, July-August 1977

50——Cor Unumとはパウロ六世の回勅「ポプロールム・プログレシオ」（一九六七年）に基づき、一九七一年に設立された「人類の進歩」を掲げた組織で、現在、教皇フランスコの下「正義と平和評議会」「開発援助促進評議会」「移住・移民者の会」「保健従事者評議会」など多岐に活動している。

51——ルイ・ド・ギランゴーはフランスの外交官でジスカール・デスタン時代にレイモン・バール内閣の外務大臣だった。一九六一年にガーナ大使となり、六六～七二年には駐日フランス大使、七二～七六年にはフランスの国連大使を務めた。一九七八年当時はフランスのバチカン大使であった。

52——パウロ六世に近いリベラル穏健派の枢機卿で、枢機卿会の副主任、教皇の葬儀責任者を務めた。

53——一九七三～八〇年にワシントンＤＣの大司教を務め、第二バチカン公会議ではプロテスタント、特に長老派やルター派とのエキュメニカルを担当した。一九六五～六九年にはＷＣＣ関係の役職も務めた。

54——一九六〇年代後半~七〇年代前半はバチカン広報担当。カサロリの下、東欧諸国との交渉や広報戦略に関わる。一九七八年、ヨハネ・パウロ二世が教皇になると、その外交問題を扱う主要な立場となる。イラク戦争について米国政府及び米カトリック教会を批判したことでも知られる。

55——http://www.fao.org/library/libraryhome/en/ On 10 June 1952, the Library of FAO is officially opened and named as the David Lubin Memorial Library

56——ルーズベルトのニューディール政策時代に内務省内に存在した機構で、都市部の貧困家庭を対象に、郊外に小さい土地を与え、住まいと農業による食糧の確保をして自立を促した政策。

57——Roman A. Melnyk, *Vatican diplomacy at the United Nations*, 2009, pp.36-7

58——ILO Archives, Holy See, Agrimissions, Groothuzen to Joblin, 10 December 1973

第4章

1——Martin Conway, *Introducing the World Council of Churches*, WCC, 2001

2——Archives of World Council of Churches, Geneva, relations with the Roman Catholic Church 4201.2.6 No.37 18 September 1959 ＩＬＯ同様、アクセスに関してはＷＣＣもオープンである。世界のプロテスタント諸教会の集合体であるが活動は極めて政治的である。

3——教皇ヨハネ二三世による回勅「アド・ペトリ・カセドラム（Ad Petri Cathedram）」一九五九年六月二九日。

4——*L'Osservatore Romano*, 1 August 1962

5——*Unitas*, Autumn 1959

6——『第二バチカン公会議公文書』二四八~二七三頁。

7——『第二バチカン公会議公文書』八〇六頁。

8——マルタ騎士団の国際法上の主権をめぐる研究については以下を参照。湯山智之著「非領域的実体の国際法上の地位に関する覚書——赤十字国際委員会とマルタ騎士団を素材にして」『香川法学』三三巻三・四号、二〇一三年三月。

9——Archives of World Council of Churches, Geneva, Robert Graham, SJ, role of Vatican for international organization, 20

October 1958

10——Archives of World Council of Churches, Geneva, relations with the Roman Catholic Church, Carrillo de Albornoz, 3 November 1958

11——英国国教会の俗人信者としてラテン・アメリカで宣教活動を行い、英国聖公会宣教協会の長となる。戦時中インテリジェンスで活躍、戦後ＷＣＣに英国聖公会宣教協会代表として参加し、ラテン・アメリカ繋がりでカトリックとのエキュメニカル推進や俗人と聖職者の仲介役を果たした。

12——Archives of World Council of Churches, Geneva, relations with the Roman Catholic Church 4201.2.6, 17 December 1958

13——ドイツの著名な憲法・法学者で教会法と連邦法の専門家であった（一九〇三〜八一年）。

14——Archives of World Council of Churches, Geneva, relations with the Roman Catholic Church, 13 October 1959

15——Archives of World Council of Churches, Geneva, relations with the Roman Catholic Church, Richard M Fagley, 18 December 1962

16——Archives of World Council of Churches, Geneva, relations with the Roman Catholic Church 4201.2.6, 15 December 1959

17——Saho Matsumoto, 'William Imbrie and the American missionaries during the Meiji Japan', a paper was given for the conference of European Assocation of Japanese Studies in Lisbon, 1 September 2017, S7 History Section

18——Patrick W Fuerth, *The Concept of Catholicity in the Documents of the World Council of Church, 1948-68*, Editrice Anselmiana, 1973, pp. 58-9

19——モットはＹＭＣＡ会長、ＷＣＣのエジンバラ宣教会議で議長をつとめるなど、非戦論者として知られ、戦前、日本のキリスト教会の発展に寄与したことから勲一等瑞宝章を贈られている。一九四六年にはノーベル平和賞受賞。セーデルブロムはスウェーデン国教会の聖職者でキリスト教による平和を目指し、一九三〇年にノーベル平和賞を受賞している。

20——Donald W Norwood, *Reforming Rome, Karl Barth and Vatican II*, Eerdmans, 2015

21——Stjepan Schmidt, *Augustin Bea, the Cardinal of Unity*, New York, 1992

22——Lucian N. Leustean, *The Ecumenical movement and the making of the European Community*, Oxford, 2014, pp. 65-7

23――例えば一九六八年の核兵器時代の平和を訴える人権年や、同年五月二九日に国際社会がナイジェリアのビアフラ紛争に介入するきっかけとなった。

24――下斗米伸夫著『宗教・地政学から読むロシア――「第三のローマ」をめざすプーチン』日本経済新聞出版社、二〇一六年。

25――松本佐保著「バチカンとロシア正教会の和解」『週刊金曜日』二〇一六年三月。

26――https://www.oikoumene.org/en/what-we-do/wcc-un-office-new-york

27――日本にもコイノニア福祉グループというコイノニア福音教会を持つ組織が存在する。新興宗教と勘違される書き込みもあるが、れっきとしたプロテスタント教会の一派である。

28――Patrick W Fuerth, *The Concept of Catholicity in the Documents of the World Council of Church, 1948-68*, Editrice Anselmiana, 1973, pp. 189 コイノニアはエキュメニカルな概念として重要であることが指摘されている。

29――http://www.jasca.org/meeting/44th/A-07.pdf

30――Harry De Lange, Bob Goudzwaard, Mark R, *Beyond Poverty and Affluence*, University of Toronto Press, 1995

31――アイルランド共和国は欧州の中でバチカンと最も関係が深い国の一つで、キリスト教民主主義系の「フィアナ・フォイル」と「フィナ・ゲール」による二大政党制となっている。

32――Archives of World Council of Churches Central Committees 14-22 September 1995 Document No 8.2 世界教会協議会公文書館（ジュネーブ）中央委員会「国連設立五〇周年記念行事にあたって」。

33――世界教会協議会公文書館中央委員会「国連設立五〇周年記念行事にあたって」。宗教組織はいかなる宗教でも基本的に信者数の確保や増大が目的である。そうした論点からエルサレムでも、キリスト教とイスラム教は人口数が競合関係にあり、後者の方が人口増加率が高いからである。但しカトリックの方がプロテスタントよりより人口増大推進の立場で、避妊や中絶について後者より非妥協的である。よって第三国の救貧活動についても、後者は人口抑制による貧困緩和の立場で前者はこれに反対している。

34――Archives of World Council of Churches, Archbishop of Armagh to George H Dunne, 1 September 1970, 著者は和平（聖金曜日協定）成立後のベルファストのカトリック貧民街フォールズ地区でＩＲＡ元テロリストの取材・インタビューを行った。紛争期は港湾労働や政府供給の低所得者用住宅などからカトリックは差別により排除され貧困状態からテロリストになる事例が見られた。こうした状況が改善され和平が成立し、元テロリスト達の社会復帰や職業訓練にシンフェインや教会が資金援助を行い和平の維持に努めた。松本佐保著「プロテスタントとカトリックの歴史的和解——北アイルランドのテロと紛争の終結について」『ヨーロピアン・グローバリゼーションの諸文化圏の変容研究プロジェクト報告書Ⅱ』東北学院大学、二〇〇八年。

35——WFPはFAOの下部組織で、前者は災害や紛争・戦闘などによって緊急に食糧供給が必要になった場合に対処する機関であり、後者はより長期的な視野で農業・漁業・牧畜などによる食糧供給を目指す機関である。

36——https://vtncankor.wordpress.com/category/uncommonsense/

37——第二次大戦中に英国のオックスフォード大学を中心に「オックスフォード飢餓救済委員会」として設立、主に戦中ナチス支配下のギリシアへの援助に始まるが、戦後カナダに本部を移しオックスファムと改名、途上国の飢餓問題やフェア・トレードなどに取り組み、世界で約三〇〇〇ものNGOや企業とパートナーを組む最大規模の組織である。Deborah Eadie & Suzanne Williams (ed.) *The Oxfam Handbook of Development and Relief*, 2 vol. 1995

38——Dellheim, Charles, "The Creation of a Company Culture: Cadburys, 1861-1931". *The American Historical Review. Oxford University Press* 92 (1): 13-44, February 1987

39——Archives of World Council of Churches, File V, Report from the Quaker, James Prior on 16 September 1980

40——Archives of World Council of Churches, a letter from the Pope John Paul II, 14 September 1981

第5章

1——板橋拓己著『黒いヨーロッパ』吉田書店、二〇一六年、一七四頁。

2——松本佐保著「冷戦期における米国の対イタリア戦略戦(Political Warfare)」『研究論集』第一二集、河合文化教育研究所、二〇一五年五月、一一九〜一二一頁。

3——本書では二次史料の使用にとどまったが、冷戦期の東欧の出版物からは、東側がバチカンをどのように見ていたかよく解る。Jonthan Luxmoore and Jolanta Babiuch, *The Vatican and the Red Flag, the struggle for the soul of Eastern Europe*, Geoffrey Chapman, 1999, pp. 182-185

4——http://w2.vatican.va/content/john-xxiii/la/encyclicals/documents/hf_j-xxiii_enc_11041963_pacem.html *Need for Disarmament* No112〜113

5――ブラント首相の東方政策の詳細は、妹尾哲志著『戦後西ドイツ外交の分水嶺――東方政策と分断克服の戦略一九六三〜一九七五年』晃洋書房、二〇一一年、アデナウアー首相の政策の詳細は、板橋拓巳著『アデナウアー』中公新書、二〇一四年。

6――アゴスティーノ・カサロリは冷戦期の東欧とソ連にアクセス権を持つ数少ない西側の人物で、CSCEを含む東方外交の鍵を握っていた。日本語では松本『バチカン近現代史』一六八〜七〇頁を参照。カサロリについてはバチカン国務省内文書館とピアチェンツァ都市文書館に手紙などの一次史料が存在し、一部は出版もされている。研究書もイタリア語では多数存在するが、英語では殆ど出版物がない。A cura di Giovanni Barberini, *La Politica del Dialogo, Le Carta Casaroli sull'Ostpolitik Vaticana*, Mulino, 2008、一九六一〜六七年、バチカン国務長官補佐外務次官、六七〜七九年、外交評議会委員長。七九〜九〇年まで国務長官としてデタントや冷戦終結に大きく貢献する。

7――Charles R Gallagher, S.J, *Vatican Secret Diplomacy, Joseph P Hurley and Pope Pius XII*, Yale University Press, 2008, pp.196-7

8――A cura di Giovanni Barberini, *La Politica del Dialogo, Le Carta Casaroli sull'Ostpolitik Vaticana*, Mulino, 2008, P. 156-171 Atto e Protocollo con Allegati firmati a Budapest ACb. 2f. 10, 1, Budapest 15 Settembre 1964

9――Andras Fejerdy (ed.), *The Vatican Ostpolitik 1958-78, Responsibility and Witness during JohnXXIII and Paul VI*, Viella, 2015, pp.226-227, A cura di Giovanni Barberini, *La Politica del Dialogo, Le Carta Casaroli sull'Ostpolitik Vaticana*, Mulino, 2008, pp. 362-369

10――一九五〇年二月一四日、ヴィシンスキー率いる司教団は共産党政府と条約を締結し両者の対立を緩和、共産党政府は教会財産に手を出さない代わり、教会は政治問題から手を引くこととなり、国公立学校内で宗教教育は禁止された。司教任命権は教会が選んだ三人の候補の中から政府が選択する妥協案で合意。後のヨハネ・パウロ二世、カロル・ヴィオティワはこの方式で司教に任命された。現在バチカンは中国共産党政府とこの方式で交渉し、二〇一八年九月下旬に暫定合意に至った。

11――Jonthan Luxmoore and Jolanta Babiuch, *The Vatican and the Red Flag, the struggle for the soul of Eastern Europe*, Geoffrey Chapman, 1999, pp.186-188

12――Dennis Dunn, *Détente in Papal-Communist Relations*, Boulder: Westview, 1979, p.115

13——*Unita*, 6 April 1971

14——A cura di Giovanni Barberini, *La Politica del Dialogo, Le Carta Casaroli sull'Ostpolitik Vaticana*, Mulino, 2008, pp. 813-834

15——松本佐保著「教皇が空をとぶということ」高橋進、村上義和編『イタリアの歴史を知るための50章』明石書店、二〇一七年。

16——A cura di Giovanni Barberini, *La Politica del Dialogo, Le Carta Casaroli sull'Ostpolitik Vaticana*, Mulino, 2008, pp. 803-890 在バチカンのハンガリー大使の報告で触れられている。一九七〇年七月三一日

17——Jonthan Luxmoore and Jolanta Babiuch, *The Vatican and the Red Flag, the struggle for the soul of Eastern Europe*, Geoffrey Chapman, 1999, pp.170-171

18——Archivio Segreto di Vaticano, Segreteria di Stato, Fondo Organizzazioni Internazionali, Fondo e Carta di Casaroli, February 1974

19——ヴィクトール・イヴ・ゲバリ著「人的次元（第3バスケット）」百瀬宏、植田隆子編『欧州安全保障協力会議（CSCE）一九七五－九二年』日本国際問題研究所、一九九二年、九五〜一一四頁。

20——Mark L. Schneider, Human right policy under the Carter administration, *Law and Contemporary*, Vol. 43, No.2. 1979, pp. 261-266

21——A cura di Antonio G Chizzoniti, *Agostino Casaroli: Lo Seguardo Lungo della Chiesa, Vita e Pensiero*, 2015, p. 63

22——Justin Vaïsse Translated by Catherine Porter, *Zbigniew Brzezinski, America's Grand Strategist*, Harvard University Press, 2018は、ブレンジスキー補佐官に関する最良の研究である。

23——A cura di Giovanni Barberini, *La Politica del Dialogo, Le Carta Casaroli sull'Ostpolitik Vaticana*, Mulino, 2008, pp.367, 23 January 1973

24——National Archives (US) and Records Administration, RG 59, Conference Files: Lot 67 D 586, CF 143. Secret; Priority; Nodis. Telegram from the Consulate General in Florence, Italy to the Department of State Florence, April 2, 1967, 0215Z

25——モーロ元首相が赤い旅団に誘拐された際、パウロ六世が交渉を仲介したのは旧知の間柄であったからである。モーロの暗殺については未解決のままで、陰謀本などが多数刊行されている。

26——Archives of World Council of Churches, Geneva, relations with the Roman Catholic Church 4201.2.6, 1989

27 ――Christopher Rowland, *The Cambridge Companion to Liberation Theology*, Cambridge, 1999 インドのマザーテレサの事例や韓国の事例についても触れられている。またカトリックとは限らず聖公会やプロテスタントにも見られ、エキュメニカルな現象である。

28 ――Apostolic Journey to the Dominican Republic, Mexico and Bahamas, 25 Jan-1 Feb 1979

29 ――"5 Times the OAS Was OK with Latin American Human Rights Abuses" telesurtv.net 2017/03/27

30 ――Stephen G Rabe, *The Killing Zone: The United States Wages Cold War in Latin America* 2nd ed. Oxford University Press, 2015

31 ――オスカー・ロメロ神父については実に多くの書物や研究が存在する。Marie Dennis, Renny Golden, *Oscar Romero: Reflections on his life and wirings, Modern Spiritual Masters Series*, 2000, Orbis Books 邦訳はマリー・デニスほか著、多ヶ谷有子訳『オスカル・ロメロ――エルサドバドルの殉教者』聖公会出版、二〇〇五年。

32 ――Martin McKeever, *One Man, One God: The Peace Ministry of Fr Alec Reid C.Ss.R*, Redemptorist Communications, 2017

33 ――第二バチカン公会議以前、解放の神学はラテン・アメリカ的な意味でのポピュリズム政治による発展主義をかかげたが、その結果、都市スラムが生まれ、発展主義の見直しとスラムでの救貧活動が行われた。初田伸枝著「ラテンアメリカ解放の神学における貧者の積極的位置づけとそれをめぐる論争の整理と考察――主にバチカンとの対立を中心として」『創価大学大学院紀要』三〇号、二〇〇八年、二一三〜二三〇頁。

34 ――グスタボ・グディエレス著、関望、山田経三訳『解放の神学』岩波書店、二〇〇〇年(旧版の邦訳は一九八五年)、二八〜三九頁。

35 ――*L'Osservatore Romano* 一九六五年五月三日。

36 ――グディエレス『解放の神学』二七九頁。

37 ――有水博著「セラード農業開発計画批判に見られるブラジル・カトリック教会の動向」『ラテン・アメリカ論集』二三巻、一九八九年。

38 ――レオナルド・ボフ著、石井健・伊能哲大共訳『教会、カリスマと権力』エンデルレ書店、二〇〇〇年。

1——宮脇昇著『CSCE人権レジームの研究——「ヘルシンキ宣言」は冷戦を終わらせた』国際書院、二〇〇三年。

2——宮脇『CSCE人権レジームの研究』は人権レジーム論として論じている。また関場誓子著「アメリカのCSCE政策」百瀬宏、植田隆子編『欧州安全保障協力会議』（日本国際問題研究所、一九九二年）の一二三〜一二七頁を参照。

3——Giovani Barberini, *La politica del dialogo, le carte Casapoli sull' Ostpolitik Vaticana*, 2008, p. 714

4——教皇の急死とモーロ元首相の誘拐および殺害という二つの事件の関連性は低い。後者の方がはるかに深刻な事件であった。モーロのライバルだったアンドレオッティ元首相の個人文書の一部アクセス権を得て調査（史料閲覧に関してローマのIstituto Luigi Sturzoに感謝する）したところ、アンドレオッティは米国のマフィア系銀行家と繋がりがあったことが判明した。彼とマフィアの繋がりは裁判のなかで公然の事実とされているので新しい発見ではない。アンドレオッティは裁判の結審を待たず二〇一五年に死去している。

5——柴宜弘著「欧州安全保障協力会議CSCEとN＋N協力」『敬愛大学研究論集』三八号、一九九〇年、六五〜八二頁。

6——United Nations Archives, New York, File 11/05/04, Series 0904, Box 18/1 OG/10/1978-31/12/1979

7——レバノンのキリスト教派であるマロン派は、キリスト教東方典礼カトリック教会に属し、ギリシア正教会よりもバチカンに近い関係であった。内戦時に彼らを守るため教皇は米国の介入をあおいだ。

8——National Archives, UK, Foreign Office Record, FO23/17, 1979

9——Archivio Segreto di Vaticano, Segreteria di Stato, Fondo Organizzazioni Internazionali, Fondo e Carta di Casaroli, April and May 1979

10——George Weigel, *The end and the beginning, Pope John Paul II- the Victory of Freedom, the last years, the Legacy*, New York, 2010, p.113

11——Ibid., pp.114-115

12——Jonthan Luxmoore and Jolanta Babiuch, *The Vatican and the Red Flag, the struggle for the soul of Eastern Europe*, Geoffrey Chapman, 1999, p.231

13——Ibid., p.232

14——George Weigel, *The end and the beginning, Pope John Paul II- the Victory of Freedom, the last years, the Legacy*, New York,

2010, p.137

15——Ibid., pp.144-150

16——Ibid., p.154

17——Ibid., p.163

18——ヨハネ・パウロ二世は殺害されたポピエウシュコ神父の墓の前で、自分がキリストであれば、神父を聖ラザロの様に蘇生させることが出来たのに、と発言し、ポーランド人の信仰と民主主義と愛国心を掻き立てた。ポーランドではナチスの収容所でユダヤ人の身代わりとして殉教したコルベ神父と並ぶ二〇世紀の二大聖人である。

19——Jonthan Luxmoore and Jolanta Babiuch, *The Vatican and the Red Flag, the struggle for the soul of Eastern Europe*, Geoffrey Chapman, 1999, p.228

20——Archivio dell'Associazione- Centro studi Card.A Cassaroli, Bedonia. Ordinazione espicopale di Mons. Bukovski, Omelia del Cardinale Agostino Casaroli, 13 October 1990 トマシェク枢機卿はチェコを代表する司教で、一九五〇年代には投獄や強制労働を経験した。一九六〇年に釈放され、第二バチカン公会議にチェコスロバキア政府から参加を認められた唯一の司祭となった。一九八九年のビロード革命に伴ってヨハネ・パウロ二世のブタペスト訪問の準備を行う。

21——A cura di Giovanni Barberini, *La Politica del Dialogo, Le Carta Casaroli sull'Ostpolitik Vaticana*, Mulino, 2008, pp.847-864

22——Stato, Chiese e pluralismo confessionale Rivista telematica (www.statoechiese.it), n. 37/2014 1° dicembre 2014, Giovanni Barberini, La Santa Sede e la Conferenza di Helsinki per la sicurezza e la cooperazione in Europa, pp.1-14, pp. 13-14

23——John Lewis Gaddis, *the Cold War, A New History*, Penguin Books, 2004　一九七九年六月五日のニューヨーク・タイムズの記事。

24——Giovani Barberini, *La politica del dialogo, le carte Casapoli sull' Ostpolitik Vaticana*, 2008 Il Mulino, pp.856-860 A letter from Gorbaciov to Pope John Paul II, 6 August 1989

25——Paul Kenger, *The Pope and president, John Paul II, Reagan and extraordinary untold story of the 20th century*, 2017

26——村上信一郎著「現代のカトリシズムと新保守主義の運命」『神戸外国語大学紀要』六三巻一号、二〇一三年三月、一五～四二頁。

27——松本『バチカン近現代史』二〇一三年、二一〇～二一一頁。

28——http://w2.vatican.va/content/john-paul-ii/en/encyclicals/documents/hf_jp-ii_enc_14091981_laborem-exercens.html 教皇ヨハネ・パウロ二世著『回勅 働くことについて』カトリック中央協議会、一九八二年。

29——Andre Dupuy, Pope, *John Paul II and the challenges of Papal diplomacy, Anthology, 1978-2003*, The path of peace Foundation, 2003, p. 449

30——ILO Archives, Correspondence with member state, Vatican, Holy See and the International organizations, 11 May 1983

31——Archives of World Council of Churches, File of the Pope John Paul II, 25 January 1986

32——Ibid., 26 September 1986

33——ペルーのドミニコ会の聖職者で、枢機卿教授資格も持つが、リマのスラムで救貧活動を行い『解放の神学』（一九七一年）を著すなど、解放の神学の先駆者と言われる。

34——http://w2.vatican.va/content/john-paul-ii/es/encyclicals/documents/hf_jp-ii_enc_30121987_sollicitudo-rei-socialis.html 教皇ヨハネ・パウロ二世著『回勅 真の開発とは——人間不在の開発から人間尊重の発展へ』カトリック中央協議会、一九八七年。

35——Andre Dupuy, Pope, *John Paul II and the challenges of Papal diplomacy, Anthology, 1978-2003*, The path of peace Foundation, 2003, pp.334-335

36——United Nations Archives, New York, File 11/05/04, Series 0904, Box 18/1, From Kurt Waldheim to Giovanni Cheli, Permanent observer of the Holy See to UN, 6 December 78

37——Ibid

38——“Putting an end to the arms race” address to the United Nations, 2 October 1979, in Andre Dupuy, Pope, *John Paul II and the challenges of Papal diplomacy, Anthology, 1978-2003*, The path of peace Foundation, 2003, pp.235-236

39——Cardinal Agostino Casaroli, Contributions of the Holy See to the Disarment Debate, Comment to Peace, Pontifical Commission “IUSTITIA ET PAX”, 1983, p.11

40——Ibid., p.16

41——世界プロテスタント教会協議会公文書館中央委員会「国連設立五〇周年記念行事にあたって」。

42——The Pope John Paul II speech at IAEA, 29 September 1999

43——Andre Dupuy, Pope, *John Paul II and the challenges of Papal diplomacy, Anthology, 1978-2003*, The path of peace Foundation, 2003, pp.442-444

44——小西俊雄、湊章男著「海水淡水化への原子力エネルギーの利用とＩＡＥＡの活動」『日本原子力学会誌』四一巻一号、一九九九年一月、一五頁。

45——Roman A Melnyk, *Vatican Diplomacy at the United Nations, a history of Catholic Global Engagement, The Edwin Mellen Press*, 2009, p. 208, p. 38

46——回勅「チェンテジムス・アヌス（CENTESIMUS ANNUS：新しい課題——社会と教会の一〇〇年をふりかえって）」の第三八条。

47——Archives of World Council of Churches, File of the Pope John Paul II, 1986-1992

48——United Nations Archive, a letter from Holy See representative in UN to UN Secretary-General Javier Perez de Cuellar, on 4 October 91

49——United Nations Archive, a letter on 15 May 1991

50——United Nations Archive, a letter on 7 October 1991

51——United Nations Archive, a letter from John Paul II to Sadam Hussein

52——George Weigel, T*he end and the beginning, Pope John Paul II- the Victory of Freedom, the last years, the Legacy,* New York, 2010, pp. 222-225

53——John Paul II general audience on 12 September 2001, https://w2.vatican.va/content/john-paul-ii/en/audiences/2001/documents/hf_jp-ii_aud_20010912.html

Address to the Ambassador of the United States of America, 13 September 2001

54——二〇一八年二月にワシントンとニューヨークで行った福音派系の宗教保守団体とカトリック教会関係者とのインタビューで、その違いを確認した。

第7章

1——Roman A Melnyk, *Vatican Diplomacy at the United Nations, a history of Catholic Global Engagement*, The Edwin Mellen Press, 2009, p. 208

2——松本『熱狂する神の国アメリカ』第八章を参照。

Gaston Espinosa, *Latino Pentecostals in Amercia, Fith and Politics in action*, Harvard University Press, 2014

3——今野『教皇ベネディクトゥス一六世』三五四～三六一頁を参照。この時期、アフリカで起きたイスラム過激団による修道女の射殺をはじめ、シリアやイラクなどで東方教会の聖職者の拉致、殺害が相次いだという事情もある

4——松本佐保著「人間味あふれる、教皇フランシスコの改革」『PEN』三八六号、二〇一五年六月。

5——The Pope Francis speech address to the UN general Assembly, 26 September 2015

6——『ロイター・ニュース』二〇一八年四月二五日。

7——序論の註一八・一九を参照。本書二七七頁。

8——Lucian N Leustean, *Representing Religion in the European Union,* Routledge, 2013

9——米国のイスラム教徒の入国規制についてわずかながら言及している。松本佐保著「カトリック教会と国際政治」『国際問題』六七五号、二〇一八年一〇月、六頁。

10——リスボン条約一七条。

1. The Union resects and does not prejudice the status under national law of churches and religious associations or communities in the Member States.
2. The Union equally respects the status under national law of philosophical and non-confessional organizations.
3. Recognizing their identity and their specific contribution, the Union shall maintain an open, transparent and regular dialogue with these churches and organizations.

11——Jonathan Chaplin, Gary Wilton, *God and the EU, faith in the European Project, Routledge*, 2016, Francois Foret, *Religion and politics in the European Union*, Cambridge University press, 2015, Lucian N Leustean, *Representing Religion in the European Union,* Routledge, 2013など

12——板橋『黒いヨーロッパ』四二～四三頁。

13——W. A. Visser't Hooft, *The Genesis of the World Council of Churches*, in: *A History of The Ecumenical Movement 1517-1948*, R. Rose, S. Ch. Neill (ed.), London: SPCK 1967, second edition with revised bibliography, pp. 697-724.

14——Archivio Segreto di Vaticano, Nuniatura Svizzero e Societa di Nazione, 1915-35

15——松本『バチカン近現代史』六七～六九頁。

16——水島治郎著「キリスト教民主主義とは何か　西欧キリスト教民主主義概論」田口晃、土倉莞爾編著『キリスト教民主主義と西ヨーロッパ政治』木鐸社、二〇〇九年。

17——板橋『黒いヨーロッパ』四六頁。

18——Brian Stanley, *The World Missionary Conference, Edinburgh 1910*, William B. Erdmans Pub. Co., 2009.

19——Patrick W Fuerth, *The Concept of Catholicity in the Documents of the World Council of Church, 1948-68*, Editrice Anselmiana, 1973, pp. 58-9

20——Lucian N Leustean, *The Ecumenical Movement and the Making of the European Community*, Oxford University Press, 2016, pp. 44-46

21——Christian Bailey, *Between Yesterday and Tomorrow: German Visions of Europe, 1926-1950*, Berghahn Books; 1 edition (February 1, 2016), Jean-Michel Palmier, *Weimar in Exile: The Antifascist Emigration in Europe and America*, London, 2006

22——Ecumenical Commission on European Cooperation（ＥＣＥＣ）などを前身として形成された

23——Thomas Jansen, *The European People's Party, origin and development*, Macmillan Press, 1998, p. 46

24——European Christian Democratic Union. 一九九二年六月二一日にワルシャワでChristian Democratic Union of Central Europe（ＣＤＵＣＥ）が設立され、これが一九九九年以降、欧州人民党（ＥＰＰ）に加わる。

25——Jonathan Chaplin, Gary Wilton, *God and the EU, faith in the European Project*, Routledge, 2016, p. 24

26——水島「キリスト教民主主義とは何か」一三〇頁。

27——野田昌吾著『ドイツキリスト教民主同盟（ＣＤＵ）』田口、土倉『キリスト教民主主義と西ヨーロッパ政治』八六～八七頁

28——これとは別にＥＣへの教皇大使は一九七〇年からブリュッセルに常駐し、現在のＥＵ大使に至る。

29——Jonathan Chaplin and Gary Wilton, *God and the EU, Faith in the European Project*, Routledge, 2016

30——詳細は松本佐保、前掲論文、二〇一八年、七頁。

31——COMECEのFr Olivier Poquillon op氏とCECのDr. Peter Pavlovic氏へのインタビューによる。両氏には、二〇一八年八月二九日、ブリュッセルの各オフォスでインタビューに応じていただいた。謝意を表したい。

32——Jonathan Chaplin, Gary Wilton, *God and the EU, faith in the European Project*, *Routledge*, 2016, pp.198-9

33——Ibid., Chapter 9

34——Ibid., pp.176-7

35——COMECEのFr Olivier Poquillon op氏は特にそうした論調であった。

36——「人間尊厳研究所」というカトリック保守・右派系の組織があり、欧州と米国にネットワークを持ち、ポピュリスト政治を煽っている。トランプ大統領の上級顧問を務めたスティーブ・バノンと強い繋がりを持つ。

37——二〇一八年二月七日にワシントンで行ったイエズス会のトマス・リーズ神父へのインタビューによる。彼はオバマ政権下の国務省で宗教間対話委員会の委員を務めた。

38——ロバート・ドレイパー文、デイブ・ヨダー写真、高作自子訳『ビジュアル新生バチカン——教皇フランシスコの挑戦』日経ナショナル・ジオグラフィク社、二〇一六年。

39——杉山知子著『国家テロリズムと市民——冷戦期のアルゼンチンの汚い戦争』北樹出版、二〇〇七年、一二四～一二六頁。

40——杉山『国家テロリズムと市民』一七六～一七七頁。

41——ポール・バレリー著、南篠俊二訳『教皇フランシスコの挑戦——闇から光へ』春秋社、二〇一四年、九三～一四〇頁。

42——石川明人著『キリスト教と戦争』中公新書、二〇一七年。

43——松本佐保著「存在感高めるバチカン　国際政治に強い影響力」『日本経済新聞』二〇一六年四月一〇日朝刊。

44——Andrea Tornielli, Giacomo Galeazzi, *This Economy kills - Pope Francis on Capitalism and Social Justice-*, Liturgical Press, 2015

45——二〇一八年二月一〇日午後、ワシントン郊外のイエズス会修道院でトマス・リーズ神父に一時間ほどのインタビューを行った。この場を借りてトマス・リーズ神父と、彼の同僚で著者の友人チャールズ・ガレガ神父に感謝する。

46——Edgardo Colon-emeric, *Oscar Romero's Theological vision: Liberation and the transfiguaration of the poor*, 2018

47——https://jp.reuters.com/article/vatican-idJPKBN14W0CP
https://jp.reuters.com/article/pope-knights-idJPKBN1510CT

48——Joseph S Rossi, S.J, *American Catholics and the formation of the United Nations*, University Press of America, 1993

49——毛利勝彦著「ヨハネスブルグからの展望」太田宏、毛利勝彦編著『持続可能な地球環境を未来へ――リオからヨハネスブルグまで』大学教育出版、二〇〇三年、二五五～二七四頁。

50——地球環境研究センターニュース、国連気候変動枠組条約締約国（COP）報告。www.cger.nies.go.jp

51——国連環境計画編『GEO－5 地球環境概観第5次報告書――私達が望む未来の環境』上下巻、環境報告研、二〇一五年。

52——*The Times*, 18 June 2015

53——教皇フランシスコ著、瀬本正之、吉川まみ訳『回勅・ラウダート・シ――ともに暮らす家を大切に』カトリック中央協議会、二〇一六年初版、二〇一七年の翻訳、七二頁。
https://www.christiantoday.co.jp/articles/16347/20150619/pope-francis-laudato-si-ecology.htm　行本尚史著「ローマ教皇、回勅「ラウダート・シ」発表、環境問題で回心呼び掛け、正教会・WCC・聖公会・ローザンヌも関係」『Christian Today』二〇一五年六月一九日

54——フランシスコ『回勅・ラウダート・シ』七三～七四頁と註（二一八頁）の聖トマス・アクィナス『アリストテレス自然学註解』より再引用。

55——行本『Christian Today』二〇一五年六月一九日。

56——行本『Christian Today』二〇一五年六月一九日。

57——ジャック・ルゴフ著、池上俊一、梶原洋一訳『アッシジの聖フランチェスコ』岩波書店、二〇一〇年。

58——聖ボナヴェントゥラは、フランシスコ修道会の総長となり、トマス・アクィナスと同時代で並び称される神学者である。アリストテレス哲学には批判的で、新プラトン主義的なスコラ哲学を唱え「科学は結局神学に還元できるものであり、それは神との一体化による」と述べ、象徴神学、固有神学、神秘神学の三種の神学を導き出した。

59——回勅からの引用はバチカンの公式サイトにある原典から著者が訳出したものである。一部、フランシスコ著、瀬本正之、吉川まみ訳『回勅・ラウダート・シ——ともに暮らす家を大切に』カトリック中央協議会、二〇一六年初版、二〇一七年の翻訳を参照。

60——フランシスコ『回勅・ラウダート・シ』一七〜一八頁。

61——その後、バチカンの教理省、国務省での神学的あるいは外交的文書の審査と編集も経験している。

62——*The Tablet*, COP21: Laudato Si major talking point at climate change talk in Paris, 6 December 2015

63——ライブ・エイドコンサートを定期的に開催し、その売り上げをアフリカの貧困やエイズへの救済活動に充てる活動。債務、エイズ、貿易がキイワードである。その後、U2のボノによるアフリカ支援組織の設立に始まり、現在に至るミュージシャンや俳優などによる、途上国援助や政治犯に関わる国際機関やNGOへの支援活動の先駆けとなった。教皇ヨハネ・パウロ二世は、カトリック教徒のボノをはじめ、途上国援助を支援するセレブたちとの謁見にも積極的であり、フランシスコも同様である。

64——http://catholicearthcare.org.au/project/laudato-si-an-urgent-appeal-for-action/ An Urgent Appeal for Actionでは記事と「ラウダート・シ」の発布に合わせて作成された動画がアップされている。

65——ハーマン・デイリー著、新田功、蔵本忍、大森正之訳『持続可能な発展の経済学』みすず書房、二〇〇五年。

66——https://www.oxfam.org/en/pressroom/reactions/oxfam-praises-pope-francis-unprecedented-climate-change-call-action-0

67——https://cafod.org.uk/News/Campaigning-news/Campaign-successes

68——David Montgomery, The Flawed Economics of Laudato Si, *The New Atlantis*, Fall 2015

69——Private Eye, October 2015

70——松本佐保「読売新聞」二〇一七年五月。

71——http://w2.vatican.va/content/francesco/en/encyclicals/documents/papa-francesco_20150524_enciclica-laudato-si.html

72——http://w2.vatican.va/content/francesco/en/encyclicals/documents/papa-francesco_20150524_enciclica-laudato-si.html

73——http://w2.vatican.va/content/francesco/en/encyclicals/documents/papa-francesco_20150524_enciclica-laudato-si.html

74——http://w2.vatican.va/content/francesco/en/encyclicals/documents/papa-francesco_20150524_enciclica-laudato-si.html

75——Laudato Si, No. 67

76——Laudato Si, No. 168

77——Laudato Si, No. 169
78——Laudato Si, No. 170
79——Laudato Si, No. 171
80——Laudato Si, No. 172.
81——http://w2.vatican.va/content/francesco/en/encyclicals/documents/papa-francesco_20150524_enciclica-laudato-si.html
82——Ibid.
83——http://w2.vatican.va/content/francesco/en/encyclicals/documents/papa-francesco_20150524_enciclica-laudato-si.html
84——http://w2.vatican.va/content/dam/francesco/pdf/encyclicals/documents/papa-francesco_20150524_enciclica-laudato-si_en.pdf
85——Ibid.
86——亀山康子著「環境とグローバル・ポリティクス」『国際政治』一六六号、二〇一一年、五頁。
87——太田宏著「国際関係論と環境問題」『国際政治』一六六号、二〇一一年、一六〜一九頁。
88——遠藤乾編著『グローバル・コモンズ』岩波書店、二〇一五年、三四七〜三四八頁。
89——宮守代利子著「環境権の展開に関する考察——生態系と自然の権利について」『早稲田大学リポジトリ、社会研論集』二五号、二〇一五年五月、一〜一六頁、憲法の中核となる「自然の権利」ボリビアの事例、一三頁。
90——市川顕著「石炭を諦めない——EU気候変動規範に対するポーランドの挑戦」臼井陽一郎編『EUの規範政治——グローバルヨーロッパの理想と現実』ナカニシヤ出版、二〇一五年、二二五頁
91——市川「石炭を諦めない」二二六頁。
92——松本佐保著「カトリック教会と国際政治」『国際問題』六七八号、二〇一八年一〇月、七頁。

参考文献

◆一次史資料

バチカン市国内

Archivio Segreto di Vaticano (Centrale) バチカン秘密文書館・主要文書館

Segreteria di Stato, Archivio della Nunziatura di Svizzera in Bern, 1915-35

Archivio della Nunziatura di Spagna in Madrid, 1915-35

Archivio Segreto di Vaticano (Segreteria di Stato) バチカン秘密文書館・国務省内

Affari ecclesiastici straordinari, sezione per i raporti con America, 1878-1935 (Stati Uniti e America Latino)

Fondo Organizzazioni Internazionali, period pontificato Pio XI

Serie: Societa Nazioni

Fondo e Carta di Casaroli

L'Archivio Storico della Sacra Congregazione di Propaganda Fide バチカン福音宣教省(布教聖省)文書館

L'Archivio Storico della Congregazione per l'Evangelizzazione dei Popoli

Acta Congregationum Generalim

イタリア、ローマ

FAO Library and Archives, David Lubin Memorial Library (国際食糧機構図書館・文書館)

Archivio Storico di Banco di Roma (ローマ銀行・文書館)

スイス、ジュネーブ

League of Nations Archives（国際連盟公文書館）
Red Cross Archives（赤十字公文書館）
ILO Archives（国際労働機関公文書館）
WCC（World Council of Churches）Archives（世界教会協議会公文書館）

米国、ワシントン

Library of Congress, Myron Taylor's Papers（米国議会図書館公文書館）
National Archives of USA（アメリカ国立公文書館）

米国、ニューヨーク

United Nations Archives（国際連合公文書館）

イギリス、ロンドン

National Archives of UK（イギリス国立公文書館）
Archbishop of Westminster House（イギリス・カトリック司教座文書館）
Lambeth Place Archives, Church of England Record（イギリス国教会文書館）

◆刊行資料（二次文献）

Robert John Araujo, SJ, "The Catholic Neo-Scholastic Contribution to Human Rights: The Natural Law Foundation," *Ave Maria Law Review* 1, 159-174（2003）

Robert John Araujo, SJ and John A. Lucal, SJ, *Papal diplomacy and the quest for peace,* Sapientia Press, 2004

Christian Bailey, *Between Yesterday and Tomorrow: German Visions of Europe, 1926-1950,* Berghahn Books; 1 edition（February

1, 2016)

Giovani Barberini, *La politica del dialogo, le carte Casaroli sull' Ostpolitik Vaticana*, Il Mulino, 2008

Hector Bartolomei de la Cruz, Geraldo Von Potobsky, and Lee Swepston, *The International Labor Organization*, Westview Pres, Harper Collins, Oxford, 1996,

James Belich, John Darwin, *The Prospect of Global History*, Ocxford University Press, 2016

Susan Butler, *Roosevelt and Stalin: Portrait of Partnership*, Knopt, 2015

Matteo Cantori, *La diplomazia Pontificia, Aspetto Ecclesiastico-Canonistici*, Tau Editrice, 2016

Agostino Casaroli, *The Martyrdom of Patience*, Ave Maria Centre of Peace; First Edition, 2007

Jonathan Chaplin, Gary Wilton, *God and the EU, faith in the European Project*, Routledge, 2016

Antonio G Chizzoniti, *Agostino Casaroli: Lo squardo Lungo della Chiesa*, Vota e Pensiero, 2015

Sebastian Conrad, *What is Global History?* Princeton University Press, 2016

Martin Conway, *Introducing the World Council of Churches*, WCC, 2001

Charles Dellheim, "The Creation of a Company Culture: Cadburys, 1861–1931". *The American Historical Review*. Oxford University Press, 92 (1): 13–44, February 1987

Marie Dennis, Renny Golden, *Oscar Romero: Reflections on his life and wirings, Modern Spiritual Masters Series*, 2000, Orbis Books

Anna Dickinson, 'Domestic and Foreign policy considerations and the origins of post-war Soviet Church-State relations, 1941-6', D. Kirby, *Religion and the Cold War*, Palgrave Macmillan, 2002, 2013, pp.23-36

Christopher Duggan. *Francesco Crispi* 1818-1901: From Nation to Nationalism, Oxford University Press, 2002, 2010

Dennis Dunn, *Détente in Papal-Communist Relations*, Boulder: Westview, 1979

Andre Dupuy, *Pope John Paul II and the challenge of Papal diplomacy, Anthology, 1978-2003*, The Pontifical Council for Justice and Peace, 2003

Deborah Eadie & Suzanne Williams (ed.) *The Oxfam Handbook of Development and Relief*, 2 vol. 1995

Edgardo Colon-Emeric, *Oscar Romero's Theological vision: Liberation and the trans-figuration of the poor*, 2018

Gaston Espinosa, *Latino Pentecostals in American, Faith and Politics in action*, Harvard University Press, 2014

Carlo Falconi, *The Popes in the twentieth century, from Pius X to John XXIII*, 1968

Andras Fejerdy, *The Vatican Ostpolitik, 1958-78, responsibility and witness during John 23 and Paul 6*, Viella, 2015

Massimo Franco, Parallel Empires, The Vatican and The United States: Two Centuries of Alliance and Conflict, Doubleday, 2009

Patrick W Fuerth, *The Concept of Catholicity in the Documents of the World Council of Churches 1948-68*, Editore Anselmiana, 1973

John Lewis Gaddis, *the Cold War, A New History*, Penguin Books, 2004

Charles R Gallagher, S.J, *Vatican Secret Diplomacy, Joseph P Hurley and Pope Pius XII*, Yale University Press, 2008

Robert A Graham, *The Vatican and Communism during the World War II*, Ignatius, 1996

Jan Grootaers, I protagonisti del Vaticano II, San Paolo, 1994

W. A. Visser 't Hooft, *The Genesis of the World Council of Churches*, in: *A History of The Ecumenical Movement 1517–1948*, R. Rose, S. Ch. Neill (ed.), London: SPCK 1967, second edition with revised bibliography

Leon Hopper, SJ, *Murray Biography from American National Biography* edited by John A Garraty and Mark C. Carnes, New York, Oxford University Press, 1999

Anthony Howe (eds.), *The letters of Richard Cobden: volume I, 1815-1847*, Oxford, 2007

Steven C. Hughes, *Crime, Disorder, and the Risorgimento: The Politics of Policing in Bologna*, Cambridge, 2002

John F Hutchinson, *Champions of Charity, War and the rise of the Red Cross*, Westview Press, 1996

Thomas Jansen, *The European People's Party, origin and development*, Macmillan Press, 1998

Paul Kenger, *The Pope and president, John Paul II, Reagan and extraordinary untold story of the 20th century*, 2017

D. Kirby, *Religion and the Cold War*, Palgrave Macmillan, 2002,

Sandrine Kott and Joëlle Droux, *Globalizing social rights, the international labour organization and beyond*, Intl Labour Organisation, 2013

Harry De Lange, Bob Goudzwaard, and Mark R, *Beyond Poverty and Affluence*, University of Toronto Press, 1995

Lucian N Leustean, *Representing Religion in the European Union*, Routledge, 2013

Lucian N. Leustean, *The Ecumenical movement and the making of the European Community*, Oxford, 2014

Donald M. Lewis. "The Origins of Christian Zionism: Lord Shaftesbury and Evangelical Support for a Jewish Homeland" Cambridge University Press. 2009

Monica Lugato, *La liberta religiousa secondo il diritto internazional e il conflitto globale del valori*, Torino, 2014

Jonathan Luxmoore and Jolanta Babiuch, *The Vatican and the Red Flag, the struggle for the Soul of Eastern Europe*, Gregory Chapman, NY, 1999

Erez Manela, *Wilsonian moment, self-determination and international origins of anticolonial nationalism*, Oxford, 2009

Saho Matsumoto-Best, *Britain and the Papacy in the age of revolution*, Royal Historical Society, 2003

Daniel Maul, *Human Rights, Development and Decolonization: The International Labour Organization, 1940–1970*, Palgrave, 2013

Martin McKeever, *One Man, One God: The Peace Ministry of Fr Alec Reid C.Ss.R., Redemptorist Communications, 2017*

Roman A. Melnyk, *Vatican diplomacy at the United Nations*, The Edwin Mellen Press, 2009

Kaeten Mistry, *The United States, Italy and the origin of cold war, waging political warfare, 1945-50*, Cambridge University Press, 2014

Roberto Morozzo Della Rocca, *Tra Est e Ovest, Agostino Casaroli diplomatico vaticano*, San Paolo Edizioni, 2014

Ennio Di Norfo, *Vaticano e Stati Uniti, 1939-52, Delle carta di Myron Taylor*, Milano, 1978

Donald W Norwood, *Reforming Rome, Karl Barth and Vatican II*, Eerdmans, 2015

Gerald O'Collins, SJ, *Living Vatican II, the 21st Council for the 21st Century*, Paulist Press, 2006

Bernard J O'Connor, *Papal Diplomacy, John Paul II and the Culture of Peace*, 2005

John W. O'Malley, *What happed at Vatican II*, Belknap Harvard, 2008

Jean-Michel Palmier, *Weimar in Exile: The Antifascist Emigration in Europe and America*, London, 2006

Gabriele Paolini, *Offensive di Pace, La Santa Sede e la Prima Guerra Mondiale*, Edizioni Polistampa, 2008

Susan Pedersen, *The League of nations the controversial history of failed organization that preceded the UN*, 2016, Charles River Editors

John Pollard, *The unkown Pope: Benedict XV and Pursuit of Peace*, Bloomsbury, 2014,

Stephen G Rabe, *The Killing Zone: The United States Wages Cold War in Latin America* 2nd ed. Oxford University Press, 2015

Oliver Ramsbotham and Tom Woodhouse, *Contemporary conflict resolution, Fourth edition*, Polity, 2016

Gabiele De Rosa, *L'Azione Cattolica. Storia politica del 1905 al 1918*, Collana Libri del tempo n.19, Bari, Laterza, 1954.

Gabiele De Rosa, *Giolitti e il fascismo in alcune sue lettere inedite, Roma*, Edizioni di Storia e Letteratura, 1957

Joseph S Rossi, S.J, *American Catholics and the formation of the United Nations*, University Press of America, 1993

Christopher Rowland, *The Cambridge Companion to Liberation Theology*, 1999

G. Rumi (ed), *The Papacy in the age of Totalitarianism, 1914-58*, Oxfortd, 2014,

Ivan Santus, *Il contributo della Santa Sede al diritto internazionale, dal diritto di ingerenza alla responsabilita di proteggere la dignita unama*, CEDAM, 2012

Stjepau Schmidt, *Augustin Bea, the Cardinal of Unity*, New York, 1992

Mark L. Schneider, Human right policy under the Carter administration, *Law and Contemporary*, Vol. 43, No.2. 1979, pp. 261-266

Jacques Semelin, *Unarmed civil resistance against Hitler in Europe, 1939-43*, Praeger, 1993

Cosimo Semeraro, a cura di, *La Sollecitudine Ecclesiale di PioXI*, Libreria Editrice Vaticana, 2010

James T Shotwell (ed.), *The origin of the International Labor Organization*, vol. 1 History, New York, Morningside Heights, Columbia University Press, 1934

Brian Stanley, *The World Missionary Conference, Edinburgh 1910,* William B. Eerdmans Pub. Co., 2009

David Stevenson, 1914-1918, *the history of the first world war, 2013, Armament and the coming of war, Europe, 1904-1915*, Oxford University Press, 2000

Günter Müller-Stewens and others, *The Professionalization of Humanitarian Organizations: The Art of Balancing Multiple Stakeholder Interests at the ICRC*, Springer, 2018

Andrea Tornielli, Giacomo Galeazzi, *This Economy kills - Pope Francis on Capitalism and Social Justice-*, Liturgical Press, 2015

Justin Vaïsse Translated by Catherine Porter, *Zbigniew Brzezinski, America's Grand Strategist*, Harvard University Press, 2018

Vatican, *The promotion of Human Righta and John Paul II*, Libreria Editrice Vaticano, 2011

George Weigel, *The end and the beginning, Pope John Paul II, the Victory of Freedom, the Last Year, the Legacy*, Image Books, NY, 2010

Stephen Williams, 'Morris, Christianity and Socialism': An Episode 38, VOL. XXI, NO. 3, 2015, *The Journal of William Morris Studies*
Gaetano Zito, *Agostino Casaroli, Appassionato tessitore di rapport di pace*, Libreria Editrice Vaticano, 2015
足立幸男編著『概説 西洋政治思想史』ミネルヴァ書房、一九九四年
有水博著「セラード農業開発計画批判に見られるブラジル・カトリック教会の動向」『ラテン・アメリカ論集』二三巻、一九八九年
五十嵐元道著『支配する人道主義』岩波書店、二〇一六年
池内恵著『サイクスピコ協定　一〇〇年の呪縛』新潮選書、二〇一六年
井口治夫著『誤解された大統領』名古屋大学出版会、二〇一八年
井口文男著「近代イタリアにおける政教関係」『岡山大学法学会雑誌』五四巻四号、二〇〇五年三月
石川明人著『キリスト教と戦争』中公新書、二〇一七年
板垣與一編、佐藤和男訳『アメリカの対外援助——歴史・理論・政策』日本経済新聞社、一九六〇年
板橋拓己著「西洋の救済(1)」『成蹊法学』七七号、二〇一二年
板橋拓巳著『アデナウアー』中公新書、二〇一四年
板橋拓己著『黒いヨーロッパ』吉田書店、二〇一六年
市川顕著「石炭を諦めない——EU気候変動規範に対するポーランドの挑戦」臼井陽一郎編『EUの規範政治——グローバルヨーロッパの理想と現実』ナカニシヤ出版、二〇一五年
伊藤武著『イタリア現代史——第二次世界大戦からベルルスコーニ後まで』中公新書、二〇一六年
入江昭、篠原初枝著『グローバル・コミュニティ——国際機関・NGOがつくる世界』早稲田大学出版部、二〇〇六年
遠藤乾著『統合の終焉』岩波書店、二〇一四年
遠藤乾編著『グローバル・コモンズ』岩波書店、二〇一五年
太田宏著「国際関係論と環境問題」『国際政治』一六六号、二〇一一年八月
大津留厚著「ハプスブルク帝国とコモンウェルス」山本正、細川道久編著『コモンウェルスとは何か——ポスト帝国

時代のソフトパワー』ミネルヴァ書房、二〇一四年
大貫隆、名取四郎、宮本久雄、百瀬文晃編集『岩波・キリスト教辞典』二〇〇二年
岡部みどり編『人の国際移動とEU』法律文化社、二〇一六年
亀山康子著「環境とグローバル・ポリティクス」『国際政治』六七五号、二〇一一年
川端正久編『一九四〇年代の世界政治』ミネルヴァ書房、一九八八年
香川敏幸、市川顕編著『グローバル・ガバナンスとEUの深化』慶應義塾大学出版会、二〇一一年
神田健次編著、村瀬義史訳『宗教間の対話と共生のために――エキュメニカルな指針』NCC宗教研究所双書、二〇〇六年
北野進著『赤十字のふるさと、ジュネーブ条約をめぐって』雄山閣、二〇〇三年
北村厚著『教養のグローバル・ヒストリー――大人のための世界史入門』ミネルヴァ書房、二〇一八年
グスタボ・グティエレス著、関望、山田経三訳『解放の神学』岩波書店、二〇〇〇年(旧版の邦訳は一九八五年)
黒川博著「一九二九年恐慌とマイロン・C・テイラー「近代化計画」をめぐって」『岐阜経済大学論集』三三巻二号、一九九九年九月
黒川博著「USスティール社の従業員代表制とマイロン・C・テイラー」『岐阜経済大学論集』三五巻四号、二〇〇二年三月
黒沢文貴、河合利修編著『日本赤十字と人道支援』東京大学出版会、二〇〇九年
ヴィクトール・イヴ・ゲバリ著「人的次元(第3バスケット)」百瀬宏、植田隆子編『欧州安全保障協力会議(CSCE)1975-92』日本国際問題研究所、一九九二年
国連環境計画編『GEO-5 地球環境概観第5次報告書――私達が望む未来の環境』上下巻、環境報告研、二〇一五年
小西俊雄、湊章男著「海水淡水化への原子力エネルギーの利用とIAEAの活動」『日本原子力学会誌』四一巻一号、一九九九年一月
シモーナ・コラリーツィ著、村上信一郎監訳『イタリア二〇世紀史――熱狂と恐怖と希望の100年』名古屋大学出版会、二〇一〇年
今野元著『教皇ベネディクトゥス一六世――「キリスト教的ヨーロッパ」の逆襲』東京大学出版会、二〇一五年

斎藤直樹著『国際機構論――二一世紀の国連の再生に向けて』北樹出版、二〇〇一年
佐々木亘、村越好男著「トマス・アクィナス公正価格論の展開」『鹿児島純心女子短期大学紀要』三一号、二〇〇一年
佐藤哲夫著『国際組織法』有斐閣、二〇〇五年
ルイージ・サバレーゼ著、田中昇訳『解説・教会法』フリープレス、二〇一八年
篠田英明著『平和構築入門』ちくま新書、二〇一三年
柴宜弘著「欧州安全保障協力会議CSCEとN＋N協力」『敬愛大学研究論集』三八号、一九九〇年
柴田平太郎著「神と人間の調和――トマス・アクィナス」中谷猛・下斗米伸夫著『宗教・地政学から読むロシア――「第三のローマ」をめざすプーチン』日本経済新聞出版社、二〇一六年
白鳥潤一郎著『「経済大国」日本の外交』千倉書房、二〇一五年
杉山知子著『国家テロリズムと市民――冷戦期のアルゼンチンの汚い戦争』北樹出版、二〇〇七年
世界教会協議会世界宣教・伝道委員会『いのちに向かって共に／教会――現代世界エキュメニカル運動における二大重要文書』キリスト新聞社、二〇一七年
関場誓子著「アメリカのCSCE政策」百瀬宏、植田隆子編『欧州安全保障協力会議』日本国際問題研究所、一九九二年
妹尾哲志著『戦後西ドイツ外交の分水嶺――東方政策と分断克服の戦略　1963～1975年』晃洋書房、二〇一一年
第二バチカン公会議文書公式訳改訂特別委員会編『第二バチカン公会議公文書　改訂公式訳』カトリック中央協議会、二〇一三年
高橋裕史著『イエズス会の世界戦略』講談社選書メチエ、二〇〇六年
高光佳絵著「戦間期の民間外交と国際政治の民主化」『歴史評論』七八九号、二〇一六年
玉井雅隆著『CSCE少数民族高等弁務官と平和創造』国際書院、二〇一四年
マリー・デニスほか著、多ヶ谷有子訳『オスカル・ロメロ――エルサドバドルの殉教者』聖公会出版、二〇〇五年
豊下樽彦著『イタリア占領史序説――戦後外交の起点』有斐閣、一九八三年
ロバート・ドレイバー文、デイブ・ヨダー写真、高作自子訳『ビジュアル新生バチカン――教皇フランシスコの挑

戦』日経ナショナル・ジオグラフィック社、二〇一六年
日本ＥＵ学会編『リスボン条約とＥＵの課題』有斐閣、二〇一一年
日本ＩＬＯ協会編『講座ＩＬＯ（国際労働機関）――社会正義の実現をめざして』上下巻、日本ＩＬＯ協会、一九九九年
日本国際政治学会『環境とグローバル・ポリティクス』有斐閣、二〇一一年
日本国際連合学会編『グローバル・アクターとしての国連事務局』国際書院、二〇〇二年
日本国際連合学会編『グローバル・コモンズと国連』国際書院、二〇一四年
日本国際連合学会編『多国間主義の展開』国際書院、二〇一七年
日本国際連合学会編『人の移動と国連システム』国際書院、二〇一八年
野田昌吾著『ドイツキリスト教民主同盟（ＣＤＵ）』田口晃、土倉莞爾著『キリスト教民主主義と西ヨーロッパ政治』木鐸社、二〇〇九年
初田伸枝著「ラテン・アメリカ解放の神学における貧者の積極的位置づけとそれをめぐる論争の整理と考察――主にバチカンとの対立を中心として」『創価大学大学院紀要』三〇号、二〇〇八年
ポール・バレリー著、南條俊二訳『教皇フランシスコの挑戦――闇から光へ』春秋社、二〇一四年
福田耕治編著『ＥＵ・欧州統合研究――リスボン条約以後の欧州ガバナンス』成文堂、二〇〇九年（改訂版、二〇一六年）
藤井篤著「アルジェリア戦争と赤十字国際委員会（ＩＣＲＣ）」『国際政治』一九三号、二〇一八年九月
フランシスコ著、瀬本正之・吉川まみ訳『回勅・ラウダート・シ――ともに暮らす家を大切に』カトリック中央協議会、二〇一六年
牧野雅彦著『危機の政治学――カール・シュミット入門』講談社選書メチエ、二〇一八年
桝居孝、森正尚著『世界と日本の赤十字――世界最大の人道支援機関の活動』東信堂、二〇一四年（第二版、二〇一八年）
マーク・マゾワー著、依田卓己訳『国際協調の先駆者たち――理想と現実の２００年』ＮＴＴ出版、二〇一五年
マーク・マゾワー著、池田年穂訳『国連と帝国――世界秩序をめぐる攻防の20世紀』慶應義塾大学出版会、二〇一五年

マーク・マゾワー著、中田瑞穂、網谷龍介訳『暗黒の大陸――ヨーロッパの20世紀』未來社、二〇一五年
松本佐保著「イギリスのピウス九世への対応」『西洋史学』一九〇号、一九九八年
松本佐保著「プロテスタントとカトリックの歴史的和解――北アイルランドのテロと紛争の終結について」『ヨーロピアン・グローバリゼーションの諸文化圏の変容研究プロジェクト報告書II』東北学院大学、二〇〇八年
松本佐保著『バチカン近現代史』中公新書、二〇一三年
松本佐保著「近代国家と博物館・美術館――大英博物館とナショナル・ギャラリーのコレクションを中心に」福井憲彦監修『世界の蒐集――アジアをめぐる博物館・博覧会・海外旅行』山川出版社、二〇一四年
松本佐保著「「ラウンド・テーブル」運動とコモンウェルス」山本正・細川道久編著『コモンウェルスとは何か――ポスト帝国時代のソフトパワー』ミネルヴァ書房、二〇一四年
松本佐保著「冷戦期における米国の対イタリア戦略戦（Political Warfare）」『研究論集』第一二集、河合文化教育研究所、二〇一五年五月
松本佐保著「人間味あふれる、教皇フランシスコの改革」『PEN』三八六号、二〇一五年六月
松本佐保著「バチカンとロシア正教会の和解」『週刊金曜日』二〇一六年三月
松本佐保著「存在感高めるバチカン　国際政治に強い影響力」『日本経済新聞』二〇一六年四月一〇日
松本佐保著『熱狂する神の国アメリカ』文春新書、二〇一六年
松本佐保著「教皇が空をとぶということ」高橋進、村上義和編『イタリアの歴史を知るための50章』明石書店、二〇一七年
松本佐保著「カトリック教会と国際政治」『国際問題』六七五号、二〇一八年一〇月
松本尚子著「カール・シュミット」山内進、勝田有恒編著『近世・近代のヨーロッパの法学者たち』ミネルヴァ書房、二〇〇八年
ジャック・マリタン著、稲垣良典訳、『国家と人間』創文社、一九六二年
ジャック&ライサ・マリタン著、須賀敦子訳『典礼と観想』エンデルレ書店、一九六七年
水島治郎著「キリスト教民主主義とは何か　西欧キリスト教民主主義概論」田口晃、土倉莞爾編著『キリスト教民主主義と西ヨーロッパ政治』木鐸社、二〇〇九年
三牧聖子著『戦争違法化運動の時代』名古屋大学出版会、二〇一四年

宮崎繁樹編著『国際人権規約』日本評論社、一九九六年
宮守代利子著「環境権の展開に関する考察――生態系と自然の権利について」『早稲田大学リポジトリ、社会研論集』二五号、二〇一五年五月
宮脇昇著『CSCE人権レジームの研究――「ヘルシンキ宣言」は冷戦を終わらせた』国際書院、二〇〇三年
村上信一郎著『権威と服従――カトリック政党とファシズム』名古屋大学出版会、一九八九年
村上信一郎著「現代のカトリシズムと新保守主義の運命」『神戸外国語大学紀要』六三巻一号、二〇一三年三月
毛利勝彦著「ヨハネスブルグからの展望」太田宏、毛利勝彦編著『持続可能な地球環境を未来へ――リオからヨハネスブルグまで』大学教育出版、二〇〇三年
最上敏樹著『国際機構論』東京大学出版会、二〇一二年
百瀬宏、植田隆子編『欧州安全保障協力会議CSCE、1975～92年』日本国際問題研究所、一九九二年
森井裕一著「序論・転換期のヨーロッパ統合」『国際政治――転換期のヨーロッパ統合』一八二号、二〇一五年一一月
安江則子著『欧州公共圏――EUデモクラシーの制度デザイン』慶應義塾大学出版会、二〇〇七年
安江則子著「EUの原則および政策に関する改革」鷲江義勝編著『リスボン条約による欧州統合の新展開』ミネルヴァ書房、二〇〇九年
柳原正治著『ヴォルフの国際法理論』有斐閣、一九九八年
山内進著「グロティウスははたして近代的か」『法学研究』八二巻一号、二〇〇九年
油井大三郎著『戦後世界秩序の形成――アメリカ資本主義と東地中海地域　一九四四～一九四七年』東京大学出版会、一九八五年
行本尚史著「ローマ教皇、回勅「ラウダート・シ」発表、環境問題で回心呼び掛け、正教会・WCC・聖公会・ローザンヌも関係」『Christian Today』二〇一五年六月一九日
湯山智之著「非領域的実体の国際法上の地位に関する覚書――赤十字国際委員会とマルタ騎士団を素材にして」『香川法学』三二巻三・四号、二〇一三年三月
ジャック・ルゴフ著、池上俊一、梶原洋一訳『アッシジの聖フランチェスコ』岩波書店、二〇一〇年
若松隆、山田徹編『ヨーロッパ分権改革の新潮流――地域主義と補完性原理』中央大学出版部、二〇〇八年

あとがき

二〇一三年に『バチカン近現代史』（中公新書）を出版してからもずっと、バチカンと国際政治の関係についてより深く掘り下げた研究書を書きたいという思いが胸の内にあった。それは、国際連盟・国際連合をはじめとする国際機関の活動に見られる人道主義の基底には、明らかにキリスト教的倫理感が働いているにもかかわらず、これらの機関をめぐる研究においてほとんど宗教への言及がないことに長らく不満を抱いていたことが大きな動機となっている。

連盟の活動について宗教的規範やバチカンの関与を探るべく、ジュネーブにある連盟文書館でリサーチを開始したが、バチカンについて言及がある史料はごく限られていた。他方、バチカン秘密文書館の史料には、スイスの教皇大使を通じてバチカンが連盟に関与したことを示すものがあり、このファイルのおかげで、ある程度実態は明らかにすることができた。しかし、戦後のバチカンと国連の関係については、史料とカタログが存在するにもかかわらず、一九三九年以降の資料閲覧が制限されているという問題があった。またバチカンの国務省内には、冷戦期に「バチカンのキッシンジャー」と呼ばれたカサロリ枢機卿の個人文書があり、閲覧は可能であるものの、それだけで戦後バチカンの国際機関との連携の全容を明らかにするには不十分であった。

連盟文書館の閲覧室で、ウィルソン米大統領の肖像画と窓の外に広がる美しい湖を睨みながら考えた末、私は同じジュネーブにあるＩＬＯの文書館に電話することを思いついた。あまり期待もせずに、自分がバチカンと国際機関の関係を調査している日本人研究者であること、文書館にバチカンに関する史料がないか知りたいことなどを伝えると、思いがけないことに「けっこうありますよ」というフランス語訛りの英語で返事があった。

本来なら一週間以上前にアポイントメントを取る必要があるとのことだったが、滞在期間の関係で無理をお願いし、電話の翌日にはＩＬＯ文書館の門を叩くという強行軍であった。倉庫のように多くの書籍や資・史料に囲まれた文書館の閲覧室には、「ＩＬＯと聖座」と書かれたファイルが積みあがっていた。それはまさしく「宝の山」だった。不躾な電話にも親切に対応し、「宝の山」を築いてくださったＩＬＯのアーキビスト、ジャック・ロドリゲス（Jacques Rodriguez）さんのご好意なしに、本書の完成はなかったであろう。

ジュネーブのＩＬＯに端を発した調査は以降順調に進み、ＷＣＣ、国際赤十字へと広がり、ニューヨークの国連文書館にたどり着いた。ワシントンではナショナル・アーカイブスのほか、米国議会図書館でマイロン・テイラーとルーズベルト大統領の間で交わされた多くの書簡に目を通すことが出来た。

調査の過程ではインタビューも行った。イギリスやイタリア、バチカンなど欧州を中心に史料・文献調査を行ってきた私にとって、米国でのインタビューは初めての経験であり、不安は尽きなかったが、幸いにもイギリスの研究会で知り合った米国人研究者で、イエズズ会の聖職者でもあるボストン・カレッジ教員チャールズ・ガレガさんのお世話になることができた。チトー政権下のユーゴスラビアにおけるバチカン外交を研究した業績を持つガレガさんは、同じイエズズ会系のジョージ・タウン大学にある「バークレー宗教・平和・国際関係研究所」のドリュー・クリスチャンセン（Drew Christiansen）名誉教授、オバマ政権下の国務省で宗教アドバイザーを務めたトーマス・リーズ（Thomas Reese）神父、そしてバチカンの国連代表であるモンシニョール（教皇から与えられた教会統治に関わる高位聖職者への敬称）サイモン・カッサン（Simon Kassas）をご紹介くださった。この三名へのインタビュー内容は本書にとって重要なものとなった。ジョージ・タウン大学では樋口敏広さんにもお時間を取っていただいた。深く感謝の意を表したい。

ニューヨークの国連難民高等弁務官事務所で快くインタビューに応じて下さった同事務所・開発支援政策上級政策顧問の渥美さくらさん、そして彼女を著者に紹介するために奔走してくださった小学校時代の同級生・斉藤純国連公使（二〇一八年二月当時）には本当にお世話になった。在ジュネーブのカトリックＮＧＯ「パパ・ジョバンニ23（教皇ヨハネ二三世）」の職員マリア・ロッシさんからは、カトリック系ＮＧＯと国連人権理事会との関係についての有用な情報を得ることができた。御礼申し上げる。

調査の過程以外でも研究会や勉強会、学会関係でお世話になった方は多く、全員のお名前を挙げることは出来ない。しかし、わけてもご厚情を賜った皆さんのお名前を順序不同でご紹介しておく。国連コロキアムを主催する半澤朝彦さんと井上美佳さん、小野坂元さん。この研究会メンバーで特に国連と国際法に詳しい山田哲也さん、また西洋法制史の勉強会に声をかけて下さった大中真さん、同勉強会でご指導いただいた一橋大学名誉教授の山内進先生、二〇一八年の国際政治学会大会で私が企画した部会「キリスト教民主主義と欧州統合」で優れた報告をしてくださった板橋拓巳さんと宮下雄一郎さんに感謝したい。また調査のための海外出張などでは勤務先の名古屋市立大学の同僚たちにご迷惑をおかけした。

本書の執筆に取りかかる前から論集『教養としてのヨーロッパ政治（仮題）』（ミネルヴァ書房から

近刊予定）にバチカンについて寄稿する様お声がけいただいていた松尾秀哉さんと、日本国際問題研究所（ＪＩＩＡ）発行のジャーナル『国際問題』の「宗教と国際政治」特集号（二〇一八年一〇月、六七五号）に教皇フランシスコの国際政治へのインパクトというテーマで執筆を依頼してくださった中山俊宏さん、お二人のご提案は本書の執筆にも大きな力となった。

二〇一六年に刊行した『熱狂する神の国アメリカ』（文春新書）の主題はアメリカの宗教と政治であり、直接的には本書と関わらないが、同書の刊行後に、その延長線上で行った、米国カトリックやプロテスタント福音派のロビーに関する調査内容は一部本書に反映されている。米国の両キリスト教会についての調査にあたり会田弘継先生にご紹介いただいた共同通信ワシンソン支局長の新井琢也さんには、米国のキリスト教系ロビーへのインタビューのアポ取りなどでお世話になった。その関係からトランプ政権を支持するキリスト教ロビーや同政権と教皇フランスコのかかわりについては、担当記者のお名前は伏せるが、読売新聞、朝日新聞、毎日新聞、日本経済新聞、東京新聞、中日新聞、産経新聞など各媒体で情報を発信する機会をいただいている。

一連の海外調査・研究に当たっては、日本学術振興会の基盤Ｃ科学研究費、また同受託研究（代表は九州大学・大賀哲さん）の分担費などで渡航費をまかなった。本書の出版に際して寛大な助成をいただいた公益財団法人渋沢記念財団と、査読してくださったレフェリーの先生には、ただただ感謝の言葉しかない。厚く御礼申し上げる。

五百旗頭真先生、柴山太さん、五百旗頭薫さんの日頃の励ましは本書を執筆する上で何よりの支えであった。中村芳夫バチカン大使にはバチカンの日本大使館で数度にわたってお話を伺うなどお世話になった。同大使のご尽力で、二〇一九年一一月にも教皇フランシスコの訪日が実現するという。時機を得た本書の出版によって、日本の読者がバチカンやローマ教皇、ひいては宗教と国際政治の関係に関心を寄せるきっかけになれば嬉しい限りである。そうした文脈では、シスター廣戸直江や静一志神父様にも助けられた。そして、千倉書房の編集者、神谷竜介さんには多大なご迷惑をおかけしたが最後までお付き合いいただいた。感謝する。

両親、特にいつも辛口の批評で娘を励ます父、松本徹や、対照的に優しく励ましてくれる、夫であり研究者のアントニー・ベスト、そして義父フィリップ・ベスト、残念ながら昨年他界した義母ミュリエル・ベスト、数年前に他界した伯父の田中良平、また山口あゆみをはじめとする多くの親しい友人たち支えられた日頃のプライベート・ライフの充実なくして、本書が陽の目を見ることはなかっただろう。

私を取り巻くたくさんの皆さんへの感謝の思いとともに筆を擱くこととする。

松本佐保

二〇一九年一月

ワ行

マ行

ヤ行

ラ行

タ行

ナ行

ハ行

サ行

主要人名索引

ア行

カ行

ヤ行

ラ行

ワ行

ナ行

ハ行

マ行

タ行

サ行

カ行

主要事項索引

英数字

ア行

［著者略歴］

松本佐保（まつもと・さほ）

名古屋市立大学人文社会学部教授

一九六五年神戸市生まれ。一九八八年聖心女子大学文学部歴史社会学科卒業。一九九〇年慶應義塾大学大学院文学研究科修士課程修了。一九九七年英国ウォーリック大学社会史研究所博士課程修了。Ph.D.取得。その間イタリア政府給費留学生としてローマのリソルジメント研究所に研究員として滞在。二〇一二年より現職。専攻は国際関係史。主著に『バチカン近現代史』（中公新書）、『熱狂する神の国』（文春新書）、その他論文多数。

バチカンと国際政治
——宗教と国際機構の交錯

二〇一九年三月二八日　初版第一刷発行
二〇二〇年一月一八日　初版第二刷発行

著者　松本佐保

発行者　千倉成示

発行所　株式会社 千倉書房
〒一〇四-〇〇三一　東京都中央区京橋二-四-一二
電話　〇三-三二七三-三九三一（代表）
https://www.chikura.co.jp/

印刷・製本　精文堂印刷株式会社

造本装丁　米谷豪

ISBN 978-4-8051-1144-4 C3022

強いアメリカと弱いアメリカの狭間で

中谷直司 著

第一次大戦後の東アジア秩序をめぐって、日本外交が、日英同盟からワシントン体制への移行を決断した過程を明らかにする。

❖Ａ５判／本体 五〇〇〇円＋税／978-4-8051-1092-8

叢書 21世紀の国際環境と日本 004

人口・資源・領土

春名展生 著

人口の増加と植民地の獲得を背景に日本の［国際政治学］が歩んだ、近代科学としての壮大、かつ痛切な道のりを描く。

❖Ａ５判／本体 四二〇〇円＋税／978-4-8051-1066-9

人間の安全保障

福島安紀子 著

世界の安全保障に寄与し、グローバル化・多様化する脅威に立ち向かうための日本の政策フレームワークを提言する。

❖Ａ５判／本体 四二〇〇円＋税／978-4-8051-0958-8

表示価格は二〇一九年三月現在

千倉書房